高等职业教育新形态一体化教材

智能化税务管理

主　编　李　真　付筱惠　李文琪
副主编　刘　凯　李　楠　陈　宁

北京理工大学出版社
BEIJING INSTITUTE OF TECHNOLOGY PRESS

版权专有　侵权必究

图书在版编目（CIP）数据

智能化税务管理 / 李真，付筱惠，李文琪主编．
北京：北京理工大学出版社，2025.1.
ISBN 978–7–5763–4833–0

Ⅰ．F812.423

中国国家版本馆 CIP 数据核字第 202548CV00 号

责任编辑：王俊洁	文案编辑：王俊洁
责任校对：刘亚男	责任印制：施胜娟

出版发行 / 北京理工大学出版社有限责任公司
社　　址 / 北京市丰台区四合庄路 6 号
邮　　编 / 100070
电　　话 /（010）68914026（教材售后服务热线）
　　　　　（010）63726648（课件资源服务热线）
网　　址 / http://www.bitpress.com.cn

版 印 次 / 2025 年 1 月第 1 版第 1 次印刷
印　　刷 / 涿州市新华印刷有限公司
开　　本 / 787 mm × 1092 mm　1/16
印　　张 / 17.5
字　　数 / 407 千字
定　　价 / 49.00 元

图书出现印装质量问题，请拨打售后服务热线，负责调换

前 言
PREFACE

智能化税务管理是高职财政税务类专业的一门核心课程。本书以习近平新时代中国特色社会主义思想为指导，贯彻落实党的二十大精神，高等职业学校专业教学标准为依据，以新修订的职业教育专业教学标准为引导，根据我国现行税务师职业资格应具备的基本专业知识、税务部门和企业财税实际工作过程来梳理知识点、技能点，按照工作项目和工作任务设计教学内容，采用工作手册式新形态教材体例。

本书旨在培养学生的税务管理能力，使其具备纳税服务与风险管理意识，厘清税务违法行为及法律责任，能够进行税源管理、纳税信用管理、税收风险管理、纳税服务、财税代理服务、税务行政处罚和税务行政救济等工作。全书共分9个项目，包括认识智能化税务管理、税源管理、税款征收、纳税信用管理、税收风险管理、税务稽查管理、纳税服务管理、税务行政处罚与税务行政救济。

本书的特色体现为"四融合"，具体内容如下：

1. 教材建设与思政元素融合

立德树人是人才培养的根本，所以，本书在育人的顶层设计中强调思政意识，将思想政治教育元素与专业知识进行嵌入式融合，专业内容的选取、项目任务的设计突出"为国聚财、经世济民"理念，将诚信意识、风险意识、法律意识、服务意识等融入教学，进而在教材整体设计中体现思政教育脉络，形成融知识、技能、课程思政于一体的内容体系。

2. 教材建设与产业发展融合

本书在编写过程中特别聘请了行业专家共同参与，体现校企"双元"合作，体现产教融合。本书编写团队根据国家智慧税务建设的要求，通过整合税务局、行业、企业、职业院校多方力量，共同研究、协同创新，推动校企"双元"合作教材的开发。

3. 教材建设与"岗、课、赛、证"需求融合

新形态教材建设对接岗位工作需求及职业标准，对接税务师职业资格考试、1+X智能财税职业技能等级证书考试和职业技能大赛业财税融合大数据应用赛项。教材开发从税务局和企业财税实践工作出发，对岗位工作能力、要求进行充分分析，并转换成典型工作任务，依据职业教育人才培养规律，设计有效的工作项目实施流程，将理论知识与工作实践有机融合。

4. 教材建设与信息技术发展融合

本书编写团队负责建设的智能化税务管理课程按照省级职业教育在线精品课程标准开发，已经形成了丰富的多媒体资源，在智慧树网站开放。围绕深化教学改革的发展需求，本书通过二维码等方式，提供微课视频、知识拓展等丰富教学资源，打造新形态一体化教材，使内容更加形象、生动、直观，更加符合高职学生的学习心理和认知规律。

智能化税务管理

另外，本书采用"项目导向、任务驱动"模式，强调"理实一体、学做合一"，更加突出实践性，力求实现情境化教学。本书的过程性考核更加规范，设计自评、互评、师评等多元评价的过程性考核表，将评价要素和评价方法融入相关行业的职业道德和职业素养。

本书由青岛酒店管理职业技术学院李真、付筱惠、李文琪担任主编，由青岛酒店管理职业技术学院刘凯、李楠和云天衡知（青岛）科技有限公司高级会计师陈宁担任副主编。具体编写分工如下：李真编写项目1、项目4、项目5，负责本书的总纂、修改及定稿和全部多媒体资源的制作整理工作；付筱惠编写项目3、项目6、项目7、项目8、项目9；李文琪编写项目2并整理习题；刘凯、李楠负责部分视频资源制作工作；陈宁负责学习情境和案例的审核并指导实践教学。

本书在编写过程中，得到了北京理工大学出版社的大力支持和帮助，也得到了中联集团教育科技有限公司、云天衡知（青岛）科技有限公司等企业和行业专家的热情指导，同时参考了有关专家、学者的诸多文献，我们得到了很多帮助，在此一并表示衷心的感谢！

由于编者水平有限，本书难免存在疏漏或不足之处，敬请读者批评、指正。

编　者

2025年1月

目录 CONTENTS

项目 1　认识智能化税务管理 ·· 1

　　任务 1.1　认识税务管理的内容和组织体制 ·································· 1
　　任务 1.2　认识税收征管信息化和智慧税务建设 ····························· 7
　　任务 1.3　认识企业税务管理数字化变革 ···································· 15

项目 2　税源管理 ·· 26

　　任务 2.1　税务登记 ·· 26
　　任务 2.2　发票管理 ·· 41
　　任务 2.3　电子会计档案管理 ··· 60
　　任务 2.4　纳税申报管理 ·· 75

项目 3　税款征收 ·· 83

　　任务 3.1　税款征缴方式 ·· 83
　　任务 3.2　税款征收措施 ·· 86
　　任务 3.3　特别纳税调整 ·· 96
　　任务 3.4　税款入库管理 ··· 103
　　任务 3.5　违反税款征收制度的行为及法律责任 ························· 107

项目 4　纳税信用管理 ··· 117

　　任务 4.1　纳税信用管理和信息采集 ······································· 117
　　任务 4.2　纳税信用评价体系 ··· 121
　　任务 4.3　纳税信用修复与分级分类管理 ································· 125
　　任务 4.4　纳税信用激励和惩戒措施 ······································· 134

项目 5　税收风险管理 ··· 145

　　任务 5.1　认识税收风险管理 ··· 145
　　任务 5.2　税收风险预警指标体系与分析识别方法 ····················· 152

任务 5.3　企业生产经营风险预警指标与分析识别 …………………………… 165
任务 5.4　税收风险预警评估和税收风险应对 ………………………………… 178

项目 6　税务稽查管理 …………………………………………………………… 190

任务 6.1　税务稽查概述 ……………………………………………………… 190
任务 6.2　税务稽查方法、错账更正及纳税调整 ……………………………… 196

项目 7　纳税服务管理 …………………………………………………………… 205

任务 7.1　纳税服务概述 ……………………………………………………… 205
任务 7.2　纳税服务体系 ……………………………………………………… 208
任务 7.3　办税服务厅文明服务 ……………………………………………… 212
任务 7.4　涉税专业服务 ……………………………………………………… 216

项目 8　税务行政处罚 …………………………………………………………… 229

任务 8.1　税务行政处罚概述 ………………………………………………… 229
任务 8.2　税务行政处罚的种类及设定 ……………………………………… 232
任务 8.3　税务行政处罚的程序 ……………………………………………… 236
任务 8.4　税务行政处罚的执行 ……………………………………………… 242

项目 9　税务行政救济 …………………………………………………………… 249

任务 9.1　税务行政复议 ……………………………………………………… 249
任务 9.2　税务行政诉讼 ……………………………………………………… 260
任务 9.3　税务行政赔偿 ……………………………………………………… 265

参考文献 …………………………………………………………………………… 271

项目 1

认识智能化税务管理

任务 1.1 认识税务管理的内容和组织体制

学习目标

知识目标：
理解税务管理的概念、内容、法律依据。
了解税务管理的组织体系。

能力目标：
能分辨集权型和分权型税务管理体制，明确中国现行税务管理体制的类型。

素质目标：
形成职业道德规范意识、诚信守法意识。
增强制度自信，激发爱国情怀。
培养为国聚财、经世济民的理念。

学习情境 1 着力强化垂直管理，深入推进政治机关建设，在坚定拥护"两个确立"、坚决做到"两个维护"中砥砺税务忠诚

从税务机关的属性看，税务部门既有贯彻落实党中央决策部署的"最先一公里"，又有直接服务广大人民群众的"最近一公里"，在维护中央权威、确保政令畅通上更有基础和条件，更应不折不扣。要坚决迅速、一贯到底抓好习近平总书记重要指示批示精神以及党中央决策部署的贯彻落实，在坚定维护党中央权威上走在前、作表率。从税收工作的属性看，税收既与国家相伴而生，具有鲜明的政治属性，也包含着提高资源配置效率、调节收入分配的经济属性，对经济社会发展具有重要作用。立足政治和全局高度，把税收工作的政治属性与经济属性统一起来，充分发

智能化税务管理

挥税收职能作用，更好服务高质量发展。从干部队伍的属性看，税务干部队伍是党执政兴国队伍的重要组成部分，必须旗帜鲜明讲政治。特别是90%以上的税务干部工作在基层，处在税费征管、服务和执法一线，经常与纳税人缴费人打交道，加强政治机关建设更有其重要性和必要性。

……

学习情境2　着力打造效能税务，深入推进税费业务建设，在更好履行部门职责、服务高质量发展中展现税务担当

……

持续深化依法治税、以数治税、从严治税，这是打造效能税务的基本方法。依法治税是税务工作的生命线和基本要求。随着经济社会发展，各类经营主体对税务部门严格执法、规范执法、精准执法的要求越来越高，迫切需要在更高水平上推进依法治税。加大力度推动税收领域立法，加快进度推进税收征管法修订，不断增强税务执法刚性和精准性，持续加强税法普及宣传，以高水平法治助力高效能治理。税务部门要在税收治理中掌握主动、提高效能，必须积极顺应数字时代发展浪潮，把海量数据资源和强大算法算力作为核心竞争力和新质生产力，坚持"用数据、找问题、堵漏洞、防风险、增效能"工作策略，以数据的深度应用推动税务管理、税费治理的科学化、精细化、智能化。深度融入数字中国建设，坚持向数据要治理效能，在不断拓宽数据来源、提高数据质量的同时，用好用足现有数据资源，不断提高"以数治税"的能力和水平。推进从严治税的关键在于抓好责任落实。税务系统队伍大、层级多、链条长，税务工作专业性强，一旦治税不严，某个环节上责任落实不到位，有的干部不担当不尽责，都有可能导致内部出现"管涌"，继而引发外部"塌方"。要持续健全"事事明责、人人尽责、失责必问、问责必严"的责任落实机制，强化全系统的责任意识，激发全系统的担当精神，把从严治税的要求落实到每项工作，让担当尽责成为每位干部的行为自觉。

不断提升税务部门税费征管、便民服务、风险防控的能力和水平，这是打造效能税务的重要任务。打造效能税务，要落实在实际行动上、体现在实际成效上。提升税费征管之效，深入推进税收制度改革及税费政策优化，聚焦重点税种、重点地区、重点企业、重点事项等，强化精准监管，切实堵漏增收，把该收的税费依法依规收上来，同时守牢不收"过头税费"的底线，把握好工作时度效，切实为各类经营主体健康规范发展营造良好的税收环境。提升便民服务之效，持续深入开展"便民办税春风行动"，不断丰富税费服务供给，让各项工作更有"人情味"、更"接地气"，特别是聚焦"高效办成一件事"，持续完善新电子税务局功能，提前把各项服务工作做细致、做到位、做周延，切实解决不同群体的难点堵点，不断提升税费服务的智能化、精细化、个性化水平。提升风险防控之效，清醒认识税务部门面临风险易发多发高发的挑战，切实树牢风险意识和底线思维，在综合施策、举一反三、久久为功中，进一步健全完善税务系统风险防范化解工作体系，织牢织密风险防控之网，坚决维护国家税收安全和税务系统安全稳定。

……

(节选自中国税务报《高质量推进中国式现代化税务实践》)

 任务要求

(1) 明确税务管理的定义和原则。

(2) 查阅资料，明确税务管理的内容，画框架图。

(3) 查阅资料，分析税务管理的组织体系。

(4) 查阅资料，分析我国的税务管理体制。

获取信息

观察学习情境，阅读任务要求，根据课程网站学习资料和国家税务总局网站相关信息，思考问题。

引导问题1：什么是税务管理？税务管理的原则是什么？

小提示 从狭义和广义两方面理解税务管理的概念；税务管理的原则共有6个。

引导问题2：税务管理的内容有哪些？

小提示

(1) 税务法制管理。

(2) 税务业务管理。

(3) 税务行政管理。

(4) 其他税务管理。

引导问题3：我国依据哪些基本法律规范进行税务管理？

小提示 《中华人民共和国税收征管法》和《税收征管法实施细则》。

引导问题4：税务管理的组织体系是怎样的？

小提示 税务机构设置情况：国家税务总局、地方税务系统。

引导问题5：什么是税务管理体制？我国的税务管理体制是怎样的？

小提示 集权型、分权型。

工作实施

步骤1：明确税务管理的定义和原则。

步骤2：查阅资料，明确税务管理的内容，画框架图。

步骤3：查阅资料，分析税务管理的组织体系。

步骤4：查阅资料，分析我国的税务管理体制。

评价反馈

认识税务管理的内容和组织体制评价表如表1-1所示。

表1-1 认识税务管理的内容和组织体制评价表

班级：		姓名：			学号：	
任务1.1		认识税务管理的内容和组织体制				
评价项目	评价标准		分值/分	自评	互评	师评	总评
税务管理的原则	能准确描述税务管理的原则		20				
税务管理的内容	能正确描述税务管理的内容		20				
税务管理的组织体系	能正确理解税务管理的组织体系		20				
税务管理体制	能正确理解我国的税务管理体制		10				
工作态度	严谨认真、无缺勤、无迟到早退		10				
工作质量	按计划完成工作任务		10				
职业素质	具备为国聚财、经世济民的理念和诚信守法的意识		10				
	合计		100				

 学习情境的相关知识点

知识点1：税务管理的定义

税务管理的定义有狭义和广义两种。狭义的定义，认为税务管理就是税务机关依据有关税收法律法规所进行的税收征管活动，因此管理的主体是税务机关；广义的定义，认为税务管理是对整个税收分配活动的管理，是指国家依据行政法律法规和宏观经济

视频：税务管理的概念

运行规律以及税收分配的特点，制定相应的税收政策，确立税收管理体制，保证税收各项职能实现的一系列活动的总称，这其中包括税务法制管理、税务征收管理和税务行政管理等内容。

智能化税务管理以先进的信息技术为基石，包括但不限于大数据、云计算、人工智能、区块链、物联网等前沿技术。打破了传统税务管理的界限，实现了从"人管税"向"数治税"的转变。强调以纳税人需求为导向，构建以信息化、自动化、智能化为核心的新型管理模式。智能化税务管理的核心目标是提升税务工作的整体水平，包括提高税收征管效率、优化纳税服务体验、增强税务风险防控能力等。数据是智能化税务管理的灵魂。税务部门通过大数据技术对海量税务数据进行深度挖掘和分析，能够揭示税收经济运行的内在规律和趋势，为制定政策提供科学依据。此外，数据驱动还促使税务管理向精细化、差异化的方向发展，根据纳税人的具体情况提供定制化的服务和指导，实现税务管理的精准化。智能化税务管理推动了税务服务的在线化、移动化，通过构建全面的风险防控体系，实现了对税务风险的实时监控和预警，为税务部门提供了强大的决策支持能力。

知识点 2：税务管理的原则

我国的税务管理，经过长期的理论与实践发展，并在借鉴国外一些先进做法的基础上，逐步确立和完善了适合中国国情的管理原则，包括法治原则、公平原则、效率原则、规范统一原则、优化管理原则、集权与分权相结合原则。

知识点 3：税务管理的内容

税务管理的内容主要包括以下几个：

1）税务法制管理

税务法制管理的内容主要包括税务立法和税务司法两个层面。税收立法权集中于全国人民代表大会，但作为国家最高税务管理机构的国家税务总局有权起草、拟定税收法律、法规草案，提出税法修订以及税收政策建议草案，并会同有关部门审议上报，按照相关立法程序提请审理。税法一经审定颁布，税务机关以及一切纳税单位和个人都必须严格遵守，在税法规定的范围内行使征税权和纳税义务。

知识拓展：税务管理原则的具体内容

2）税务业务管理

税务业务管理的内容主要包括税务计划管理、税务征收管理、税务票证管理、税务会计管理、税务统计管理。

（1）税务计划管理。

税务计划管理是税务机关依据国民经济和社会发展计划以及市场经济的发展变化情况，按照现行税制的计税原理，对一定时期内（通常是 1 年）的税收收入、税务经费、税收成本等内容编制计划。计划一经审定，在执行过程中就要逐级分配落实，同时做好指导、监督、检查、分析、考核等一系列综合管理工作。

（2）税务征收管理。

税务征收管理主要指税务机关深入调查研究，掌握税务信息，摸清税源变化情况，协助纳税人改善经营管理和提高其纳税自觉性，督促其按时申报纳税。正确行使征收管理权，做好稽核税额、防止纳税人不遵从纳税行为等日常征收管理工作。

（3）税务票证管理。

各项税款征收票证填用之后，即成为征纳双方征纳税的证明文件，也是税务会计和统计的原始凭证和考核的依据。

（4）税务会计管理。

税务会计记录、反映征收机关对税收计划和征收活动的过程与结果。税务会计管理还包括在开展税务活动中购销商品、提供和接受服务以及从事相关经营活动时收入、开支形成的收、付款凭证，即发票。发票是财务会计核算的主要依据，也是税务会计管理的重要内容。

（5）税务统计管理。

税务统计管理是对税收分配活动中形成的税源、税款、税政等方面的统计资料进行整理、分析，从而有利于对税务管理的研究、监督和指导。

3）税务行政管理

税务行政管理又称税务组织管理，是指对税务机关内部的组织形式或机构设置、工作流程进行的管理。具体包括征收机构的组织与分工管理、税务人员的组织建设和思想建设管理、对税务人员的监督考核管理。

4）其他税务管理

其他税务管理包括税务管理体制和税务管理方法。

知识点4：税务管理的组织体系

知识拓展：国家税务总局的职责

税务管理的组织体系包括税务机构设置与税务人员管理。

1）国家税务总局

国家税务总局是国务院的税务主管部门，是专门主管全国税务的最高职能机构，对全国国家税务局系统实行机构、编制、人员、经费的垂直管理，协同省级人民政府对地方税务局系统实行双重管理。

国家税务总局根据职责任务，合理设置内部结构。现阶段国家税务总局的内设机构分3大类，共设置18个正司局级内设机构。

（1）主要负责税收业务的机构。

主要负责税收业务的机构，包括货物和劳务税司、所得税司、财产和行为税司、国际税司、社会保险费司（非税收入司）等，分别负责各类税收和非税收入的征收管理工作；制定具体的征收管理政策和办法，对相关法规在执行中的一般性问题进行解释和处理等。

（2）主要负责政策法规、税务稽查及纳税服务方面的机构。

主要负责政策法规、税务稽查及纳税服务方面的机构，包括政策法规司、收入规划核算司、征管和科技发展司、纳税服务司、大企业税收管理司、稽查局等，主要负责税收法律法规草案的起草，研究提出税制改革建议，办理重大税收案件立案调查的有关事项，实行税源监控和管理，开展纳税评估等方面的工作。

（3）主要负责机关内部行政管理事务、财务管理、人事管理及内部督查的机构。

主要负责机关内部行政管理事务、财务管理、人事管理及内部督查的机构，包括办公厅、财务管理司、督察内审司、人事司、党建工作局、机关党委、离退休干部局等，主要负责机关文档、保卫保密、信访、人事制度、政治思想、财务经费管理、党群工作等方面的职责。

2）地方税务系统

地方税务系统是国家税务总局在各省、自治区、直辖市、地（市、州）、县（市）设立的负责税收收入和非税收入的税收管理机构，实行以国家税务总局为主与省（自治区、直辖市）政府双重领导管理的体制。

地方税务系统的机构设置为三级，即省（自治区、直辖市）税务局、地（设区的市、州、盟）税务局、县（市、旗）税务局。

省级税务局是各地区主管税收工作的职能部门，负责贯彻执行国家有关税收法律、法规和规章并结合本地区实际情况制定具体实施办法。省级税务局内设行政处（室），包括办公室、政策法规处、货物和劳务税处、所得税处、收入规划核算处、征收管理处、计划财务处、监察室等。各地省级税务局均设稽查局，为直属机构，并根据当地具体情况设置直属征收、涉外税收、进出口税收管理等直属机构。

知识点5：税务管理体制的定义

税务管理体制是划分各级政府之间税务管理权限的制度，是国家经济管理体制和财政管理体制的重要组成部分。一般税务管理体制规定税收立法权和税收管理权两方面的内容，其中税收管理权是核心。

知识拓展：税务管理体制的确定依据

1）税收立法权

税收立法权是指国家最高权力机关依据法定程序赋予税收法律效力时所具有的权力，它包括税法的制定和颁布权、审议权、表决权等。

2）税收管理权

税收管理权是指贯彻执行税法所拥有的权限，它属于行政权力的一种，主要规定税收管理权限的划分、税务机构的设置以及机构隶属关系等。具体包括税种的开征与停征权、税法的解释权、税目的增减与税率的调整权、税收的减免审批权以及规定税收收入在各级政府之间的划分等。

知识点6：我国税务管理体制的类型

我国现行分税制的税务管理体制，遵循"统一领导、分级管理"的原则。

统一领导，税权集中，在中央统一领导下，赋予地方政府一定的税务管理权，以便因地制宜地处理税收问题。

实行分级管理，把税务管理的统一性和灵活性结合起来，调动全国各方面的积极性。从总体上说，税法的制定、税种的开征和停征、税目税率的调整等权力集中在中央；减税免税审批权分别由中央、地方掌握；征收管理等事宜，由地方因地制宜自行处理。税务管理权限集中和下放的程度，根据不同税种的特点和国家在不同时期的政策要求不尽相同。有时中央集权多一些，有时赋予地方较大的权限。

任务1.2　认识税收征管信息化和智慧税务建设

学习目标

知识目标：
理解税收征管信息化的主要内容。

智能化税务管理

> 理解金税工程的主要目标和主要任务。
> 掌握智慧税务建设的主要目标。
> 了解我国智慧税务建设概况。
> **能力目标：**
> 明确全面推进税收征管数字化升级和智能化改造的内容。
> **素质目标：**
> 具有家国情怀、大局意识。
> 具备数字素养。
> 具有与时俱进的理念。

学习情境1　深化税收征管改革这三年

纵贯"十四五"、横跨全业务，深化税收征管改革是一个系统性工程，更是一项千头万绪的艰巨任务。三年来，税务系统远近结合谋篇布局，抓纲带目有序推进，持之以恒地将宏伟蓝图变成路线图，把美好愿景变为现实图景。

2021年3月，《关于进一步深化税收征管改革的意见》印发后，税务总局第一时间对贯彻落实工作进行部署，成立由"一把手"担任组长的《关于进一步深化税收征管改革的意见》落实领导小组，明确"工作方案+任务分工+试点引领"的总体框架，为深入推进贯彻落实画好"一张图"。围绕"一张图"，全国"一盘棋"落实。在税务总局的统筹协调和推进下，31个省（自治区、直辖市）党委政府全部出台实施方案，36个省（自治区、直辖市和计划单列市）税务局、6个税务总局驻各地特派办全部制发工作方案，推动税收征管改革不断向纵深推进。

税务系统持之以恒、真抓实干、与时俱进，不断完善科学有力的推进机制，形成滚动谋划、拓展措施、对表推进、对账销号、推广经验、督导问效的改革闭环，各方面积极性、主动性、创造性得到有效调动，推动改革任务高质量落地。

从一体推进智慧税务建设，特别是电子发票服务平台在全国上线、全面数字化的电子发票试点持续深化、新电子税务局上线扩围，到连年开展"便民办税春风行动"，持续推出优化办税缴费服务举措，到强化税收执法内部控制和监督，健全"信用+风险"新型动态监管机制，到通过税费大数据常态化监测分析经济社会运行态势，到与24个部门建立"总对总"常态化数据共享机制，再到持续完善"一带一路"税收征管合作机制，集成创新推出"税路通"跨境税收服务品牌，等等，税务部门深入推进精确执法、精细服务、精准监管、精诚共治，税收服务国家治理的能力进一步增强……

（节选自中国税务报《深化税收征管改革这三年》）

学习情境2　"E动办税"工作室

某市税务局为了提升税收征管效率和纳税服务质量，积极推行税收征管信息化。他们紧扣"办好惠民事,服务现代化"的主题,深入开展了"春风行动",规范并创新了纳税服务。其中一个重要的举措就是推出了"E动办税"工作室。

"E动办税"工作室实现了涉税业务全领域、全事项、全流程的远程一次办理。这意味着纳税人、缴费人无须亲自前往税务局,就可以通过在线平台或移动应用进行税务申报、查询、支付等一系列操作。这种服务模式为纳税人、缴费人带来了优质、高效、智能的税费服务新体验。

在"E动办税"工作室的推动下,某市税务局实现了税务服务的数字化和智能化。通过利用大数据、云计算等现代信息技术,税务局可以更加精准地掌握纳税人的经营情况和税收风险,为纳税人提供更加个性化的服务。同时,信息化手段也提高了税务局的工作效率和准确性,降低了税收征管成本。

任务要求

(1) 阅读学习情境1及相关的政策文件,总结我国智慧税务建设的目标。
(2) 阅读学习情境2,分析该案例中体现的智慧税务建设的相关内容。
(3) 查阅资料,总结税收征管信息化的含义和内容。
(4) 分析总结全面推进税收征管数字化升级和智能化改造的内容。
(5) 查阅资料,总结金税工程的建设目标和主要内容。

获取信息

观察学习情境,阅读任务要求,根据课程网站学习资源和国家税务总局网站相关信息资料,思考问题。

引导问题1:什么是税收征管信息化?

> 💡 **小提示** 在税收征收管理中应用现代信息技术,实现税收信息的收集、检索、分类、储存和传输的系统化、网络化。实质就是运用现代信息手段和机制指导信息与信息、信息与人、信息与过程的有机结合,实现税收征管之目的。

引导问题2:税收征管信息化建设的主要内容有哪些?

> 💡 **小提示** "一个平台、两级处理、三个覆盖、四个系统"。

引导问题3:金税四期的主要任务是什么?

> 💡 **小提示** "两化、三端、四融合"。

智能化税务管理

引导问题 4： 智慧税务建设的主要目标是什么？

⚡ **小提示** 查阅中共中央办公厅、国务院办公厅印发的《关于进一步深化税收征管改革的意见》。

工作实施

步骤 1： 阅读学习情境 1 及相关政策文件，总结我国智慧税务建设的目标。

_____

_____

步骤 2： 阅读学习情境 2，分析该案例中体现的智慧税务建设的相关内容。

_____

_____

步骤 3： 查阅资料，总结税收征管信息化的含义和内容。

_____

_____

步骤 4： 分析总结全面推进税收征管数字化升级和智能化改造的内容。

_____

_____

步骤 5： 查阅资料，总结金税工程的建设目标和主要内容。

_____

_____

评价反馈

认识税收征管信息化和智慧税务建设评价表如表 1-2 所示。

表 1-2　认识税收征管信息化和智慧税务建设评价表

班级：		姓名：			学号：	
任务 1.2		认识税收征管信息化和智慧税务建设				
评价项目		评价标准	分值/分	自评	互评	师评	总评
税收征管信息化的主要内容		能正确描述税收征管信息化的含义	15				

续表

评价项目	评价标准	分值/分	自评	互评	师评	总评
金税工程的主要目标和任务	理解金税工程的主要目标和主要任务	20				
智慧税务建设目标	掌握智慧税务建设的主要目标	15				
智慧税务建设概况	了解我国智慧税务建设概况	20				
工作态度	严谨认真、无缺勤、无迟到早退	10				
工作质量	按计划完成工作任务	10				
职业素质	遵纪守法,有大局观念和数字素养	10				
	合计	100				

 学习情境的相关知识点

知识点 1:税收征管信息化的含义

税收征管信息化,是指在税收征收管理中应用现代信息技术,实现税收信息的收集、检索、分类、储存和传输的系统化、网络化。信息化形式上是电脑、通信、信息内容的有机结合,机制上是数字、网络和信息体的整体运作。税收征管信息化的实质就是运用现代信息手段和机制指导信息与信息、信息与人、信息与过程的有机结合,实现税收征管之目的。

知识点 2:税收征管信息化的内容

税收征管信息化的主要内容,概括起来就是"一个平台、两级处理、三个覆盖、四个系统"。

1)"一个平台"

"一个平台"是指建立一个包含网络硬件和基础软件的统一的技术基础平台。主要任务是逐步建立覆盖总局、地方税务局各级机关与相关政府部门信息共享的网络体系,统一网络硬件和基础软件技术平台建设,建立安全管理和运行维护体系,以保证税收工作在统一、安全、稳定的网络化平台支撑下平衡运行。

知识拓展:税收征管信息化配套实施的改革创新措施

2)"两级处理"

"两级处理"是指依托统一的技术基础平台,逐步实现税务系统的数据信息在总局和省税务局集中处理。主要任务是在"一个平台"的支撑下,结合各地实际情况,逐步建立总局、省税务局两级数据处理中心和两级数据处理机制,实现涉税电子数据在总局、省税务局两级的集中存储、集中处理和集中管理,使业务流程更加简化、机构趋于扁平化、管理和监控更加严密、纳税服务更加简便、系统维护更加便捷、系统运行更加安全,并使数据的宏观分析与微观分析相结合、全局分析与局部透视相结合,全面提升数据利用的价值。

3)"三个覆盖"

"三个覆盖"是指应用内容逐步覆盖所有税种、税收工作的重要环节、各级地方税务局,并与有关部门联网。主要任务是通过税务管理信息化建设,促进信息技术和管理方法在全国税务系统得到广泛应用,逐步实现税务管理信息系统对税务局管理的所有税种以及税收

智能化税务管理

工作运行的重要环节进行全面、有效的电子化监控,并实现与有关部门的联网,以保证税收工作便捷、规范、高效进行。

4)"四个系统"

"四个系统"是指通过业务重组、优化和规范,逐步形成一个包括征收管理、纳税服务、管理决策和行政管理系统在内的四个信息管理应用系统。主要任务是建立以税收征管业务为主要处理对象的税收征管系统,以为纳税人服务为主要处理对象的纳税服务系统,面向各级税务机关税收经济分析、监控和预测的管理决策系统和以税务系统内部行政管理事务为处理对象的行政管理系统,以满足税务工作多层面、全方位的应用需求。

知识点 3:金税工程

视频:金税工程

知识拓展:金税工程
总体设计思路和目标

金税工程是以国家税务总局为主,联合财政部、国家信息产业部、国家发展和改革委员会(原国家计委)等部门自 1994 年开始启动建设的政府上网的一项重要工程(包括"金关""金农""金卡""金桥""金信"等工程)。

1)金税一期

1994 年,我国实施了以增值税为主要内容的新一轮工商税制改革,建立了以增值税为主体税种的税制体系,并实施以增值税专用发票为主要扣税凭证的增值税征管制度。随着税制改革的推进,新税制与旧的征管手段之间的矛盾日益突出,国务院决定引入现代化技术手段加强对增值税的监控管理,定名为"金税工程",并将其列入国家信息化建设重点工程。根据国务院领导的指示,在各方面的积极配合下,全国税务系统自 1994 年 3 月起,组织实施了以建设 50 个城市为试点的增值税计算机交叉稽核系统,即"金税工程"(一期)(以下简称金税一期)。

但是由于手工采集数据导致的错误率高、覆盖面狭窄等原因,金税一期很快就于 1996 年年底停止了运行。不过,这次金税工程的启动为以后的工作进展积累了大量的经验和教训,为之后金税二期乃至金税三期的开启铺平了道路。

2)金税二期

2000 年 8 月 31 日,由国家税务总局向国务院汇报金税二期的建设方案并得到批准。2001 年 7 月 1 日,增值税防伪税控发票开票、认证、交叉稽核、协查四个子系统在全国全面开通,从而在加强增值税专用发票管理、打击偷骗税犯罪行为、增加税收收入等方面起到了积极有效的作用。

3)金税三期

2016 年 8 月,金税三期全面建成,并在全国范围内上线。金税三期通过业务重组和流程再造,利用信息技术手段,实现了政务工作的网络化运行,强化税收管理,实现管理现代化,为纳税人提供优质、便捷、全方位的服务,并为政府宏观经济决策提供科学依据。

截至 2022 年,经过五年有余的积淀,企业和行业纳税数据已实现了高度集成化和系统化,使得金税四期可在金税三期数据的基础上,进行异常数据的监察和预警。

4）金税四期

随着金税三期系统的运行，企业纳税信息和行业信息逐步沉淀，税务大数据逐步完善。税务部门从以前传统的税源管理逐渐转变为以风险分析为主导的管理方式，纳税评估和税务稽查成为常态。为打造智慧税务，实现税收治理现代化的规划要求，国家税务总局决定推进金税四期建设。金税四期是金税三期的升级和完善，是国家在吸收国际先进经验的基础上，运用高科技手段，结合我国税收征收管理实际需求建设的国家级税收管理信息系统工程的总称。2021年1月，国家税务总局发布公告，进一步明确了金税四期的功能部署。截至2021年年底，金税四期决策指挥端建设工作顶层设计已全方位完成，一套信息获取及时准确、页面展示直观形象、实操实控简单明了、指挥决策精准有力的"作战图"指挥平台已完成部署。

（1）金税四期建设的目标。

根据金税工程建设的总体目标，在金税三期全面建成并发挥效益后，将实现如下目标：

①搭建各部委、人民银行及其他银行等参与机构之间信息共享和核查的通道，实现企业相关人员手机号、企业纳税状态、企业登记注册信息核查功能，加强税收监管，提升税收治理能力。

②以强劲的信息技术平台为支撑，持续深化税收领域"放管服"改革，提高纳税服务质量，营造透明、公平、稳定、可预期的营商环境，服务经济高质量发展。

③依托云计算，实现由查漏补缺向实时精准打击发展，由"人盯户"向系统性"风险防控"转化，应对虚拟经济挑战，服务数字经济发展。

④建设以税收大数据应用为引擎、以智能物联网为支撑、以税收法律为保障的税收治理体系，发挥税收职能作用，满足国家治理现代化的要求。

⑤加强流转税监管，加强直接税体系建设，加强国际税收征管合作，以提升税收国际竞争力，保障国家税收权益。

（2）金税四期建设的主要任务。

金税四期推进税收征管数字化之路的主要任务，是围绕构建智慧税务这一目标，着力推进"两化、三端、四融合"。

①"两化"是指构建智慧税务，有赖于推进数字化升级和智能化改造。在数字化升级方面，以数字化电子发票改革为突破口，将各类业务标准化、数据化，实现可归集、可比较、可连接、可聚合。在智能化改造方面，基于大数据、云计算、人工智能、区块链等新一代信息技术，对税费征管信息实现数字化升级，并通过其反映现状、揭示问题、预测未来，更好地服务纳税人缴费人，更好地防范化解征管风险，更好地服务国家治理。

②"三端"是指智慧税务建成后，将形成以纳税人端、税务人端和决策人端为主体的智能应用平台体系。金税四期将基于全局视角，建成覆盖税收征管全部环节、全部流程、全部主体的一体化应用平台。在纳税人端，通过打造"一户式"和"一人式"税务数字账户，实现每一户法人和每一个自然人税费信息的智能归集和智敏监控。在税务人端，通过打造"一局式"和"一员式"应用平台，实现总局、省局、市局、县局、分局五级税务机关和60多万税务工作人员信息可分别按每一个单位和每一名员工进行智能归集和智效管理，智能推送工作任务。在决策人端，通过打造"一览式"应用平台，实现对征纳双方、内外部门数据，可按权限在不同层级税务机关管理者的应用系统中进行智能归集和展现，为管理指

挥提供一览可知的信息。

③"四融合"是指智慧税务建成后，将实现"算量、算法、算力""技术功能、制度效能、组织机能""税务、财务、业务"和"治税、治队、治理"四个维度的一体化深度融合，从而促进税收大数据应用、税收征管效能、税务部门服务纳税人缴费人和服务国家治理现代化的能力和水平得到大幅提升和跨越升级。从数字化征管信息系统建设角度考量，以规模大、类型多、颗粒度细的税收大数据为算量，学习借鉴国际先进经验，创造先进的算法标准，持续加强算力建设，构建一个集超级算量、智能算法、强大算力为一体的智慧系统，通过各方面数据的捕获和充分流动，及时感知执法、服务、监管各个领域的业务需求，并灵敏地自动作出反应，进而实现算量、算法、算力的"三算"一体化深度融合。从数字化征管内部运行方式角度考量，通过发挥现代信息技术和税收大数据的驱动作用，实现制度规范、业务流程等方面的融合升级和优化重构，并推动税务组织体系的横向集约化、纵向扁平化，使税务部门的组织职能划分更加明确清晰、岗责设置更加科学精准、人员配置更加合理高效，更好地适应现代化税收征管和服务工作的需要，从而实现技术功能、制度效能、组织机能的"三能"一体化深度融合。从数字化征管服务纳税人缴费人的角度考量，把征纳双方的关联时点提前，由过去的有税关联、现在的涉税关联，发展至未税关联，使税收规则、算法、数据直接融入纳税人经营业务中，伴随着每一次交易活动自动计算纳税金额，从而大幅降低税收遵从成本，提高税收征管效率，实现税务、财务、业务的"三务"一体化深度融合。从数字化征管服务国家治理现代化角度考量，在深入推进精确执法、精细服务、精准监管、精诚共治的基础上，将内控监督规则、考核考评标准渗入业务流程、融入岗责体系、嵌入信息系统，实现过程可控、结果可评、违纪可查、责任可追的自动化联动监控，大幅增强带队治税的税收治理效能。同时，还能通过数字化电子发票改革，撬动经济社会数字化转型，通过深化税收大数据分析，为宏观经济和社会管理提供更多更及时的决策参考，更好地服务国家治理现代化，从而实现治税、治队、治理的"三治"一体化深度融合。

知识点 4：智慧税务建设

随着大数据、人工智能、区块链和 5G 等新兴技术的广泛应用，信息和数据已然成为巨大生产力，为创新税务管理模式、推动政府治理能力现代化提供了新技术动能。2021 年 3 月，中共中央办公厅、国务院办公厅印发的《关于进一步深化税收征管改革的意见》（以下简称《意见》）提出，要着力建设以服务纳税人缴费人为中心，以发票电子化改革为突破口，以税收大数据为驱动力的具有高集成功能、高安全性能、高应用效能的智慧税务，大幅提高税法遵从度和社会满意度，明显降低征纳成本，充分发挥税收在国家治理中的基础性、支柱性、保障性作用，为推动高质量发展提供有力支撑。

视频：智慧税务建设

智慧税务着力推进税收征管和服务流程全方位创新变革，融合了代表技术的"数字""智能"和代表业务的"税务"，因此，集成了技术和业务各要素的管理模式显然是智慧税务的核心特征之一。《意见》提出，从"以票管税"向"以数治税"分类精准监管转变，这一管理模式的变革是智慧税务建设的重要突破口。《意见》下发时提出的智慧税务建设的主要目标是：到 2022 年，在税务执法规范性、智慧税务税费服务便捷性、税务监管精准性上取得重要进展；到 2023 年，基本建成管理模式"无风险不打扰、有违法要追究、全过程强智控"的税务执法新体系，实现从经验式执法向科学精确执法转变。到 2025 年，深化税收征管制度改革取得显著成效，基本建成功能强大的智慧税务，形成国内一流的智能化行政应用系统，全方位提高税务执法、服务、监管能力。

知识点5：全面推进税收征管数字化升级和智能化改造

1）加快推进智慧税务建设

充分运用大数据、云计算、人工智能、移动互联网等现代信息技术，着力推进内外部涉税数据汇聚联通、线上线下有机贯通，驱动税务执法、服务、监管制度创新和业务变革，进一步优化组织体系和资源配置。2022年已基本实现法人税费信息"一户式"、自然人税费信息"一人式"智能归集，2023年已基本实现税务机关信息"一局式"、税务人员信息"一员式"智能归集，深入推进对纳税人缴费人行为的自动分析管理、对税务人员履责的全过程自控考核考评、对税务决策信息和任务的自主分类推送。2025年将实现税务执法、服务、监管与大数据智能化应用深度融合、高效联动、全面升级。

2）稳步实施发票电子化改革

2021年建成的全国统一的电子发票服务平台，24小时在线免费为纳税人提供电子发票申领、开具、交付、查验等服务。制定出台的电子发票国家标准，有序推进铁路、民航等领域发票电子化，2025年可基本实现发票全领域、全环节、全要素电子化，着力降低制度性交易成本。

3）深化税收大数据共享应用

探索区块链技术在社会保险费征收、房地产交易和不动产登记等方面的应用，并持续拓展在促进涉税涉费信息共享等领域的应用。不断完善税收大数据云平台，加强数据资源开发利用，持续推进与国家及有关部门信息系统互联互通。2025年建成税务部门与相关部门常态化、制度化数据共享协调机制，依法保障涉税涉费必要信息获取；健全涉税涉费信息对外提供机制，打造规模大、类型多、价值高、颗粒度细的税收大数据，高效发挥数据要素驱动作用。完善税收大数据安全治理体系和管理制度，加强安全态势感知平台建设，常态化开展数据安全风险评估和检查，健全监测预警和应急处置机制，确保数据全生命周期安全。加强智能化税收大数据分析，不断强化税收大数据在经济运行研判和社会管理等领域的深层次应用。

任务1.3　认识企业税务管理数字化变革

学习目标

> 知识目标：
> 理解企业税务管理数字化的含义。
> 掌握企业税务数字化的目标。
> 掌握企业税务数字化转型的内容。

智能化税务管理

> **能力目标：**
> 能区分企业税务管理数字化转型的不同模式。
> **素质目标：**
> 形成职业道德规范意识、诚信守法意识。
> 具有与时俱进的理念。
> 具备数字素养。

学习情境

近日，当记者走进中核集团江苏核电有限公司（以下简称江苏核电）田湾核电科技馆时，便被一组数据吸引了——田湾核电基地规划建设8台机组，是全球在建和在运总装机容量最大的核电基地，1~6号机组累计安全发电超过4 200亿千瓦时，可供超过1亿户家庭使用1.6年。这样一家"发电大户"，在税务合规管理方面有何经验呢？带着这个问题，记者采访了江苏核电财务团队。

1）系统运行，财务人员工作时间节约1/3

最近半年多，江苏核电税务管理员吴茜感觉自己的"工作量"明显减少，她有更多的时间去研究一些复杂的涉税业务问题。她认为，这要归功于2023年9月正式运行的江苏核电智慧税务系统。

江苏核电总会计师王喆介绍，企业共有近2 300人，其中财务团队有30多人，具体到从事日常税务工作的则只有3个人，分别负责发票管理、基础核算和纳税申报、税务分析及风险监控。在王喆看来，税费核算工作往往较为琐碎重复，耗费财税人员很多精力，却是做好税务合规管理的重要基础。

如何将财税人员从烦琐的工作中解放出来，向管理型人才转变？如何进一步提高企业税务工作的效率和质量？如何及时发现并有效应对企业潜在的税务风险？面对这些问题，江苏核电财务团队决定开展税务管理数字化转型，自主搭建企业智慧税务系统。"将新手段和新技术引入税务管理领域，既是顺应加快建设世界一流财务管理体系的趋势，也是企业进一步提高税务管理质效、实现高质量发展的必然选择。"王喆说。

说干就干。经过广泛调研和认真研究，江苏核电于2023年9月上线了智慧税务系统，具体包括发票管理、智能缴税、风险防控和纳税分析四个模块。记者注意到，在发票管理模块，通过建立公司级发票池，从进销项发票管理、发票查验等角度构建起发票管理体系。以发票管理模块为基础，智能缴税模块围绕"税基获取、税费计提、税费申报、税费扣缴、资料归档"5个核心环节，实现了纳税申报工作从线下到线上的转变。同时，江苏核电智慧税务系统嵌入了RPA（机器人流程自动化）机器人，可以自动完成账票核对工作，既提高了准确性，也将财税人员从核算工作中解放出来。为保证数据的安全性，江苏核电智慧税务系统采用加密算法对传输的数据报文加密后进行传输，并进行访问权限控制和时效控制。

主要负责基础核算和纳税申报的吴茜举例说，江苏核电智慧税务系统运行后，企业需要计算申报增值税时，系统可以从公司发票池自动获取本期进销项税额数据，通过设定好的计算模型，自动计算当期税款并生成部分报表数据。吴茜会对自动计算的数据进行核对，并履行公司审批流程，无误后再通过系统进行纳税申报和税款扣缴。此外，系统还会自动保存申报信息，方便后续查询。"系统运行后，我用于税费计算和纳税申报的时间节约了将近1/3，工作效率和申报质量都有所提升。"吴茜说。

2）税企合力，让企业税务管理系统更智慧

在王喆看来，企业税务管理既要抓好风险应对工作"治已病"，也要重视潜在问题"治未病"，这就要求企业对税务数据进行深入分析，找到异常税务数据所对应的风险业务，将风险化解在苗头阶段，从源头上规避风险。为此，江苏核电在开发企业智慧税务系统时增加了风险防控和纳税分析模块。

在风险防控模块，企业财税团队结合业务实际，明确了未开具发票销售额、营业账簿印花税等常见涉税风险控制点，形成税收风险业务清单，逐条分析，建立税务预检模型，定期或不定期对企业税务合规情况进行自查自纠，并结合自查情况完善风险业务清单，构建起"风险清单建设—风险监控—风险预警—整改优化—风险清单迭代更新"的闭环管理机制。此前，系统预检发现某月增值税销售额与财务收入金额不一致，提出预警。企业财税人员随即展开分析，原来，这一问题是由资产处置收入方面的税务处理差异导致的。"虽然是'虚惊一场'，但是系统预警可以让他们将潜在风险提前分析消解，避免出现差异数据累计混同，最终难以拆解的情况。"王喆说。

在纳税分析模块，设置了上缴税费总额、综合税负率等指标，基于进项发票、销项发票、公司总体税负情况、分税种税负情况等重要税务数据可开展多维度分析，深入挖掘税务数据价值。同时，纳税分析模块建立了可视化数据面板，将复杂的数据转化为直观易懂的图表，企业财税人员能够直面税务数据的趋势变化，既能及时发现异常数据，及时应对潜在风险，也能更好地理解和使用数据，为作出科学合理的决策提供有效支撑。举例来说，如果企业所得税税负率发生异常变化，财税人员就可借助系统，分析相应期间企业收入与成本是否存在异常情况、税收优惠政策适用是否存在变化，进而对企业财税情况形成一种敏锐的反应机制。"税务管理数字化带来的好处，用了才知道！"王喆说。

"智慧税务系统的搭建，离不开连云港税务部门的帮助。"王喆告诉记者，在他们搭建智慧税务系统的过程中，国家税务总局连云港市税务局第一税务分局依托税收大数据优势，为重点企业开展全面的税务体检，并提交了详细的分析报告。根据这份报告，他们进一步优化了风险指标模型的设置，提高了企业智慧税务系统风险识别功能的全面性和精准性。由于江苏核电自觉遵从税法的行动得到了省、市税务部门的认可，征纳沟通十分顺畅。

江苏省税务局第一税务分局有关负责人认为，连云港大企业税收服务和管理部门与江苏核电共建企业智慧税务系统，是一次税企共治的有益探索。大企业具有较强的示范效应和社会影响力，税务部门通过税企共治等方式，引导大企业提高税法遵从水平，既有助于降低企业税务风险，实现长远发展目标，也有助于降低征纳成本，在全社会形成依法纳税、纳税光荣的良好氛围。

（节选自中国税务报《税务管理数字化转型的"江苏核电样本"》）

任务要求

（1）阅读资料，分析江苏核电财务人员工作时间减少的原因。
（2）阅读资料，分析江苏核电智慧税务系统的功能和便捷性。

智能化税务管理

（3）阅读资料，总结企业税务管理数字化转型和智能化改造过程中的目标。
（4）查阅资料，总结企业税务管理数字化转型的内容。
（5）查阅资料，分析企业税务管理数字化转型的趋势。

获取信息

观察学习情境，阅读任务要求，根据课程网站学习资料和国家税务总局网站相关信息，思考问题。

引导问题1：什么是企业数字化税务管理？

> **小提示** 依托互联网、云计算等现代信息技术对税务业务进行电子化、网络化、智能化处理，实现企业经营过程中数据自动生成的规范化、标准化，为税收数据的电子化采集和存储、在线申报缴纳税款、电子发票的开具和管理，以及税务数据的智能分析和风险预警等提供服务。

引导问题2：企业数字化税务管理的目标包括哪些？

> **小提示**
> （1）完善合规管理；
> （2）强化集中管控；
> （3）构建风险体系；
> （4）提高工作效率。

引导问题3：企业数字化税务管理的内容包括哪些？

> **小提示**
> （1）定位评估和立项规划；
> （2）业务梳理和整体优化；
> （3）系统建设和应用实施；
> （4）应用推广和迭代更新。

引导问题4：企业数字化税务管理的模式包括哪些？

> **小提示**
> （1）业务角度的建设模式；
> （2）信息技术角度的建设模式。

引导问题 5：企业数字化税务管理的趋势包括哪些？

_____

⚡ **小提示** 标准化、共享化、一体化。

📅 工作实施

步骤 1：阅读资料，分析江苏核电财务人员工作时间减少的原因。

_____

_____

步骤 2：阅读资料，分析江苏核电智慧税务系统的功能和便捷性。

_____

_____

步骤 3：阅读资料，总结企业税务管理数字化转型和智能化改造过程中的目标。

_____

_____

步骤 4：查阅资料，总结企业税务管理数字化转型的内容。

_____

_____

步骤 5：查阅资料，分析企业税务管理数字化转型的趋势。

_____

_____

✰ 评价反馈

认识企业税务管理数字化变革评价表如表 1-3 所示。

表 1-3　认识企业税务管理数字化变革评价表

班级：		姓名：		学号：		
任务 1.3		认识企业税务管理数字化变革				
评价项目	评价标准	分值/分	自评	互评	师评	总评
企业数字化税务管理的含义和目标	能正确描述企业数字化税务管理的含义和目标	20				
企业税务管理数字化转型的内容	能正确描述企业税务管理数字化转型的内容	20				

智能化税务管理

续表

评价项目	评价标准	分值/分	自评	互评	师评	总评
企业税务管理数字化转型的模式	能正确判断企业税务管理数字化转型的模式	20				
企业税务管理数字化转型的趋势	能正确理解我国企业税务管理数字化转型的趋势	10				
工作态度	严谨认真、无缺勤、无迟到早退	10				
工作质量	按计划完成工作任务	10				
职业素质	形成职业道德规范意识、诚信守法意识,具有与时俱进的观念和数字素养	10				
	合计	100				

 学习情境的相关知识点

知识点1：企业数字化税务管理的含义

企业数字化税务管理，是指企业通过全面梳理经营业务与税务事项的逻辑关系，建立标准化的业财税一体化管理流程，依托互联网、云计算等现代信息技术对税务业务进行电子化、网络化、智能化处理，实现企业经营过程中数据自动生成的规范化、标准化，为税收数据的电子化采集和存储、在线申报缴纳税款、电子发票的开具和管理，以及税务数据的智能分析和风险预警等提供服务，便于企业开展全流程、全税种的税务管理。

知识拓展：企业税务管理数字化转型的目标

知识点2：企业税务管理数字化转型的内容

1）定位评估和立项规划

（1）企业数字化税务管理的发展阶段定位。

企业在开展数字化税务管理建设之初，要确定出发时所处的位置。不同企业数字化税务管理程度不同，"营改增"极大地推动了发票系统和增值税系统的建设，随着金税四期的逐步推进，企业更加重视数字化税务管理工作，尤其是大型集团企业逐步探索建立全税种管理流程，但企业间的数字化税务管理能力差异很大，需要结合自身条件开展数字化升级。

视频：企业税务管理数字化转型的内容、模式和趋势

（2）企业数字化税务管理成熟度评估。

总结既往建设经验，结合对于科技应用和税务管理发展变化的方向，可以构建企业税务数字化成长发展矩阵，从数字化税务管理视角将企业管理数字化发展分成不同阶段，个体企业将自身实践对照成长矩阵，可标定在不同层面上的发展状况。

（3）内部立项和建设规划。

在企业内部获得管理层认可，取得相关角色的一致性理解，设立专项转型建设小组。在对企业自身状况的分析定位和整体管理发展规划的基础上，考虑实际可以投入的内部资源状况，可取得的外部资源支持状况，务实地考虑在一定时期可以追求的建设目标，并据此进行

项目建设的整体落地规划。

2）业务梳理和整体优化

数字化税务管理升级转型项目的核心目标是提高业务管理能力，作为管理对象的涉税业务内容始终是该项工作的基础。围绕这个基础，要开展充分的业务分析和规划。

（1）业务流程梳理。

从流程视角全面梳理企业各项涉税业务，构建起税务视角的业务地图，重点描述业务事项从经营源头经过各项工作环节，最终形成计税的结果。梳理后形成准确描述各步骤业务内容、涉及角色、职责要求、数据资料等信息的文档材料，以便项目相关成员达成共识，为后续工作做好基础。

（2）重大事项和税务风险评估。

基于业务梳理结果，从风险角度评估企业当前税务管理状况，重点是发现规则应用和管理控制层面的风险问题。一方面，从结果角度评估风险状况，针对风险问题，分析发掘风险因素所在和触发原因；另一方面，直接从执行层面分析流程运行和控制的完善性、合理性。

（3）面向数字化的税务流程优化和体系完善。

把握关键流程管理要点，进行面向数字化管理的流程优化和规则确认。从规则层面要针对梳理发现的问题进行修正调整，确保在新管理体系下的全面合规。再结合数字化管理的特点，重新考虑流程的合理安排，从而构建起源于业务管理基础，与数字化税务管理形态紧密贴合，并能够促进管理能力发展的流程体系。

（4）构建系统建设需求和建设方案。

系统软件是数字化税务管理落地的支撑，软件的应用功能具体承载企业各项业务运转。根据前期对规则和流程规划的结果，逐项分析新的业务框架下各业务内容、各工作环节所需的系统功能需求，还应同步考虑用户体验的需求。在确定系统建设需求之后，考虑自身技术开发能力和业务需求的实现难度，确定是内部自主开发还是利用外部产品实现。外部产品应当充分评估产品能力与业务需求的匹配程度，不仅要考虑当前的实现满足程度，还要注重其基础框架和建设理念与业务规划的一致性，以及外部机构对业务管理层面的理解程度，以确保能支撑管理方案后续的扩展性建设。

3）系统建设和应用实施

（1）系统整体架构。

系统按照企业税务管理特点构建基础平台，充分考虑各税种管理的特点，提炼关键要素，支持各类涉税流程、规则功能的开发和应用，符合差异化诉求。

（2）税务基础管理平台功能设计。

①税务主体信息管理。

集中设置并管理各级纳税主体的基本信息和涉税基础信息，是后续计税、核算、申报等纳税实务操作的主要机构维度。

②税务组织体系管理。

匹配企业行政管理组织体系、财务核算组织体系，设置纳税主体组织体系，同时支持汇总纳税等纳税主体特有的税务组织特征。

③税务基础参数管理。

管理各税种主要参数，包括税种、税目、税率、特殊项目的税务标准等。

④税务日历。

实现对内外部关键税务事务时点的系统化管理,通过标注的关键时点和管理期间等,应用到税金计提、纳税申报等各涉税流程。

(3)税种计税管理功能设计。

总体上要支持各税种管理。完成数据采集、税金计算和申报表编制全流程管理,同步实现对于税基和关键事项的日常管理。能够支持各类计税政策和申报表格式等变更的快速配置,支持申报表的分版本管理。在系统对接采集数据的基础上,支持税务人员手工补充或调整,数据的补充及变更轨迹在系统可查、可追溯,人员岗位的变更可保证工作的连续性。具体到每个税种业务上逻辑差异大,需要进行独立的功能设计安排。

(4)税务风险管理功能设计。

各项业务工作转型线上之后,流程数据和业务数据得以集中和沉淀,构建起税务风险管理的数据基础,据此可规划税务风险管理的相关功能。建立税务风险管理的系统框架体系,实现风险指标模型化管理,对风险事项和识别的结果能给予预警提示,能够全面监测系统各项业务流程,控制执行过程风险,支持检查事项流程管理。

(5)管理分析功能设计。

支持更直接的税务管理需求,一方面具备一些普遍的管理需求,另一方面企业的个性化需求会更加突出。

①报表和统计分析。

可扩展实现各类内部管理报表需求;实现各类纳税申报数据、缴纳数据、计提数据等涉税数据的多维度统计与分析;灵活配置可视化展示报表;能够嵌入数据分析模板,自动完成数据对比分析。

②税务知识管理。

构建全面涉税法规和内部制度知识库,实现按业务专题进行知识归集。构建内部咨询沟通平台,对内部涉税问题通过系统开展沟通反馈,记录相关问题,咨询反馈结果,支持相关人员查阅。

③税务档案管理。

构建全面的税务档案体系,以自动归集和人工补充相结合模式全面归集各类涉税档案,支持各类文档资料形式,支持查询借阅应用管理。

4)应用推广和迭代更新

系统功能完成后,明确组织配合和相关角色职责,编制应用推广业务手册,开展培训和业务宣导,引导各项业务流程具体实施。管理层面加强相关工作的管理要求和绩效考核,逐步推广和深化各项功能应用。税务系统上线是税务管理数字化建设转型的第一步,在系统平台基础上,持续深化业务研究,探索业务与技术衔接的支持路径和产品实现模式,及时按照政策和管理变化要求完成系统配置;充分利用系统功能,内化管理和业务规则逻辑,以业务和技术两翼不断迭代优化,形成推动企业税务管理数字化转型发展的持续动能。

知识点3:企业税务管理数字化转型的模式

企业税务管理系统的数字化转型建设模式总体要考虑业务和技术相结合的前提,既要坚持业务先导,在充分理解税务管理的业务本质和管理需求的前提下,结合信息技术建设的基本原则,研究实施面向管理能力提升的业务方案和系统设计,又要遵守信息系统建设的基本特征，结合数字化税务管理的系统需求特征，综合确定系统化建设模式。

1）业务角度的建设模式

从业务角度建设，主要从业务融合、前端管控等方面开展，具体包括以下几种：

（1）业务先行模式，以企业实际业务思路引导税务管理项目建设思路。

（2）流程优化模式，同步考虑数字化管理的新业务流程改造，适应新的企业税务管理数字化转型的税务管理模式。

（3）前端管理模式，利用数字化建设落地税务前端管理的需求。

（4）风险控制模式，建立起风险管理的理念，并贯穿企业数字化税务管理系统建设全过程。

（5）集中管理模式，始终强调系统能够具备支持不断集中管控的要求。

2）信息技术角度的建设模式

从信息技术角度建设，主要是从税务管理的扩展性、专业性等方面开展，具体包括以下几种：

（1）可扩展性模式，税务管理职能覆盖广，企业端多处于业务职能发展阶段，系统能力要能够支持业务能力扩展的需要。

（2）配置性模式，税收政策灵活多变，系统要具备快速配置能力，以适应政策变化。

（3）专业性模式，税务业务处理专业性强，功能设计要匹配专业性内容。

（4）易用性模式，重点要提供更好的客户应用体验。

（5）兼容性模式，能够内嵌入企业管理的整个信息化体系，实现与相关系统的顺利交互。

（6）可监控性模式，税务流程结果影响重大，要实现对系统流程的全面监控。

知识点4：企业税务管理数字化转型的趋势

随着企业对于信息技术应用的不断深化，以及企业财税管理经验的持续积累，整体上，数字化技术应用环境稳定成熟，企业内部数据基础更加完善，相关人员具有经验储备能力，企业具备支持税务管理数字化转型的全方位资源与能力。信息技术在企业专业管理领域已有广泛应用，通过技术能力提高企业管理能力也有丰富的成功实践。以信息系统为支撑进行税务管理的数字化转型改造，将呈现三大趋势：

1）建立标准化的税务管理底层架构

建立标准化的税务管理底层架构，实现业务规范化、内容数字化、流程自动化、管理精细化。

2）以税务共享中心建设来推动企业开展全流程全税种的税务管理

税务共享中心将对企业生产经营涉及的全税种进行管控，将实现企业涉税数据自动采集、税种自动申报、实时监控税务风险等功能。

3）以加强全面电子发票管理、电子档案管理等来推动企业数字化税务管理

以加强全面电子发票管理、电子档案管理等来推动企业数字化税务管理，实现业、财、税、档一体化，极大提升企业综合管理能力与整体市场竞争力。

项目1 同步训练与测试

一、单选题

1. 纳税人、扣缴义务人自结算缴纳税款之日起一定期限内发现的，可以向税务机关要求退还多缴纳的税款并加算银行同期存款利息，该期限为（　　）。
   A. 1年　　　　B. 2年　　　　C. 3年　　　　D. 5年

2. 金税四期建设的主要任务是（　　）。
   A. 围绕构建智慧税务这一目标，着力推进"两化、三端、四融合"
   B. 通过打造"一户式"和"一人式"税务数字账户，实现每一户法人和每一个自然人税费信息的智能归集和智敏监控
   C. 通过打造"一局式"和"一员式"应用平台，实现总局、省局、市局、县局、分局五级税务机关和60多万税务工作人员信息可分别按每一个单位和每一名员工进行智能归集和智效管理，智能推送工作任务
   D. 通过打造"一览式"应用平台，实现对征纳双方、内外部门数据，可按权限在不同层级税务机关管理者的应用系统中进行智能归集和展现，为管理指挥提供一览可知的信息

3. 税收征管信息化建设的主要内容，概括起来，就是（　　）。
   A. "一个平台、三个系统"
   B. "一个平台、两级处理、三个覆盖、四个系统"
   C. "一个平台、两级处理、三个系统、四个覆盖"
   D. "一个平台、五级处理、两个覆盖"

4. 以下不属于税务管理原则的是（　　）。
   A. 公平原则　　　　　　　　B. 效率原则
   C. 规范统一原则　　　　　　D. 持续性原则

5. 以下不属于税务管理体制确定依据的是（　　）。
   A. 经济体制　　　　　　　　B. 财政管理体制
   C. 法制环境　　　　　　　　D. 技术进步因素

二、多选题

1. 税务机关的权限包括（　　）。
   A. 行政处罚权　　B. 税务检查权　　C. 税收保全权　　D. 行政裁量权

2. 企业数字化税务管理的内容包括（　　）。
   A. 定位评估和立项规划　　　B. 业务梳理和整体优化
   C. 系统建设和应用实施　　　D. 应用推广和迭代更新

3. 企业数字化税务管理的目标包括（　　）。
   A. 完善合规管理　　　　　　B. 强化集中管控
   C. 构建风险体系　　　　　　D. 提高工作效率

4. 税务管理的内容包括（　　）。
   A. 税务法制管理　　B. 税务业务管理　　C. 税务行政管理　　D. 其他税务管理

5. "四融合"是指智慧税务建成后,将实现四个维度的一体化深度融合,以下对"四融合"表述正确的是( )。
  A. "算量、算法、算力" B. "技术功能、制度效能、组织机能"
  C. "税务、财务、档案" D. "治税、治队、治理"

三、简答题
1. 税务管理的内容有哪些?
2. 我国现行税收征管模式的内容是什么?
3. 税务管理体制的确定依据有哪些?
4. 确定税务管理体制应遵循的原则是什么?

四、案例分析
  某企业新上任的财务经理在对本企业以前年度的财务账簿进行核对时,发现两年前该企业财务人员在计算缴纳所得税时,由于政策理解出现偏差,多缴了60万元税款。请问这笔多缴的税款能够向税务机关申请退回吗?

项目 2

税源管理

任务 2.1　税务登记

学习目标

> 知识目标：
> 掌握税务登记的种类和内容。
> 掌握非正常户处理的内容。
> 能力目标：
> 能够进行设立登记、变更登记、注销登记、外出经营报验登记和停业、复业登记。
> 素质目标：
> 具有为国聚财、经世济民的理念。
> 具有依法纳税意识和社会责任感。

学习情境

某地区某酒业有限责任公司于20××年12月成立，注册资本为1 000万元，生产经营用地面积为2 000平方米，为四级土地，开户银行及账号为：中国银行S市H区支行6200000087654321，电话号码：010-12345678。该公司设有专门的税务会计岗位，该岗位的工作职责如下：

（1）负责公司各项涉税事宜、发票申领、发票开具、发票认证、纳税申报等工作。

（2）负责公司各项税费的计算和涉税相关业务的会计处理。

（3）月末进行各项税费核对工作，协助部门主管按时完成月结。

（4）收集整理税收法规政策，熟练掌握税收政策变化，及时作出税务风险评估、进行税务优化并提出相应建议。

（5）领导交办的其他事宜。

该公司税务会计在公司取得营业执照（图2-1）后，到电子税务局办理了新办纳税人套餐业务；在公司经营过程中，办理相关信息变更、跨区域经营等涉税事项。

营业执照

统一社会信用代码 ×××××

名　　　称　××酒业有限责任公司

类　　　型　其他有限责任公司

住　　　所　××市××区××路××号

法定代表人　张某

注 册 资 本　壹仟万圆整

成 立 日 期　20××年12月01日

营 业 期 限　20××年××月××日至20××年××月××日

经 营 范 围　生产原酒、啤酒；酒、饮料批发及零售，受理货物运输（代理运输）。

登记机关

20××年12月01日

企业信用信息公示系统网址：http://www.gjgszj.gov.cn/　　中华人民共和国国家工商行政管理总局监制

图2-1　营业执照

智能化税务管理

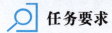
任务要求

如果你是该酒业有限责任公司的税务会计,请完成以下涉税事项办理:
(1) 判断该酒业有限责任公司办理税务登记的种类。
(2) 填写纳税人存款账户账号报告表。
(3) 填写委托扣款协议书。
(4) 填写增值税一般纳税人登记表。

获取信息

观察学习情境,阅读任务要求,根据课程网站学习资源和国家税务总局网站相关信息,思考问题。

引导问题1:税务登记的种类有哪些?

小提示 设立登记、变更登记、注销登记、外出经营报验登记和停业、复业登记。

引导问题2:设立登记包括哪些内容?

小提示 信息确认、存款账户账号报告、财务会计制度及核算软件备案报告、银税三方(委托)划缴协议、一般纳税人登记、票种核定及发票领用。

引导问题3:"一照一码"登记制度适用什么范围?

小提示 适用于公司和非公司企业法人、个人独资企业、合伙企业、农民专业合作社等企业类市场主体;不适用于个体工商户。

引导问题4:什么是"多证合一、一照一码"?

小提示 从2016年10月1日起,我国实行企业、农民专业合作社工商营业执照、组织机构代码证、税务登记证、社会保险登记证、统计登记证"五证合一、一照一码"登记制度改革和个体工商户工商营业执照、税务登记证"两证整合"。2017年5月,在"五证合一、两证整合"的基础上,将涉及企业(包括个体工商户、农民专业合作社,下同)登记、备案等有关事项和各类证照(以下统称涉企证照事项)进一步整合到营业执照上,实现"多证合一、一照一码"。

工作实施

步骤1:判断该酒业有限责任公司办理税务登记的种类。

步骤 2：填写纳税人存款账户账号报告表。

根据学习情境中的相关信息，将纳税人存款账户账号报告表填写完整，如表 2-1 所示。

表 2-1　纳税人存款账户账号报告表

纳税人名称			纳税人识别号		
经营地址					
银行开户登记证号		J66660000066	发证日期	20××年12月3日	
账户性质	开户银行	账号	开户时间	变更时间	注销时间	备注
基本户			20××年12月3日			

报告单位：　　　　　　　　　经办人：王某　　　受理税务机关：　　　　　　经办人：
法定代表人（负责人）：　　　　　　　　　　　　负责人：
报告单位（签章）　　　　　　年　月　日　　　税务机关（签章）　　　　　　　　　年　月　日

【表单说明】

（1）账户性质按照基本账户、一般账户、专用账户、临时账户如实填写。

（2）本表一式两份，报送主管税务机关一份，纳税人留存一份。

步骤3：填写委托扣款协议书。

根据学习情境中的相关信息，将委托扣款协议书填写完整，如表2-2所示。

表2-2　委托扣款协议书

税务登记证名称（参保个人姓名）			
纳税人代码（个人社会保险号）		主管税务机关	H区局
联系人	王某	联系电话	13591479517
开户银行名称			
缴税（费）专用账户名称			
缴税（费）专用账号			

声　明

一、本单位（人）同意采用S市"财税库银横向联网系统电子缴税"方式缴纳各项税费。

二、本单位（人）同意在银行开立的上述账户中，授权税务机关依据本单位（人）采用任何申报方式自行申报或确认的应纳税（费）、滞纳金、罚款，通过电子缴税系统向纳税人开户行发出划款指令进行扣缴税费。

三、本单位（人）保证在纳税申报期间缴税账户的存款余额足以缴纳应纳税费，若因存款余额不足等原因造成扣款不成功的，愿意接受税务部门的依法处理。

四、本单位（人）保证本协议账户内容填写真实、准确，并愿意承担因内容填写错误而产生的任何责任。

特此声明。

纳税人（章）：　　　　　　　　　税务机关（章）：

法人代表（负责人）签章：

填写日期：　年　月　日

　　　　　　　　　　　　　　　　　　　　　　　　　日期：　年　月　日

【表单说明】

（1）附送资料：纳税人存款账户账号报告表。

（2）本表一式两份，纳税人、税务机关各留存一份，纳税人应自协议书签订之日起20日内凭税务机关打印的委托扣款协议书（一式三份）到开户银行办理委托申请手续，不同银行的账户应到相应的开户银行办理。委托手续办理完毕后应至税务机关进行协议验证，经验证成功后协议方生效。

（3）纳税人变更账户名称或账号、停用或注销账户以及跨区改变管征税务机关的，应撤销原协议并重新签订协议。

（4）本表所列缴款账户非本纳税人所有的，需由账户开户人出具电子缴税扣款授权书，同意授权税务机关扣款。

步骤4：填写增值税一般纳税人登记表。

根据学习情境中的相关信息，将一般纳税人登记表填写完整，如表2-3所示。

表2-3 一般纳税人登记表

纳税人名称			社会信用代码 （纳税人识别号）			
法定代表人 （负责人、业主）	张某	证件名称及号码	身份证 350205198001011234	联系电话	0592-6239621 13591479516	
财务负责人	王某	证件名称及号码	身份证 350205198502021235	联系电话	0592-6239621 13591479517	
办税人员	陈某	证件名称及号码	身份证 350205199003031236	联系电话	0592-6239621 13591479518	
税务登记日期	20××-12-03					
生产经营地址						
注册地址						
纳税人类别：企业☐ 非企业性单位☐ 个体工商户☐ 其他☐						
主营业务类别：工业☐ 商业☐ 服务业☐ 其他☐						
会计核算健全：☐						
一般纳税人资格生效之日：当月1日☐ 次月1日☐						
纳税人（代理人）承诺：会计核算健全，能够提供准确税务资料，上述各项内容真实、可靠、完整。如有虚假，愿意承担相关法律责任。 经办人：刘某　　法定代表人：　　代理人：　　　　（签章） 　　　　　　　　　　　　　　　　　　　　　　　　　　　　　　20××年12月3日						
以下由税务机关填写						
主管税务机关受理情况	受理人：				年 月 日	

【表单说明】

（1）本表由纳税人如实填写。

（2）表中"证件名称及号码"相关栏次，根据纳税人的法定代表人、财务负责人、办税人员的居民身份证、护照等有效身份证件及号码填写。

（3）表中"一般纳税人资格生效之日"由纳税人自行勾选。

（4）本表一式两份，主管税务机关和纳税人各留存一份。

评价反馈

税务登记评价表如表2-4所示。

表2-4 税务登记评价表

班级：		姓名：			学号：	
任务2.1		税务登记				
评价项目	评价标准	分值/分	自评	互评	师评	总评
税务登记的种类和内容	能够准确辨别税务登记的种类和内容	20				
税务登记流程	能够按照流程和办理资料进行设立登记	15				
	能够按照流程和办理资料进行变更登记	10				

智能化税务管理

续表

评价项目	评价标准	分值/分	自评	互评	师评	总评
税务登记流程	能够按照流程和办理资料进行外出经营报验登记	10				
	能够进行注销登记和停业、复业登记	5				
非正常户处理	掌握非正常户处理的内容	10				
工作态度	严谨认真、无缺勤、无迟到早退	10				
工作质量	按计划完成工作任务	10				
职业素质	为国聚财、经世济民，具有依法纳税意识和社会责任感	10				
	合计	100				

 学习情境的相关知识点

视频：税务登记基本认知和设立登记

知识点1：纳税登记的概念和种类

1）纳税登记的概念

税务登记又称纳税登记，是税务机关对纳税人的开业、变更、歇业以及生产、经营等活动情况进行登记管理的一项基本制度，也是将纳税人、扣缴义务人纳入税务机关监督管理的一项证明。

2）税务登记的种类

税务登记包括设立登记、变更登记、注销登记、外出经营报验登记和停业、复业登记。税务登记的主管税务机关是县、区（含县区）以上国家税务局（分局），也可由纳税人所在地的税务所受理并转报县（区）税务局（分局）办理。

"一照一码"登记制度：

新设立企业、农民专业合作社（以下统称企业）领取由市场监督管理部门核发加载法人和其他组织统一社会信用代码（以下简称统一代码）的营业执照后，无须再次进行税务登记，不再领取税务登记证。登记机关将企业基本登记信息及变更、注销等信息及时传输至信息共享平台；暂不具备联网共享条件的，由登记机关限时提供上述信息。企业办理涉税事宜时，凭加载统一代码的营业执照可代替税务登记证使用。目前"一照一码"登记制度适用于公司和非公司企业法人、个人独资企业、合伙企业、农民专业合作社等企业类市场主体，个体工商户暂不纳入。

知识点2：设立登记

设立登记，是指企业、单位和个人经国家市场监督管理部门或有关部门批准设立后所需办理的税务登记。新设立的企业、农民专业合作社和个体工商户由市场监管部门核发加载统一社会信用代码的营业执照，无须单独办理税务登记。新设立的企业、农民专业合作社完成一照一码户信息确认后，其加载统一社会信用代码的营业执照可代替税务登记证使用，不再另行发放税务登记证件。

新办纳税人"套餐式"服务是税务系统落实商事制度改革、激发市场活力,深入"放管服"改革、优化税收环境的重大举措,确保在税收风险可控的基础上,依托网上办税服务厅,使新办纳税人一次性办结多个涉税事项,减少在办税窗口的往返次数和排队时间。新办纳税人"套餐式"服务一般应包括以下涉税事项:网上办税服务厅开户、登记信息确认、财务会计制度及核算软件备案、纳税人存款账户账号报告、增值税一般纳税人登记、发票票种核定、增值税专用发票最高开票限额审批、金税设备申领、实名信息采集等。

实名办税,是指对纳税人的办税人员身份确认的制度。办税人员在办理涉税事项时提供有效个人身份证明,由税务机关采集、验证其身份信息后,办理涉税事项。办税人员包括纳税人的法定代表人(负责人、业主)、财务负责人、办税员(领票员)、税务代理人、经纳税人授权的其他人员以及自然人纳税义务人。办税人员实名办税的涉税事项范围包括:办理登记信息确认或设立税务登记;办理税务登记变更、停业、复业、注销及非正常户解除;办理增值税一般纳税人资格登记;办理税收优惠资格备案、确认;办理发票种类核定与调整、增值税专用发票(增值税税控系统)最高开票限额审批、发票领用、发票代开、发票真伪鉴别等发票类业务;开具清税证明、完税证明、中国税收居民身份证明等税收证明;开通网上办税(含移动办税、自动办税)功能、查询变更密码及数据信息维护;办理退抵税费;其他按照规定应当提供纳税人登记证件、办税人员身份证件方可办理的涉税事项;县以上(含)税务机关认为需要实名办税的其他事项。

1)信息确认

已实行"多证合一、一照一码"登记模式的纳税人,首次办理涉税事宜时,对市场监督管理等部门共享信息进行确认。

(1)办理材料。

一照一码户信息确认无须提供材料。

(2)办理流程。

一照一码户信息确认办理流程如图2-2所示。

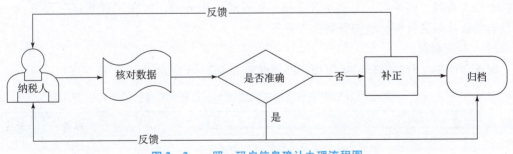

图2-2 一照一码户信息确认办理流程图

2)存款账户账号报告

从事生产、经营的纳税人应当自开立基本存款账户或者其他存款账户之日起15日内,向主管税务机关书面报告其全部账号;发生变化的,应当自发生变化之日起15日内,向主管税务机关书面报告。纳税人采用新办纳税人"套餐式"服务的,可在"套餐式"服务内一并办理存款账户账号报告业务。

(1)办理材料。

存款账户账号报告办理材料如表2-5所示。

表2-5 存款账户账号报告办理材料

序号	材料名称	数量	备注
1	纳税人存款账户账号报告表	2	
2	账户、账号开立证明复印件	1	
有以下情形的，还应提供相关材料			
适用情形	材料名称	数量	备注
社会保险费缴费人	社会保险费缴费人存款账户账号报告表	1	

（2）办理流程。

存款账户账号报告办理流程如图2-3所示。

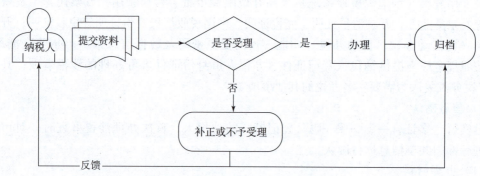

图2-3 存款账户账号报告办理流程

3）财务会计制度及核算软件备案报告

从事生产、经营的纳税人的财务会计制度或者财务会计处理办法和会计核算软件应当报送税务机关备案。纳税人采用新办纳税人"套餐式"服务的，可在"套餐式"服务内一并办理财务会计制度及核算软件备案报告业务。

（1）办理材料。

财务会计制度及核算软件备案报告办理材料如表2-6所示。

表2-6 财务会计制度及核算软件备案报告办理材料

序号	材料名称	数量	备注
1	财务会计制度及核算软件备案报告书	2	
2	纳税人财务会计制度或纳税人财务会计核算办法	1	
有以下情形的，还应提供相关材料			
适用情形	材料名称	数量	备注
社会保险费缴费人	财务会计核算软件、使用说明书复印件	1	

（2）办理流程。

财务会计制度及核算软件备案报告办理流程如图2-4所示。

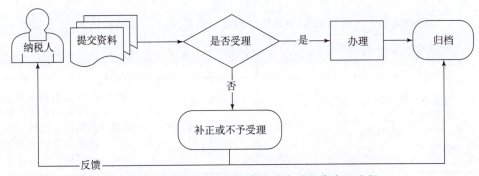

图 2-4　财务会计制度及核算软件备案报告办理流程

4）银税三方（委托）划缴协议

纳税人需要使用电子缴税系统缴纳税费的，可以与税务机关、开户银行签署委托银行代缴税款三方协议或委托划转税款协议，使用电子缴税系统缴纳税费、滞纳金和罚款。纳税人在办理银税三方（委托）划缴协议事项前，须先办理完成存款账户账号报告事项。

(1) 办理材料。

银税三方（委托）划缴协议办理材料如表 2-7 所示。

表 2-7　银税三方（委托）划缴协议办理材料

序号	材料名称	原件/复印件	数量	纸质/电子	必要性	备注
1	委托银行代缴税款三方协议（委托划转税款协议书）	原件	3	纸质	必报	
2	经办人身份证件	原件	1	纸质	必报	查验后退回

(2) 办理流程。

银税三方（委托）划缴协议办理流程如图 2-5 所示。

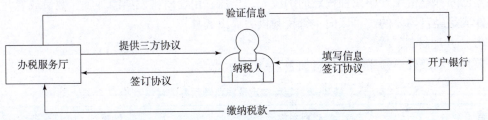

图 2-5　银税三方（委托）划缴协议办理流程

5）一般纳税人登记

增值税纳税人年应税销售额超过财政部、国家税务总局规定的小规模纳税人标准的，除特殊规定外，应当办理一般纳税人登记。年应税销售额未超过规定标准的纳税人，会计核算健全、能够提供准确税务资料的，可以办理一般纳税人登记。

(1) 办理材料。

一般纳税人登记办理材料如表 2-8 所示。

智能化税务管理

表2-8　一般纳税人登记办理材料

序号	材料名称	原件/复印件	数量	纸质/电子	必要性	备注
1	增值税一般纳税人登记表	原件	2	纸质	必报	
2	加载统一社会信用代码的营业执照（或税务登记证、组织机构代码证等）原件	原件	1	纸质	必报	查验后退回，除纳税信用等级为D级的纳税人之外，可选择采用告知承诺替代上述税务登记证件

（2）办理流程。

一般纳税人登记办理流程如图2-6所示。

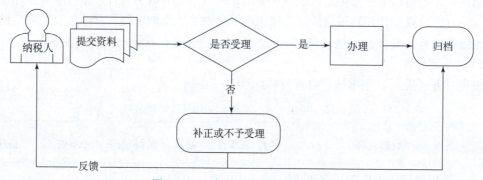

图2-6　一般纳税人登记办理流程

6）票种核定及发票领用

纳税人需领用增值税发票的，向主管税务机关申请办理增值税发票领用手续。主管税务机关根据纳税人的经营范围和规模，确认领用增值税发票的种类、数量、开票限额等事宜。纳税人在增值税发票票种核定的范围（增值税发票的种类、领用数量、开票限额）内领用发票。已办理增值税发票票种核定的纳税人，当前领用增值税发票的种类、数量或者开票限额不能满足经营需要的，可以向主管税务机关提出调整。

（1）办理材料。

票种核定及发票领用办理材料如表2-9所示。

表2-9　票种核定及发票领用办理材料

序号	材料名称	数量	备注
1	纳税人领用发票票种核定表 新办纳税人涉税事项综合申请表	1	
2	加载统一社会信用代码的营业执照（或税务登记证、组织机构代码证等）原件	1	查验后退回
3	经办人身份证件原件	1	查验后退回

（2）办理流程。

票种核定及发票领用办理流程如图 2-7 所示。

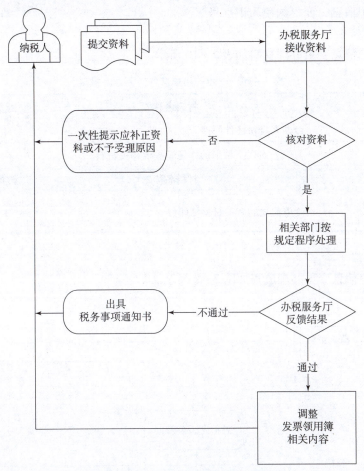

图 2-7 票种核定及发票领用办理流程

知识点 3：变更登记

变更登记，是指纳税人办理设立登记后，因登记内容发生变化，需要对原登记内容进行更改，而向税务机关申报办理的税务登记。适用情形主要包括：改变名称、改变法人代表、改变经济性质、增设或撤销分支机构、改变住所或经营地点（涉及主管税务机关变动的办理注销登记）、改变生产经营范围或经营方式、增减注册资本、改变隶属关系、改变生产经营期限、改变开户银行和账号、改变生产经营权属以及改变其他税务登记内容。

视频：变更、注销、停业、复业登记、跨区报验和非正常户管理

一照一码户市场监管等部门登记信息发生变更的，向市场监督管理等部门申报办理变更登记，税务机关接收市场监管等部门变更信息，经纳税人确认后更新系统内的对应信息。一照一码户生产经营地、财务负责人等非市场监管等部门登记信息发生变化时，向主管税务机关申报办理变更。

智能化税务管理

变更税务登记的事项包含：变更注册资本、改变法定代表人、改变登记注册类型、改变注册（住所）地址或经营地址、改变银行账号、变更核算形式、变更财务负责人、变更分支机构负责人、变更经营范围、分支机构申请变更其总机构相关登记信息、总机构变更其分支机构相关登记信息、变更纳税人识别号等。

1）办理材料

一照一码户信息变更办理材料如表2-10所示。

表2-10 一照一码户信息变更办理材料

序号	材料名称	数量	备注
1	经办人身份证件原件	1	查验后退回
有以下情形的，还应提供相关材料			
适用情形	**材料名称**	**数量**	**备注**
非市场监管等部门登记信息发生变化	变更信息的有关材料复印件	1	

2）办理流程

一照一码户信息变更办理流程如图2-8所示。

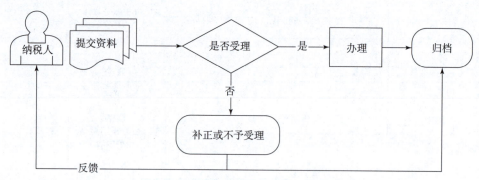

图2-8 一照一码户信息变更办理流程

知识点4：注销登记

注销登记，是指纳税人发生纳税义务终止或作为纳税主体资格消亡，或因其住所、经营地点变更而涉及改变税务机关情形时，依法向原税务登记机关申报办理的税务登记。注销登记办理方式如表2-11所示。

表2-11 注销登记办理方式

办理方式	条件	办理方法
免予到税务机关办理清税证明	（1）未办理过涉税事宜； （2）办理过涉税事宜但未领用发票、无欠税（滞纳金）及罚款的	直接向市场监督管理部门申请办理注销登记。未办理过涉税事宜的纳税人，主动到税务机关办理清税的，税务机关可根据纳税人提供的营业执照即时出具清税文书

续表

办理方式	条件	办理方法
注销即办业务	（1）纳税信用级别为 A 级和 B 级的纳税人； （2）控股母公司纳税信用级别为 A 级和 M 级的纳税人； （3）省级人民政府引进人才或经省级以上行业协会等机构认定的行业领军人才等创办的企业； （4）未纳入纳税信用级别评价的定期定额个体工商户； （5）未达到增值税纳税起征点的纳税人	对市场监管部门申请一般注销的纳税人，税务机关在为其办理税务注销时，对未处于税务检查状态、无欠税（滞纳金）及罚款、已缴销增值税专用发票及税控专用设备，且符合要求的纳税人，优化即时办结服务，采取"承诺制"容缺办理，即纳税人在办理税务注销时，若资料不齐，可在其作出承诺后，税务机关即时出具清税文书。 注：纳税人应按承诺的时限补齐资料并办结相关事项。若未履行承诺，税务机关会将其法定代表人、财务负责人纳入纳税信用 D 级管理
注销非即办业务	（1）处于税务检查状态、存在欠税（滞纳金）及罚款或未缴销增值税专用发票及税控专用设备； （2）不符合"注销即办业务"五种情形之一的纳税人	对向市场监管部门申请一般注销的纳税人，税务机关在为其办理税务注销时，不适用注销即办业务
非正常户税务注销业务办理	处于非正常状态纳税人	见知识拓展：非正常户处理

1）办理材料

清税申报表、经办人身份证件原件。

2）办理流程

注销登记办理流程如图 2-9 所示。

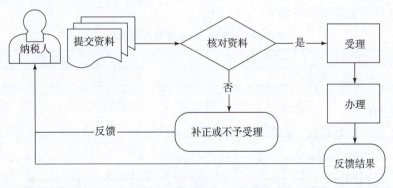

图 2-9 注销登记办理流程

知识点 5：跨区域涉税事项报验管理

1）跨区域涉税事项报告

纳税人跨省（自治区、直辖市和计划单列市）临时从事生产经营活动的，向机构所在地的税务机关填报跨区域涉税事项报告表。跨区域涉税事项报告办理材料如表 2-12 所示。

表 2-12 跨区域涉税事项报告办理材料

序号	材料名称	数量	备注
1	跨区域涉税事项报告表	2	
2	加载统一社会信用代码的营业执照（或税务登记证、组织机构代码证等）原件，或加盖纳税人公章的复印件	1	原件查验后退回

2）跨区域涉税事项报验

纳税人首次在经营地办理涉税事宜时，向经营地税务机关报验跨区域涉税事项。跨区域涉税事项报验办理材料如表 2-13 所示。

表 2-13 跨区域涉税事项报验办理材料

序号	材料名称	数量	备注
1	加载统一社会信用代码的营业执照（或税务登记证、组织机构代码证等）原件，或加盖纳税人公章的复印件	1	原件查验后退回

3）跨区域涉税事项信息反馈

纳税人跨区域经营活动结束后，应当结清经营地税务机关的应纳税款以及其他涉税事项，向经营地税务机关填报经营地涉税事项反馈表。

知识点 6：停业、复业登记

知识拓展：
非正常户处理

只有实行定期定额征收方式的个体工商户和个人独资企业才能申请办理停业。定期定额户发生停业的，应当在停业前向税务机关书面提出停业报告，提前恢复经营的，应当在恢复经营前向税务机关书面提出复业报告；需延长停业时间的，应当在停业期满前向税务机关提出书面的延长停业报告。纳税人的停业期限不得超过一年。已办理停业登记的纳税人于恢复生产经营之前，向主管税务机关申报办理复业登记。

1）办理材料

停业、复业登记办理材料如表 2-14 所示。

表 2-14 停业、复业登记办理材料

序号	材料名称	数量	备注
1	停业复业报告书	2	

2）办理流程

停业、复业登记办理流程如图 2-10 所示。

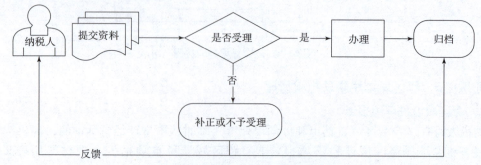

图 2-10 停业、复业登记办理流程

任务 2.2　发票管理

学习目标

知识目标：
掌握电子发票的定义及分类。
掌握电子发票开具、报销、入账、整理、归档的具体要求。
掌握中华人民共和国发票管理办法的相关内容。

能力目标：
能够自查电子发票票面内容。
能够正确区分增值税电子发票和全面数字化的电子发票。
能够进行电子发票的开具、报销、入账、整理、归档工作。

素质目标：
形成诚实守信意识。
具有为国聚财的理念。
具有依法纳税意识和社会责任感。

学习情境

为适应国家智慧税务建设的需要，税收征管数字化转型升级已成为大势所趋，自20××年11月30日起，全面数字化的电子发票（以下简称全电发票）在某市的部分纳税人中开展试点。某地区Y酒业有限公司作为试点纳税人，派出王某参加了主管税务部门开展的全面数字化的电子发票专题培训。王某在参加培训过程中认真学习，及时记录笔记，梳理各项操作，绘制流程图，在后续的工作中正确开具全电蓝字发票和红字发票，完成全电发票的查验、勾选、入账等工作。

开具全电蓝字发票的信息：将某地区C烟酒批发有限公司购买的酒类货物从A市A区运至B市B区，运输车辆是东风牌货车闽A123456，运输费不含税金额为160 000元。

销售给某市H酒业有限公司的精品白酒发生退货50箱，蓝字发票如图2-11所示，H酒业有限公司未作用途确认及入账确认。

任务要求

如果你是王某，需完成如下任务：
（1）开具蓝字发票。
（2）计算当月剩余可用额度（开具金额总额度为750万元，当月已通过电子发票服务平台开具发票500万元）。

图 2-11 蓝字发票

（3）填写红字发票信息确认单。
（4）绘制发票抵扣类勾选确认操作流程图。
（5）绘制发票入账操作流程图。

获取信息

观察学习情境，阅读任务要求，根据课程网站学习资源和国家税务总局网站相关信息资料，思考问题。

引导问题1： 什么是全面数字化的电子发票？

小提示 全电发票是与纸质发票具有同等法律效力的全新发票，不以纸质形式存在，不用介质支撑，无须申请领用、发票验旧及申请增版增量。纸质发票的票面信息全面数字化，将多个票种集成归并为电子发票单一票种，全电发票实行全国统一赋码、自动流转交付。

引导问题2： 全电发票和使用税控设备开具的电子发票主要区别是什么？

小提示

一是管理方式不同。对于全电发票，纳税人开业后，无须使用税控专用设备，无须办理发票票种核定，无须领用全电发票，系统会自动赋予开具额度，并根据纳税人行为，动态调整开具金额总额度，实现开业即可开票。对于使用税控设备开具的电子发票（以下简称纸电发票），纳税人开业后，需先申领税控专用设备并进行票种核定，发票数量和票面限额管理同纸质发票一样，纳税人需要依申请才能对发票增版增量，是纸质发票管理模式下的电子化。

二是发票交付手段不同。全电发票开具后，发票数据文件自动发送至开票方和受票方的税务数字账户，便利交付入账，减少人工收发。同时，依托电子发票服务平台税务数字账户，纳税人可对各类发票数据进行自动归集，发票数据使用更高效便捷。而纸电发票开具后，需要通过发票版式文件交付。即开票方将发票版式文件通过邮件、短信等方式交付给受票方；受票方人工下载后，仍需对发票的版式文件进行归集、整理、入账等操作。

引导问题 3：如何对全电蓝字发票开具红字发票？

小提示

受票方未进行用途确认时，由开票方通过电子发票服务平台发起红字发票信息确认单（以下简称确认单）后，全额开具全电红字发票，无须受票方确认；受票方进行用途确认时，可由购销双方任意一方在电子发票服务平台（当受票方为非试点纳税人时，在增值税发票综合服务平台发起和确认）发起确认单，经对方确认后全额或部分开具全电红字发票。受票方已将发票用于增值税申报抵扣的，应当暂依确认单所列增值税税额从当期进项税额中转出，待取得开票方开具的红字发票后，与确认单一并作为记账凭证。

引导问题 4：发票入账的操作流程有哪些？

小提示

在线入账：通过报销系统或线下审批单获取凭证数据，通过会计核算系统在线记账。会计人员完成电子发票入账后，应及时更新电子发票台账，在登记台账的"是否入账"标记栏上标记。

线下入账：未应用会计核算系统的单位，可以以电子发票的纸质打印件作为入账依据，入账方法与纸质发票入账方法相同，但必须同时保存该纸质打印件的电子发票原件。会计人员完成电子发票入账登记后，应及时更新电子发票台账，在登记台账的"是否入账"标记栏上标记。

工作实施

步骤 1：开具蓝字发票。

将开具的蓝字发票补充完整，如图 2-12 所示。

购买方信息	名称：某地区C烟酒批发有限公司			销售方信息	名称：某地区Y酒业有限公司		
	统一社会信用代码/纳税人识别号：43210000006666777R				统一社会信用代码/纳税人识别号：12340000006666888R		
项目名称	单位	数量	单价	金额	税率/征收率	税额	
*运输服务*国内道路货物运输服务				160000.00	9%	14400.00	
合 计							
运输工具种类	运输工具型号		起运地	到达地		运输货物名称	
合 计				¥16000.00		¥14400.00	
价税合计（大写）	⊗壹拾柒万肆仟肆佰元整			（小写）¥174400.00			
备注							

开票人：王某

图 2-12 蓝字发票

步骤 2： 计算当月剩余可用额度。

步骤 3： 填写红字发票信息确认单。
填写红字发票信息确认单，如表 2-15 所示。

表 2-15 红字发票信息确认单

填开日期：20××年 1 月 18 日

销售方	纳税人名称（销方）		购买方	纳税人名称（购方）		
	统一社会信用代码/纳税人识别号（销方）			统一社会信用代码/纳税人识别号（购方）		
开具红字发票确认信息内容	项目名称	数量	单价	金额	税率/征收率	税额

项目 2 | 税源管理

续表

	项目名称	数量	单价	金额	税率/征收率	税额
	合计					
开具红字发票确认信息内容	一、录入方身份 1. 销售方□ 2. 购买方□ 二、冲红原因 1. 开票有误□ 2. 销货退回□ 3. 服务中止□ 4. 销售折让□ 三、对应蓝字发票抵扣增值税销项税额情况 1. 已抵扣□ 2. 未抵扣□ 对应蓝字发票的代码： 号码： 四、是否涉及数量（仅限成品油、机动车等业务填写） 涉及销售数量□ 仅涉及销售金额□					
红字发票信息确认单编号	系统自动生成					

步骤 4：绘制发票抵扣类勾选确认操作流程图。

步骤 5：绘制发票入账操作流程图。

评价反馈

发票管理评价表如表 2-16 所示。

表 2-16 发票管理评价表

班级：			姓名：			学号：	
任务 2.2			发票管理				
评价项目		评价标准		分值/分	自评	互评	师评	总评
电子发票的定义和种类		正确描述电子发票的定义及种类		10				

45

智能化税务管理

续表

评价项目	评价标准	分值/分	自评	互评	师评	总评
增值税电子发票和全电发票的异同	掌握增值税电子发票和全面数字化的电子发票的异同	10				
电子发票开具、报销、入账、整理、归档的具体要求	掌握电子发票开具、报销、入账、整理、归档的具体要求	15				
电子发票的开具、报销、入账、整理、归档	能够进行电子发票的开具、报销、入账、整理、归档	15				
电子发票票面内容自查	能够自查电子发票票面内容	10				
中华人民共和国发票管理办法	掌握中华人民共和国发票管理办法的相关内容	10				
工作态度	严谨认真、无缺勤、无迟到早退	10				
工作质量	按计划完成工作任务	10				
职业素质	形成诚实守信意识，具有为国聚财、依法纳税的意识和社会责任感	10				
合计		100				

 学习情境的相关知识点

视频：电子发票基本认知

知识点1：电子发票的定义及种类

1）电子发票的定义

电子发票，是指符合《中华人民共和国发票管理办法》及相关规定，在购销商品、提供或者接受服务以及从事其他经营活动中，开具、收取的以数据电文为载体的收付款凭证。电子发票有版式文档格式和非版式文档格式，可供使用人下载储存在电子储存设备中，并以数字电文形式流转。

2）电子发票的种类

电子发票包括增值税电子发票（增值税电子普通发票、增值税电子专用发票）、全面数字化的电子发票等，其法律效力、基本用途等与纸质发票相同。单位利用纸质发票的扫描件等电子复制件进行报销、会计核算的，不属于本书所述的范畴，仍参照纸质发票的有关规定归档管理。以下列出一部分常见的电子发票类型。

（1）增值税电子发票。

增值税电子发票是增值税电子普通发票和增值税电子专用发票的统称。根据国家税务总局公告2020年第1号、2020年第2号规定，纳税人通过增值税电子发票公共服务平台开具的增值税电子普通发票（票样如图2–13所示）和增值税电子专用发票（票样如图2–14所示），属于税务机关监制的发票，采用电子签名代替发票专用章，其法律效力、基本用途、基本使用规定等与增值税纸质普通发票、增值税纸质专用发票相同。符合《国家税务总局关于推行通过增值税电子发票系统开具的增值税电子普通发票有关问题的公告》（2015

年第 84 号，国家税务总局公告 2018 年第 31 号修改）附件 1 格式的增值税电子普通发票（票样如图 2-15 所示），在税务总局另行公告前，继续有效。

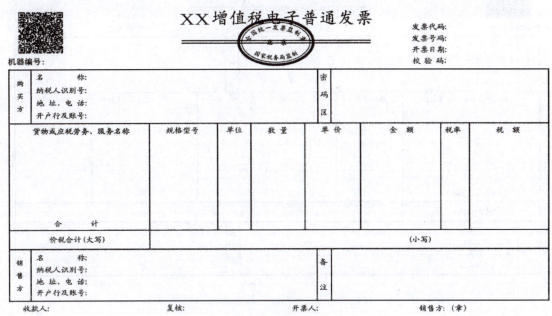

图 2-13　通过增值税电子发票公共服务平台开具的增值税电子普通发票票样

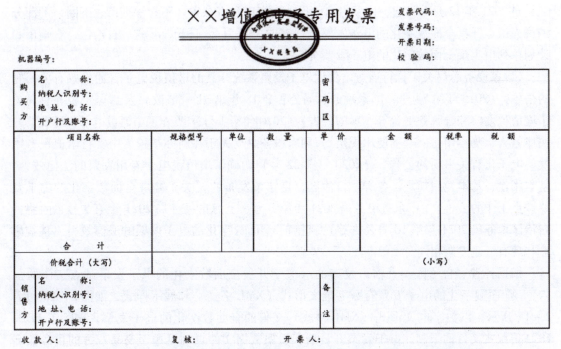

图 2-14　通过增值税电子发票公共服务平台开具的增值税电子专用发票票样

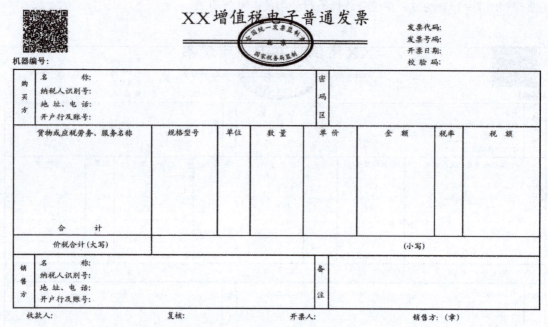

图 2-15 通过增值税电子发票系统开具的增值税电子普通发票票样

（2）全面数字化的电子发票。

自 2021 年 12 月 1 日起，内蒙古自治区、上海市和广东省（不含深圳市，下同）的部分纳税人试点开具全面数字化的电子发票。自 2022 年 8 月 28 日起，各省、自治区、直辖市和计划单列市实现全面数字化的电子发票全覆盖。

《国家税务总局关于推行通过增值税电子发票系统开具的增值税电子普通发票有关问题的公告》（2015 年第 84 号，国家税务总局公告 2018 年第 31 号修改）及《国家税务总局关于增值税发票综合服务平台等事项的公告》（2020 年第 1 号）明确了增值税电子普通发票的法律效力、基本用途、基本使用规定。《国家税务总局关于在新办纳税人中实行增值税专用发票电子化有关事项的公告》（2020 年第 22 号）明确了增值税电子专用发票的法律效力、基本用途、基本使用规定。各省、自治区、直辖市发布的《关于开展全面数字化的电子发票试点工作的公告》（广东省税务局 2021 年第 3 号、上海市税务局 2021 年第 3 号、内蒙古自治区税务局 2021 年第 10 号公告等），明确了全面数字化的电子发票的法律效力、基本用途与现有纸质发票相同。

根据各省、自治区、直辖市发布的《关于开展全面数字化的电子发票试点工作的公告》，全面数字化的电子发票有数字电文形式（XML 格式）和展示样式，如图 2-16 和图 2-17 所示。以数字电文形式（XML 格式）交付的全面数字化的电子发票，破除了 PDF、OFD 等版式文件的限制。电子发票开具后，发票数据文件自动发送至交易双方的税务数字账户，便利交付入账，减少人工收发；以 PDF、OFD 等展示样式交付的全面数字化的电子发票，可降低发票使用成本，提升纳税人用票的便利度和获得感。

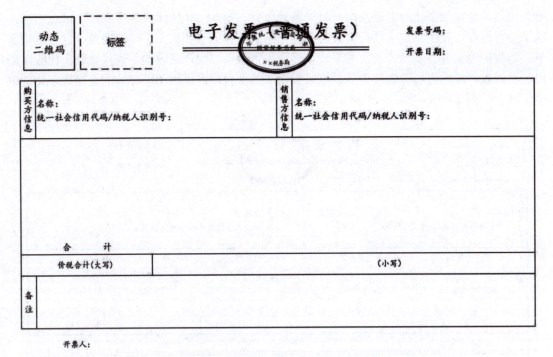

图 2-16　全面数字化的电子发票（普通发票）展示样式

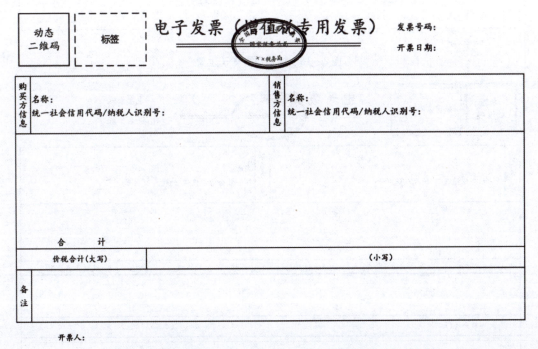

图 2-17　全面数字化的电子发票（增值税专用发票）展示样式

全面数字化的电子发票展示样式无联次，基本内容包括二维码、发票号码、开票日期、购买方信息、销售方信息、项目名称、规格型号、单位、数量、单价、金额、税率/征收率、税额、合计、价税合计（大写、小写）、备注、开票人。全面数字化的电子发票的发票号码为20位，其中：第1~2位代表公历年度后两位，第3~4位代表开具地区行政区划代码，第 5 位代表全面数字化的电子发票开具渠道等信息，第 6~20 位代表顺序编码。试点纳税人从事特定行业、发生特定应税行为及特定应用场景业务的，如稀土、建筑服务、旅客运输服务、货物运输服务、不动产销售、不动产经营租赁服务、农产品收购、光伏收购、代收车船税、自产农产品销售、差额征税等，电子发票服务平台可以提供相应样式的全面数字化的电子发票，如图 2-18~图 2-21 所示。

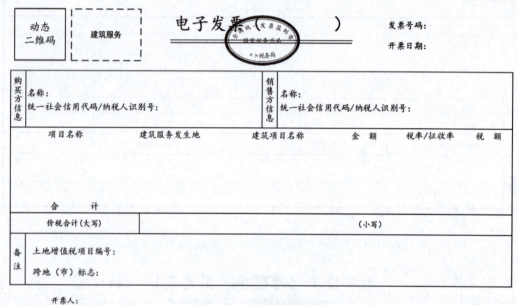

图 2-18　建筑服务电子发票

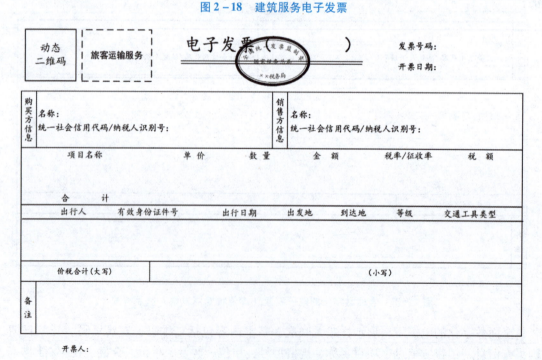

图 2-19　旅客运输服务电子发票

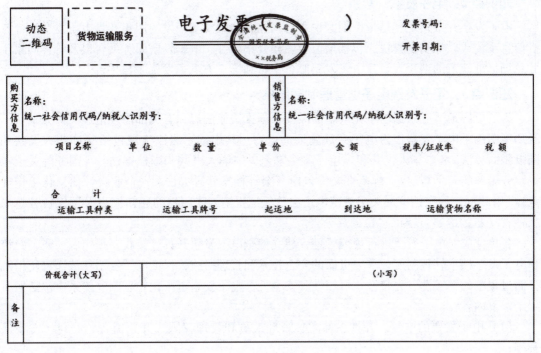

图 2-20 货物运输服务电子发票

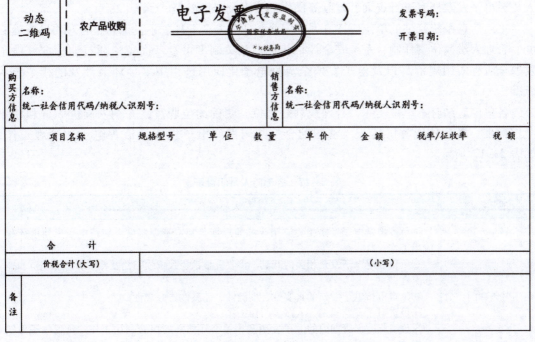

图 2-21 农产品收购电子发票

智能化税务管理

知识点 2：电子发票开票系统

电子发票开票系统，是指按国家税务总局相关技术要求开发的用于开具电子发票的计算机信息系统或软件功能模块，包括增值税发票开票软件、电子发票服务平台以及符合国家税务总局标准规范的纳税人自建电子发票服务平台和第三方电子发票服务平台。

知识点 3：电子发票电子化管理制度体系

为了更好地适应票据电子化改革的需要，国家法律法规和有关部门规范性文件分别从不同角度明确了电子发票作为电子会计凭证的效力。其中国家法律法规包括《中华人民共和国电子商务法》《中华人民共和国电子签名法》《中华人民共和国档案法》《国务院关于在线政务服务的若干规定》；规范性文件包括《会计档案管理办法》《企业会计信息化工作规范》《财政部、国家档案局关于规范电子会计凭证报销入账归档的通知》以及国家税务总局和各省（自治区、直辖市）税务局公告。

各单位应对电子发票进行规范管理，建立健全电子发票开具、接收、报销、入账、归档和电子发票档案管理制度，采取可靠的安全技术和管理措施，保证电子发票在传递、使用及存储过程中的真实性、完整性、可用性和安全性。电子发票电子化管理制度体系应包括但不限于以下内容：

（1）电子发票的申领、开具、种类、管理人员和管理权限、开票流程、交付、发票保管等；

（2）电子发票的接收、查验、用途确认、查重等；

（3）电子发票的报销、入账相关要求，会计凭证与电子发票之间的关联关系等；

（4）电子发票的归档流程、归档时间、存储方式、保管期限、档案利用等，明确不同人员对电子发票档案进行查询、复制等操作的权限及审批流程。

采用信息系统管理的单位应建立系统安全与业务安全管理、不良信息报告和协助查处制度、管理人员岗位责任制、系统安全评估机制。相关制度可参考商贸流通行业标准《电子发票全流程应用规范》以及电子发票全流程电子化应用过程中多个环节涉及的相关技术标准。

各单位应结合本单位实际，合理规划好岗位，明确岗位职责，并纳入岗位职责和绩效考核标准。各岗位应各司其职，密切配合，共同做好电子发票全流程电子化管理工作，如表 2-17 所示。

表 2-17 各部门人员职责表

部门名称	人员职责
财务部门	①负责拟定电子发票相关应用业务的规划及制定管理制度，规范电子发票电子化应用工作； ②负责制定电子发票相关的开具、接收、报销、入账、归档及档案管理等规范和业务流程； ③负责审核电子发票的真实性、准确性、完整性、合规性； ④负责电子发票报销、入账、归档工作； ⑤负责临时保管期内的电子发票及相关会计档案的保管利用工作；负责电子发票及相关会计档案的移交，并配合开展到期电子会计档案的鉴定、销毁工作； ⑥负责提出电子发票电子化应用相关系统的业务需求

续表

部门名称	人员职责
信息技术部门	①负责规划、建设、运维电子发票电子化应用相关系统； ②负责确保电子发票电子化应用相关系统数据的可用性与安全性
发票经办部门	①负责按规定及时接收电子发票，并核实经手的电子发票的真实性、准确性、完整性、合规性； ②负责按照财务规范要求提交电子发票
发票开具部门	①负责开具电子发票的管理，制定开具发票操作规范，依法合规开具电子发票； ②负责电子发票的开具、盘点等日常管理； ③负责提出开具电子发票的系统需求
档案部门	①制定本单位电子发票相关档案工作制度，并组织实施； ②负责电子发票归档后的保管、统计、利用、鉴定和销毁等档案管理工作； ③负责提交电子发票相关档案系统的功能需求

知识点 4：增值税电子发票开具

1）增值税电子发票申领

（1）票种核定。

新办纳税人应携带相关税务资料在办税服务厅或通过电子税务局等线上方式向主管税务机关申请办理票种核定，由主管税务机关按照相关规定确定纳税人所能开具增值税电子发票的种类、数量、开票限额等事宜。

已经办理增值税电子发票票种核定的纳税人，如当前领用发票的种类、数量或开票限额不能满足经营需要的，可以携带相关税务资料在税务机关办税服务厅或通过电子税务局等线上方式向主管税务机关提出申请调整。

（2）税控设备发行。

纳税人开具增值税电子发票需要使用税控设备（常见有金税盘、税控盘、税务UKey）。根据《国家税务总局关于在新办纳税人中实行增值税专用发票电子化有关事项的公告》（2020年第22号）的规定，自各地增值税专用发票电子化实行之日起，本地区需要开具增值税发票的新办纳税人，统一领取税务UKey开具发票，税务机关向新办纳税人免费发放税务UKey。纳税人初次使用或重新申领税控设备之前，需由税务机关对税控设备进行初始化发行，将纳税人基本信息、票种核定信息等录入税控设备。纳税人基本信息、票种核定信息等如果发生变更，税控设备需要变更发行。

（3）电子发票领用。

已办理税务登记的纳税人，在完成增值税电子发票票种核定、税控设备发行等业务后，既可以通过办税服务厅办理增值税电子发票领用业务，也可以通过增值税发票开票软件、电子税务局等线上渠道办理电子发票领用业务。

2）增值税电子发票开具

纳税人可以自行下载增值税发票开票软件，开具增值税电子发票。金税盘对应金税盘版开票软件，税控盘对应税控盘版开票软件，税务UKey对应税务UKey版开票软件。开具方法如下：

（1）登录增值税发票开票软件，进入电子发票开具界面。

（2）如实填写购买方名称、购买方纳税人识别号、购买方地址及电话、购买方开户行名称及银行账号、项目名称、规格型号、单位、数量、单价、金额、税率、税额等信息，并点击"开具"按钮。

（3）通过电子邮箱、二维码等方式交付增值税电子发票，供受票方查阅和下载。

纳税人可以使用符合税务总局标准规范的自建电子发票服务平台或第三方电子发票服务平台开具增值税电子发票。

相对于纸质发票，增值税电子发票不得作废，如有需要，开具红字发票即可。纳税人发生销货退回、开票有误、应税服务中止、销售折让等情形，需要开具增值税电子专用红字发票的，按照《国家税务总局关于在新办纳税人中实行增值税专用发票电子化有关事项的公告》（2020年第22号）有关规定执行。

知识点5：全面数字化的电子发票开具

1）全面数字化的电子发票的开具方式

税务机关依托于新建的全国统一的电子发票服务平台，24小时在线免费为纳税人提供全面数字化的电子发票开具服务。以下内容均为试点阶段做法，以试点结束后国家税务总局正式发文为准。开具全面数字化

视频：全面数字化电子发票开具

的电子发票，纳税人不再需要领取税控专用设备；通过"赋码制"取消特定发票号段申领，发票信息生成后，系统自动分配唯一的发票号码；通过"授信制"自动为纳税人赋予开具金额总额度，实现开票"零前置"。基于全面数字化的电子发票的以上特性，试点纳税人通过实名验证后，无须使用税控专用设备，无须办理发票票种核定，无须领用发票，使用电子发票服务平台即可直接开票。

2）全面数字化的电子发票的交付方式

试点纳税人可以通过电子发票服务平台税务数字账户自动交付全面数字化的电子发票，也可通过电子邮件、二维码等方式自行交付全面数字化的电子发票。交付样式（XML格式或PDF、OFD版式文件格式）可根据需要由交付方自行选择。

销售方成功开具发票后，系统默认将电子发票文件及数据自动交付至购买方的税务数字账户；如果购买方为未录入组织机构代码的党政机关及事业单位，或购买方为未录入身份证件号的自然人，系统无法自动交付，销售方可使用自行交付方式，即通过电子发票服务平台税务数字账户查询发票后自行选择电子邮件、二维码、电子文件导出等方式交付全面数字化的电子发票。

3）红字发票开具

试点纳税人发生开票有误、销货退回、服务中止、销售折让等情形，需要开具红字全面数字化的电子发票的，按以下规定执行：

受票方未做增值税用途确认及入账确认的，开票方全额开具红字全面数字化的电子发票，无须受票方确认；

受票方已进行用途确认或入账确认的，受票方为试点纳税人，开票方或受票方均可在电子发票服务平台填开红字发票信息确认单（以下简称确认单），经对方在电子发票服务平台确认后，开票方全额或部分开具红字全面数字化的电子发票或红字纸质发票；受票方为非试点纳税人，接收到电子发票服务平台开具的全面数字化的电子发票，可以由受票方通过增值税发票综合服务平台或开票方在电子发票服务平台填开确认单，经双方确认后，销售方开具

红字发票。其中,确认单需要与对应的蓝字发票信息相符。纳税人需要开具红字增值税电子普通发票的,可以在所对应的蓝字发票金额范围内开具多份红字发票。

知识点6:电子发票的接收

1)增值税电子发票接收

(1)个人分散接收。

个人通过电子邮箱、二维码、增值税发票查验平台等途径下载增值税电子发票文件。

视频:电子发票的接收、自查、报销

(2)单位批量下载接收。

收票量较大的单位,可通过增值税发票综合服务平台批量下载增值税电子发票文件。

(3)电子发票命名。

单位批量下载电子发票时,应对电子发票文件规范命名,便于后续处理。例如,以"开票日期_发票代码_发票号码"命名,如"20220820_051002000311_06142522.PDF"。

2)全面数字化的电子发票接收

(1)个人分散接收。

个人可以通过电子邮件、二维码、电子文件导出等方式交付下载全面数字化的电子发票文件。

(2)单位下载接收。

销售方成功开具发票后,系统默认将全面数字化的电子发票文件及数据自动交付至购买方税务数字账户,购买方可以在税务数字账户中下载所需要的全面数字化的电子发票文件。

(3)全面数字化的电子发票命名。

纳税人下载全面数字化的电子发票时,应对全面数字化的电子发票文件规范命名,便于后续处理。例如,以"DZFP_全面数字化的电子发票号码_下载时间"命名,如"DZFP_22442000000922030207_20221104153422.OFD"。

知识点7:电子发票票面内容自查

1)增值税电子发票票面内容自查

受票方接收增值税电子发票后,应检查增值税电子发票开具内容是否与实际经济业务相符合。如发现相关内容有误,应及时联系开具方重新开具发票。

(1)票面内容与经济业务相符性自查。

主要是检查增值税电子发票票面上填开的购买方信息、销售方信息、项目名称、规格型号、单位、数量、单价、金额、税率、税额以及备注栏信息等与实际经济业务内容或合同约定业务内容是否相符,如图2-22所示。

(2)票面内容完整性自查。

主要是对接收的增值税电子发票票面内容(如购买方名称及税号、单价、大小写金额等)是否完整进行检查。

2)全面数字化的电子发票票面内容自查

受票方接收全面数字化的电子发票后,应检查全面数字化的电子发票开具内容是否与实际经济业务相符合。如发现相关内容有误,应及时联系开具方重新开具发票。

(1)票面内容与经济业务相符性自查。

例如检查但不限于全面数字化的电子发票的项目名称、特定业务信息(如建筑服务信息、不动产信息、旅客运输信息、货物运输信息等)、发票标签、业务要素等与实际经济业务内容或合同约定业务内容是否相符,如图 2-23 所示。

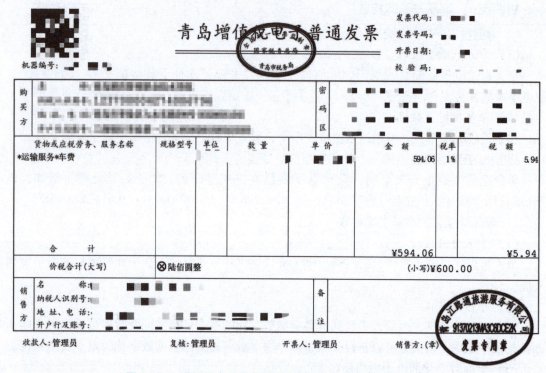

图 2-22　增值税电子发票票面内容与经济业务相符性自查

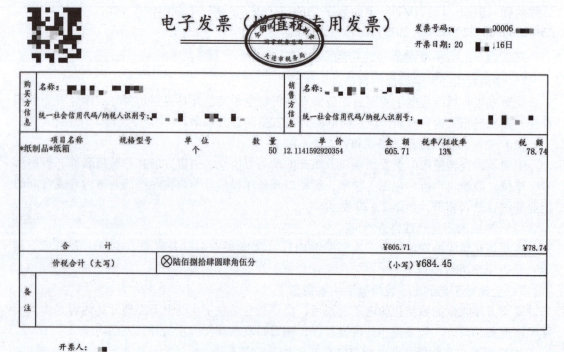

图 2-23　全面数字化的电子发票票面内容与经济业务相符性自查

（2）票面内容完整性自查。

主要是对接收的全面数字化的电子发票票面内容（如购买方名称及税号、单价、大写金额等）是否完整进行检查。

知识点 8：电子发票报销

增值税电子发票报销与全面数字化的电子发票报销方式一致。

1）电子发票在线报销方式

已建设业务系统和报销系统的单位，增值税电子发票的归集、登记、验真、审批等可通过在线方式完成。

（1）归集、登记。

报销人在线填写报销单，同时将电子发票上传至业务系统（发票夹）即完成归集工作。业务系统完成电子发票归集后会自动读取票面信息，形成电子发票数据，并对电子发票进行票面内容检查。由于报销系统业务的特点，电子发票一进入报销系统，系统随即赋予其唯一编号，即完成电子发票登记。

（2）验真。

单位应对接收的电子发票进行真实性查验，降低税收风险。电子发票验真是指通过发票代码、发票号码、开票日期等必要信息确定发票真伪的过程。

（3）审批。

已实现电子发票在线报销的单位，一般通过报销系统或 OA 系统进行报销审批。电子发票在系统中流转完成审批，审批时会形成电子发票审批流程信息，这些信息可通过接口或其他方式形成报销单。

（4）金额确定。

报销系统对经过审批的电子发票会根据规则确定金额、固化数据、生成支付数据。

2）电子发票线下报销方式

对于没有应用报销系统，或是报销系统尚不具备报销审批功能的单位，电子发票的报销、审批、归集、登记等流程一般通过纸质报销单采用线下方式进行。电子发票通过通信软件传输，先由报销人提交，审批人完成审批程序，再由会计人员在报销时完成电子发票的查重、登记。

（1）审批。

电子发票报销线下审批时可选择打印输出纸质件方式或不打印输出纸质件方式。打印输出纸质件方式审批，是指报销人将电子发票打印输出纸质件后，将其与填写好的报销单、其他原始凭证等一起通过线下方式进行报销审批，同时将收票人收到的电子发票的电子文件原件通过电子邮箱等通信软件传输至报销审批人，再传输至会计人员。采用此种方法前，单位应公布报销审批人、会计人员用于收取电子发票的电子邮箱等信息。不打印输出纸质方式审批，即报销人不打印电子发票输出纸质件，而是直接填写纸质报销单，报销审批人仅审核纸质报销单。电子发票的电子文件原件通过电子邮箱等通信软件从收票人传输至报销审批人，再传输至会计人员。

（2）验真。

①通过国家税务总局全国增值税发票查验平台查验发票信息。登录国家税务总局全国增值税发票查验平台（https://inv-veri.chinatax.gov.cn）进行查验。电子发票信息查验时，需

智能化税务管理

输入发票代码、发票号码、开票日期等发票信息以及验证码。确认输入的信息无误后，点击"查验"按钮，系统自动弹出查验结果。如果录入的发票信息与税务系统存储的发票信息不同，则显示不一致或者查无此票的相应提示。如果录入的发票信息与税务系统存储的相应信息相同，则系统显示发票票面信息。持有的电子发票票面信息与税务系统存储的发票票面信息一致时，电子发票才可报销。根据查验的票种不同，需要输入的查验项目也不相同，其中：

增值税电子专用发票需要输入发票代码、发票号码、开票日期和开具金额（不含税）；

增值税电子普通发票需要输入发票代码、发票号码、开票日期和校验码后 6 位；

全面数字化的电子发票需要输入发票号码、开票日期、价税合计，或支持上传版式文件查验。

单位和个人通过该平台进行发票信息查验时，可查看平台提供的发票查验操作说明。

②通过电子发票服务平台税务数字账户验真。

登录电子发票服务平台税务数字账户，点击进入"发票查验"模块。

单位接收到电子发票后，可以通过该模块进行单张发票查验和批量发票查验两种查验模式的操作。

单张发票查验模式下，支持手工输入单张发票信息查验，或上传 PDF、OFD、XML 和含有发票二维码的图片文件进行查验，查验结果显示发票票面信息。批量发票查验模式下，支持纳税人将需要查验发票的全要素信息在模板数据表中预加工后，导入系统批量进行查验，查询结果不显示发票票面信息，仅显示查验结果相符或不相符。

③通过增值税电子发票版式文件阅读器验真。

开票方通过增值税电子发票公共服务平台开具的增值税电子发票会加盖电子签章。电子签章采用图像处理技术和电子签名技术将传统签章电子化，实现电子文件加盖签章的操作，用来代替纸质发票右下角的发票专用章，不展现在票面上。电子签章利用电子签名技术保障电子信息的真实性和完整性，以及签名人的不可否认性。通过增值税电子发票公共服务平台开具的增值税电子专用发票、增值税电子普通发票，其版式文件采用符合国家统一的标准格式，可通过增值税电子发票版式文件阅读器查验其电子签名。通过电脑浏览器访问网址：https：//inv-veri.chinatax.gov.cn/，或者访问国家税务总局官方网站，找到"纳税服务"–"发票查验"，点击进入，再点击"相关下载"，找到"增值税电子发票版式文件阅读器"，点击下载并安装。

报销人或单位接收到电子发票后，使用阅读器打开电子发票版式文件，将鼠标移至增值税电子发票发票监制章区域，点击鼠标右键，显示"属性"和"验证"。

点击"属性"，显示"该签章有效！受该签章保护的文档内容未被修改。该签章之后的文档内容无变更。"代表电子发票监制章有效。

将鼠标移至增值税电子发票销售方区域，点击鼠标右键，显示"验证"。

点击"验证"，显示"该签章有效！受该签章保护的文档内容未被修改。该签章之后的文档内容无变更。"代表该销售方的电子签章有效。

（3）查重。

会计人员对电子发票验真后，还应对电子发票与已经登记并报销的电子发票进行查重，如发现收到的电子发票与已经报销过并在会计人员处登记过的电子发票重复，应拒绝报销并及时通知报销人。

(4) 登记。

对于通过查重的电子发票，电子发票保管人员或负责报销的会计人员应建立电子发票归集文件夹，文件夹以"年份+月份"命名，如图2-24所示，妥善保管集中归集的电子发票，并建立接收的电子发票台账。

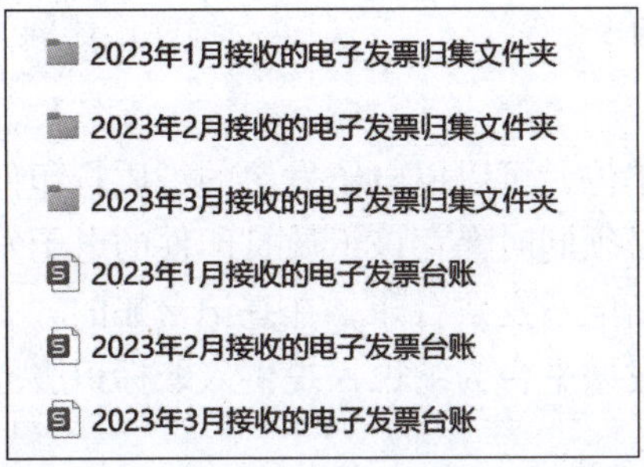

```
📁 2023年1月接收的电子发票归集文件夹
📁 2023年2月接收的电子发票归集文件夹
📁 2023年3月接收的电子发票归集文件夹
📄 2023年1月接收的电子发票台账
📄 2023年2月接收的电子发票台账
📄 2023年3月接收的电子发票台账
```

图2-24　电子发票归集文件夹及电子发票台账的命名示例

(5) 金额确认。

会计人员经过审批、查重和登记的电子发票，才可按单位报销管理要求、出差伙食补贴标准等核定报销金额，按规定支付报销款项。

知识点9：电子发票用途确认和入账

1) 通过增值税发票综合服务平台进行用途确认

受票方取得电子专票用于申报抵扣增值税进项税额或申请出口退税、代办退税的，应当登录增值税发票综合服务平台，进行抵扣勾选、退税勾选或代办退税勾选的用途确认操作。受票方也可通过增值税发票综合服务平台进行不抵扣勾选的用途确认操作。

视频：电子发票用途确认、入账、收集、整理归档

2) 通过电子发票服务平台税务数字账户进行用途确认

全面数字化的电子发票用票试点纳税人取得电子专票用于申报抵扣增值税进项税额或申请出口退税、代办退税的，应当登录电子发票服务平台税务数字账户，进行抵扣勾选、退税勾选或代办退税勾选的用途确认操作。受票方也可通过电子发票服务平台进行不抵扣勾选的用途确认操作。

3) 电子发票入账

全面数字化的电子发票的入账方式与增值税电子发票一致。

(1) 电子发票在线入账。

应用会计核算系统的单位可通过报销系统或线下审批单获取凭证数据，通过会计核算系统在线记账。通过系统在线获取数据，即报销系统完成报销后，将凭证数据在线传输给会计核算系统，会计核算系统根据账务规则自行进行记账处理，一般不需人工干预。通过线下审批单获取数据即未应用报销系统但已应用会计核算系统的单位，需将线下审批单数据手工录入会计核算系统，记入相应科目和借贷方向，完成记账。

会计人员完成电子发票入账后，应及时更新电子发票台账，在登记台账的"是否入账"标记栏上标记。会计人员也可登录增值税发票综合服务平台，利用平台提供的发票入账功能，对已入账的增值税电子普通发票进行入账勾选。对于增值税电子专用发票，纳税人进行用途确认操作后，平台自动进行入账标识维护。已打通报销系统、会计核算系统及电子会计

档案管理信息系统数据通道的企业，在完成电子发票归档并进入电子会计档案管理信息系统后，即可视为完成入账登记。全面数字化的电子发票试点纳税人可通过电子发票服务平台税务数字账户标记发票入账标识。纳税人以全面数字化的电子发票报销入账归档的，按照财政和档案部门的相关规定执行。接收到符合会计数据标准电子凭证的单位，应当在报销业务对应的会计凭证入账完成后、归档前，根据实际入账情况生成符合会计数据标准的会计入账信息结构化数据文件。

（2）电子发票线下入账。

未应用会计核算系统的单位，可以以电子发票的纸质打印件作为入账依据，入账方法与纸质发票入账方法相同，但必须同时保存该纸质打印件的电子发票原件。会计人员完成电子发票入账登记后，应及时更新电子发票台账，在登记台账的"是否入账"标记栏上标记。

入账后，税务机关相关发票平台为纳税人提供入账标识服务，可对已入账的电子发票做对应标记，防止重复报账。

知识点 10：发票使用过程中的风险防范

拓展知识：电子发票收集、整理、归档

视频：发票使用过程中的风险防范

1）重复报销的风险及防范

电子发票采用打印件报销可能存在重复打印、重复报销的风险，纳税人应当通过相关财务系统设置，引入防重复报销程序，或者建立 Excel 电子台账，利用显示里复值功能，防止电子发票重复报账等。

2）销售方恶意红冲的风险及防范

已入账的电子发票有可能被销售方恶意红字冲销，购买方应关注认证平台上的发票状态及系统提示，如果购买方未抵扣申报，发票勾选系统内发票状态会显示"已红冲"，查验发票信息时，发票票面会显示"红冲"字样。

知识拓展：发票管理办法

3）发票造假的风险及防范

电子发票可能存在利用 PS 技术修改信息进行发票造假的风险，在取得电子发票后，应进行发票真伪查询。

任务2.3　电子会计档案管理

> **知识目标：**
> 掌握电子会计档案管理的要求和流程。

掌握电子会计资料的收集。

能力目标：

能够进行电子会计资料的收集。

能够对电子会计资料进行整理和归档。

能够正确保管电子会计档案。

素质目标：

形成诚实守信意识。

具有为国聚财的理念。

具有依法纳税的意识和社会责任感。

学习情境

新一代信息技术的发展深刻地改变了传统会计工作的各领域，互联网技术融入会计工作，衍生出云代账、在线财务咨询、在线审计等服务模式，以及集团财务共享中心和社会化财务共享服务等依托信息技术开展的会计服务，打破了地域限制，客观上要求会计资料的收集、归档、整理、鉴定及保管等均需采用跨地域管理的方式。纸质档案跨地域流动成本高昂，迫切要求在线提供会计档案，实现会计档案电子化。

为了适应企业会计信息化变革，2013年财政部下发了《企业会计信息化工作规范》，企业会计资料由纸质载体转为电子载体。同时，2018年财政部票据管理中心正式推动财政票据电子化管理，财政票据也由纸质载体转向电子载体，会计资料载体的电子化有效支撑了会计档案管理的电子化。随着技术的不断发展和应用的推广，电子会计档案将在企业财务管理中发挥越来越重要的作用。2022年4月7日，国家档案局发布了《电子会计档案管理规范》（DA/T 94—2022）（以下简称DA/T 94），并于2022年7月1日起开始实施。

数字经济发展使商务活动更加频繁和活跃，互联网技术应用使交易信息记录方便，财务共享中心模式使会计资料由分散走向集中，会计档案数量以几何级数增加。同时，数据分析技术在财务工作中广泛应用，会计档案中蕴含着丰富的数据资源，可供管理、决策、分析，提升企业经济效能，电子会计档案实现了分散在不同系统中会计数据的集成，能够提高档案服务经济建设的能力，更好地服务于企业决策。

20××年，某地区某科技有限公司，随着业务的不断扩张，传统的纸质会计档案管理方式已难以满足公司对财务信息高效、安全、便捷管理的需求。为提升财务管理效率，降低存储成本，并确保会计档案信息的完整性与可追溯性，公司决定引入一套先进的智能化电子会计档案管理系统。

任务要求

（1）阅读文件《电子会计档案管理规范》（DA/T 94—2022），总结电子会计档案管理的典型工作过程并绘制电子会计档案管理流程图。

（2）判断以下哪些项目属于文件实体元数据项？

①电子文件号；②机构人员类型；③档号；④存储位置；⑤业务状态；⑥文件题名、责

任者等内容描述；⑦文件图像压缩方案；⑧电子签名规则、签名时间、签名人等；⑨电子文件组合类型；⑩行为依据；⑪关系类型。

（3）将归档的电子会计资料与来源系统连接起来。

（4）将电子会计资料与对应的保管年限连接起来。

（5）总结电子会计档案离线存储的几个关键要求：

①重要电子会计档案离线存储的资料套数要求；

②离线存储电子会计档案的磁性载体定期检测要求。

  获取信息

观察学习情境，阅读任务要求，根据课程网站学习资源和国家税务总局网站相关信息资料，思考问题。

引导问题1：电子会计档案管理的主要流程是什么？

_____

小提示 电子会计档案管理由会计人员和档案人员分工负责，从电子会计资料形成、收集、整理，纸质会计资料整理，到电子和纸质会计资料整理归档，再到会计档案保管、统计利用和鉴定处置等全过程进行管理。

引导问题2：元数据项的类型有哪些？

_____

小提示 在实务工作中，日常形成的电子会计资料应以相应格式的独立的电子文件进行归档。在归档时，元数据分为文件实体元数据项、机构人员实体元数据项、业务实体元数据项、实体关系元数据项，元数据项要随电子档案同时提交。

引导问题3：电子会计资料的保管年限是多久？

_____

小提示 电子会计档案的保管年限分为10年、30年和永久保存。

引导问题4：电子会计档案在移交过程中，其存储结构通常由几部分构成？

_____

小提示 移交载体内电子会计档案的存储结构一般由说明文件、目录文件、电子会计档案文件夹和其他文件夹四部分构成。电子会计档案的移交可采用离线或在线方式进行。

引导问题5：什么是四性检测？

_____

小提示 国家档案局2018年4月发布的《中华人民共和国档案行业标准DA/T 70—2018 文书类电子档案检测一般要求》（以下简称DA/T 70），从2018年10月1日开始实施。DA/T 70规定：电子档案在归档、移交、接收、长期保存过程需要进行真实性、完整性、可用性和安全性检测,简称四性检测。其中,真实性是指电子档案的内容、逻辑结构和背景与形成时的原始状况相一致的性质。完整性是指电子档案的内容、结构和背景信息齐全且没有被破坏、变异或丢失的性质。可用性是指电子档案可以被检索、呈现和理解的性质。安全性是指电子档案的管理过程可控、数据存储可靠、未被破坏未被非法访问的性质。

工作实施

步骤1:阅读文件《电子会计档案管理规范》(DA/T 94—2022),总结电子会计档案管理的典型工作过程并绘制电子会计档案管理流程图。

_____
_____
_____
_____

步骤2:判断以下哪些项目属于文件实体元数据项?

①电子文件号;②机构人员类型;③档号;④存储位置;⑤业务状态;⑥文件题名、责任者等内容描述;⑦文件图像压缩方案;⑧电子签名规则、签名时间、签名人等;⑨电子文件组合类型;⑩行为依据;⑪关系类型。

_____
_____
_____
_____

智能化税务管理

步骤3：将归档的电子会计资料与来源系统连接起来。

电子会计资料	来源系统
销售发票	企业资源计划系统
采购订单	
出库单	税务系统
银行回单	
报销单	报销系统
合同	
记账凭证	银企互联系统
银行存款日记账	
固定资产卡片	办公自动化系统
银行对账单	
纳税申报表	合同管理系统
会计年报	
银行存款余额调节表	会计核算系统

步骤4：将电子会计资料与对应的保管年限连接起来。

电子会计资料	保管年限
记账凭证	
月度、季度、半年度财务会计报告	30年
总账	
明细账	
日记账	永久
合同	
年度财务会计报告	
银行存款余额调节表	10年
银行对账单	
纳税申报表	
会计档案移交清册	报废清理后5年
会计档案保管清册	
固定资产卡片	

步骤5：总结电子会计档案离线存储的几个关键要求：
①重要电子会计档案离线存储的资料套数要求；

②离线存储电子会计档案的磁性载体定期检测要求。

评价反馈

电子会计档案管理评价表如表 2 – 18 所示。

表 2 – 18　电子会计档案管理评价表

班级：		姓名：		学号：		
任务 2.3		电子会计档案管理				
评价项目	评价标准	分值/分	自评	互评	师评	总评
电子会计档案管理的要求和流程	掌握电子会计档案管理的要求和流程	10				
电子会计资料的形成收集	能够收集电子会计资料	20				
电子会计资料的整理、归档	能够整理、归档电子会计资料	20				
电子会计档案的保管	能够正确保管电子会计档案	20				
工作态度	严谨认真、无缺勤、无迟到早退	10				
工作质量	按计划完成工作任务	10				
职业素质	形成诚实守信意识、为国聚财的理念，具有依法纳税意识和社会责任感	10				
合计		100				

学习情境的相关知识点

知识点 1：电子会计档案管理的要求和流程

电子会计档案，是指在会计核算工作中由电子计算机直接形成或接收、传输、存储并归档，记录和反映单位经济业务事项，具有凭证、查考和保存价值的电子会计资料。

1）电子会计档案管理的要求

（1）单位应加强电子会计档案管理工作，建立和完善电子会计资料的形成、收集、整理、归档和电子会计档案保管、统计、利用、鉴定、处置等管理制度，采取可靠的安全防护技术和措施，保证电子会计档案在传递及存储过程中的真实性、完整性、可用性和安全性。

（2）单位应将电子会计档案管理工作纳入会计人员、档案人员、相关业务人员岗位职责和绩效考核。

（3）单位的会计机构或会计人员所属机构（以下统称单位会计管理机构）负责应归档的电子会计资料收集、整理、归档等工作，定期向单位的档案管理机构或者档案工作人员所属机构（以下统称单位档案管理机构）移交电子会计档案。

（4）单位档案管理机构负责电子会计档案的保管、统计、利用、鉴定、处置等工作，并对电子会计资料的收集、整理、归档等进行指导和监督。单位也可以委托具备档案管理条件的机构代为管理电子会计档案。

（5）单位的信息技术机构应在相关会计核算系统及业务系统规划、分析、设计、实施、运维等过程中落实电子会计资料归档要求，将电子会计资料归档要求在会计核算系统及业务系统中予以实现，提供信息技术支持，并负责电子会计档案管理信息系统的运行维护。

（6）单位应加强电子会计档案的安全保密管理，涉密电子会计资料和电子会计档案管理按照国家有关规定执行。

（7）符合国家有关规定形成（或接收）的电子会计资料，可仅以电子形式归档保存。

2）电子会计档案管理的流程

电子会计档案管理由会计人员、档案人员分工负责，涉及会计核算系统、业务系统、电子会计档案管理信息系统等信息系统，管理过程包括电子会计资料的形成、收集、整理、归档和电子会计档案的保管、统计、利用、鉴定、处置等，其管理流程如图2-25所示。

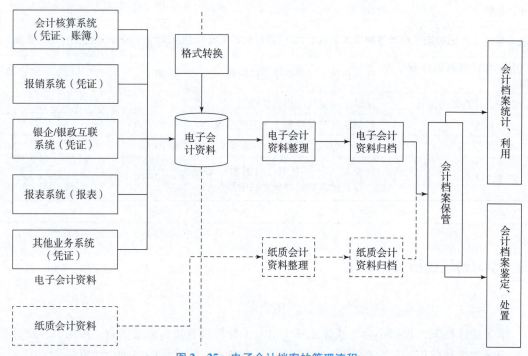

图2-25 电子会计档案的管理流程

知识点2：电子会计资料的形成和收集

内部形成的电子会计资料应经过经办、审核、审批等必要的审签程序，内容及元数据齐全完整。元数据的结构、内容等应符合DA/T 94 附录A的规定。电子会计资料应形成相应格式的独立的电子文件进行归档。内部形成的电子会计资料应按一定的时间和单元输出归档，文件大小应便于管理和利用。

视频：电子会计资料的形成和收集

各类电子会计资料输出时间及格式应符合以下要求：

（1）内部形成的电子会计凭证应在办理完毕后输出归档，并在输出信息中体现相关联电子会计凭证间的关联关系。从外部接收的电子会计凭证一般以原格式归档。如原格式不符合归档要求，应将专用软件一并归档，或将原格式转换为符合归档要求的格式，原格式与符合归档要求格式的电子会计资料一并归档。

（2）电子会计账簿可按月、季、年等周期定期输出归档，输出周期可根据数据量大小确定。

（3）电子财务会计报告可按会计期间输出归档。

电子会计资料归档版式推荐使用 OFD 格式，不具备应用 OFD 格式条件的单位可使用 PDF 格式或其他符合长期保存要求的版式格式。为方便解析和统计，可同步输出 XML 格式文件归档。

电子会计资料归档范围应符合企业和其他组织、财政总预算、行政单位、事业单位和税收会计档案各自规定。属于归档范围的电子会计资料及其元数据应由会计核算系统、业务系统传输至电子会计档案管理信息系统，传输过程要安全可控。电子会计档案元数据方案应符合 DA/T 94 附录 A 的规定。电子会计资料收集一般通过接口在线自动收集。电子会计资料收集时应梳理其来源，归档电子会计资料与其来源系统对照关系如表 2-19 所示。

表 2-19 归档电子会计资料与其来源系统对照关系

归档电子会计资料			来源系统（企业）	来源系统（行政、事业）
电子会计凭证类	原始凭证	销售订单	企业资源计划系统	—
		出库单		
		销售发票	税务系统	票据管理系统
		采购订单	企业资源计划系统	—
		入库单		
		采购发票	税务系统	票据管理系统
		报销单	报销系统	报销系统
		银行回单	银企互联系统/网上银行系统	银企互联系统/网上银行系统
		合同	合同管理系统	合同管理系统
		报告	办公自动化系统	办公自动化系统
		其他原始单据	票据管理系统	票据管理系统
	记账凭证	记账凭证	会计核算系统	会计核算系统
电子会计账簿		总账、明细账、现金日记账、银行存款日记账等	会计核算系统	会计核算系统
		固定资产卡片		
		其他辅助性账簿		
电子财务会计报告		年报		
		月报、季报、半年报		
其他电子会计资料		银行存款余额调节表、银行对账单	银企互联系统	银政互联系统
		纳税申报表	税务系统	—

智能化税务管理

电子会计资料收集时应按照 DA/T 70 中的相关要求进行真实性、完整性、可用性和安全性检测。经检测合格的电子会计资料方可登记进入电子会计档案管理信息系统。检测不合格的，应重新收集并在检测合格后登记进入电子会计档案管理信息系统。检测合格的电子会计资料应划定保管期限。电子会计档案保管期限分为永久和定期，定期一般为 10 年和 30 年，从会计年度结束后的第一天算起。表 2-20 和表 2-21 中的电子会计档案保管期限为最低保管期限，各单位可根据工作需要选择更高的保管期限。各单位电子会计档案的具体名称如有同表 2-20 和表 2-21 所列名称不一致的，应比照类似档案的保管期限办理。

表 2-20　企业和其他组织会计档案保管期限表

序号	档案名称	保管期限	备注
会计凭证			
1	原始凭证	30 年	
2	记账凭证	30 年	
会计账簿			
3	总账	30 年	
4	明细账	30 年	
5	日记账	30 年	
6	固定资产卡片		固定资产报废清理后再保管 5 年
7	其他辅助性账簿	30 年	
财务会计报告			
8	月度、季度、半年度财务会计报告	10 年	
9	年度财务会计报告	永久	
其他会计资料			
10	银行存款余额调节表	10 年	
11	银行对账单	10 年	
12	纳税申报表	10 年	
13	会计档案移交清册	30 年	
14	会计档案保管清册	永久	
15	会计档案销毁清册	永久	
16	会计档案鉴定意见书	永久	

表 2-21　财政总预算以及行政单位、事业单位和税收会计档案保管期限表

序号	档案名称	保管期限			备注
		财政总预算	行政单位、事业单位	税收会计	
会计凭证					
1	国家金库编送的各种报表及缴库退库凭证	10 年		10 年	
2	各收入机关编送的报表	10 年			

续表

序号	档案名称	保管期限			备注
		财政总预算	行政单位、事业单位	税收会计	
会计凭证					
3	行政单位和事业单位的各种会计凭证		30年		包括原始凭证、记账凭证和传票汇总表
4	财政总预算拨款凭证和其他会计凭证	30年			包括拨款凭证和其他会计凭证
会计账簿					
5	日记账		30年	30年	
6	总账	30年	30年	30年	
7	税收日记账（总账）			30年	
8	明细分类账、分户账或登记簿	30年	30年	30年	
9	行政单位和事业单位固定资产卡片				固定资产报废清理后保管5年
财务会计报告					
10	政府综合财务报告	永久			下级财政、本级部门和单位报送的保管2年
11	部门财务报告		永久		所属单位报送的保管2年
12	财政总决算	永久			下级财政、本级部门和单位报送的保管2年
13	部门决算		永久		所属单位报送的保管2年
14	税收年报（决算）			永久	
15	国家金库年报（决算）	10年			
16	基本建设拨款、贷款年报（决算）	10年			
17	行政单位和事业单位会计月度、季度报表		10年		所属单位报送的保管2年
18	税收会计报表			10年	所属税务机关报送的保管2年
其他会计资料					
19	银行存款余额调节表	10年	10年		
20	银行对账单	10年	10年	10年	

续表

序号	档案名称	保管期限			备注
		财政总预算	行政单位、事业单位	税收会计	
其他会计资料					
21	会计档案移交清册	30 年	30 年	30 年	
22	会计档案保管清册	永久	永久	永久	
23	会计档案销毁清册	永久	永久	永久	
24	会计档案鉴定意见书	永久	永久	永久	

知识点 3：电子会计资料的整理、归档

1）整理

（1）时间。

电子会计资料收集完成后应及时整理。其中，电子会计凭证、电子会计账簿、电子固定资产卡片、电子财务会计报告及其他电子会计资料应分别在会计年度结束后 1 个月内、会计决算后 1 个月内、固定资产报废后 1 年内、电子财务会计报告生成后 1 个月内、会计年度结束后 3 个月内完成整理。

（2）分类。

电子会计资料整理时应按照电子会计档案分类方案分类，电子会计档案分类原则如表 2-22 所示。

视频：电子会计资料的整理、归档

表 2-22　电子会计档案分类原则

分类原则	说明
按会计资料形式分类	即按会计资料的内容形式分类。一般分为会计凭证、会计账簿、财务会计报告、其他会计资料 4 类
按会计年度分类	即按会计档案针对的会计年度分类
按保管期限分类	即按会计档案的保管期限分类
按组织机构分类	即按会计档案形成的组织机构分类。这种分类原则一般用于总预算会计单位的会计档案分类
按会计类型分类	即按会计档案反映的会计类型分类。这种分类原则一般用于税务机关的会计档案分类

电子会计档案类别号的设置应科学、简洁，可根据实际扩展。会计年度采用 4 位阿拉伯数字，会计资料形式、保管期限、组织机构、会计类型等类目一般采用大写汉语拼音字母、阿拉伯数字或二者组合编制，不应有重号。上、下级类目编号间用"·"分隔，如会计资料形式·会计年度·保管期限分类法适用于中、小型单位，即会计档案的年形成量不大的单位，也是目前大多数单位采用的方法。

2）电子会计资料的排列

（1）电子会计凭证按记账凭证号组件，记账凭证及其附带的原始凭证、其他附件等组成一件。件内按记账凭证、原始凭证、其他附件的顺序排列。电子会计凭证一般按时间组卷，即将电子会计凭证按适当的时间周期组卷，卷内电子会计凭证按凭证号先后顺序排列。实行电子会计凭证分类的，按类型结合时间组卷，不同类型的电子会计凭证不应组成一卷。电子会计凭证案卷按时间先后顺序排列。实行电子会计凭证分类的，电子会计凭证案卷按类型结合时间顺序排列。同一记账凭证号的会计凭证存在不同记录形式时，可分别按照不同记录形式整理，并以元数据的方式记录其关联关系。如记账凭证为电子形式、原始凭证为纸质形式时，记账凭证按电子档案形式整理，成为一件电子档案；原始凭证以纸质档案形式整理，成为一件纸质档案。同时，在记账凭证的相应元数据中注明其原始凭证号，在原始凭证适当位置注明其对应记账凭证号。

（2）电子会计账簿按科目、会计周期，结合单个电子文件可存储的数据量组件。其中，电子固定资产卡片按固定资产编号组件，同一固定资产编号的电子固定资产卡片组成一件。电子会计账簿应在一个会计年度内按类型定期组卷。卷内电子会计账簿按形成时间先后顺序排列。不同类型的电子会计账簿按总账、明细分类账、银行存款日记账、现金日记账、固定资产卡片、其他辅助账簿的顺序排列，同一类型的电子会计账簿按时间顺序排列。

（3）电子财务会计报告按类型结合周期组件。不同类型、不同周期的报告不应组成一件。电子财务会计报告按月报、季报、半年报、年报分别组卷。卷内电子财务会计报告按形成时间先后顺序排列。电子财务会计报告案卷按月报、季报、半年报、年报的顺序排列，同一类型电子财务会计报告案卷按时间先后顺序排列。

（4）除前述外的其他电子会计资料按类别结合时间整理组卷，不同类别和保管期限的电子会计资料不应组成一卷。卷内电子会计资料按形成时间顺序排列。排列好的电子会计资料应编制档号，档号格式为"［全宗号-］类别号-案卷号-件号（卷内序号）"。类别号由分类方案给定；案卷号和件号（卷内序号）由4位阿拉伯数字标识，不足4位的，前面用"0"补足。

3）归档

经整理的电子会计资料在会计年度终了后，可由单位会计管理机构临时保管1年，再移交单位档案管理机构保管。因工作需要确需推迟移交的，应经单位档案管理机构同意，但最长不超过3年。临时保管期间，电子会计档案的保管应符合国家档案管理的有关规定，且出纳人员不应兼管电子会计档案。单位档案管理机构在接收电子会计档案时应按照DA/T 70的有关要求检测，检测合格后方可接收。电子会计档案移交与接收时，双方应通过线上或线下及时办理交接手续。

电子会计档案通过接口方式完成在线收集，并自动进行"四性检测"，确保收集的数据真实、完整、安全、可用。若存在线下资料，可以离线收集，从而保障电子会计档案的完整性。通常，数据归集会通过夜间定时任务来完成。系统内部通过防重机制，处理数据的补偿和重复数据的跳过。对于电子会计资料，可以直接进行电子组卷、归档，无须再进行打印、装盒等操作，可极大地简化归档流程。

纸质会计档案归档主要是指在纸电共存模式下对纸质会计档案的入库以及入库后相关操作的管理。首先，建立系统虚拟库房，维护的库房信息与线下实际库房信息应保持一致，以便后续的管理和利用；其次，库房信息设置好后，依据线下已装订的纸质会计档案，在系统内录入相关信息；最后，选择档案装盒上架位置，如果档案暂时不存入库房管理，可以选择

智能化税务管理

暂存并填写保管责任人，也可根据需求对已装盒上架的纸质会计档案进行档案资料的添加；整理工作完毕后，可手工或扫码添加，同步完成与纸质会计档案的关联更新。系统虚拟库房具备查看档案信息、修改保管位置、借出确认和归还确认等功能。

知识点4：电子会计资料的保管

1）评估

（1）定期评估。

单位档案管理机构应每年对电子会计档案的可读性进行评估，形成评估报告；如存在因系统软硬件或其他技术升级、更新，导致电子会计档案不可读取的风险，应对电子会计档案进行迁移。

（2）迁移评估。

电子会计档案迁移前应进行迁移可行性评估，包括目标载体、系统、格式的可持续性、安全性、经济性等评估，并保证迁移过程中电子会计档案真实、完整，过程可控，防止迁移过程中电子会计档案信息丢失或被非法篡改。

2）存储

（1）电子会计档案应实施在线和离线存储。

在线存储按电子会计档案管理系统运行要求实施。离线存储载体应具有较好的耐久性，按优先顺序依次为一次性写光盘、磁带、硬磁盘等。重要电子会计档案应进行一式三套离线存储，三套离线存储载体宜分开保管，有条件的单位应异地备份。离线存储载体管理按照DA/T 15和DA/T 38给出的要求进行。应按照保管单位和存储载体容量进行信息组织。应支持导入后形成交接凭据，交接凭据的要求参见《电子档案移交与接收办法》，不能用运维备份的信息组织方式进行离线存储，更不能用系统备份文件代替离线存储文件。对离线存储电子会计档案的磁性载体每满2年、光盘每满4年进行一次抽样机读检验，抽样率不低于10%，发现问题应及时采取措施。对磁性载体上的电子档案，应每4年转存一次。原载体同时保留时间不少于4年。

（2）单位应定期对已到保管期限的电子会计档案进行鉴定，形成鉴定意见书。

电子会计档案鉴定工作应由单位档案管理机构牵头，组织单位会计、信息技术、审计、纪检监察等机构或人员共同进行。经鉴定，仍需继续保存的电子会计档案，应重新划定保管期限；经鉴定可以销毁的电子会计档案，按照以下程序销毁：

①由单位档案管理机构输出电子会计档案销毁清册，列明拟销毁电子会计档案的名称、册数、起止年度、档号、应保管期限、已保管期限、应销毁时间等内容。

②单位负责人、档案管理机构负责人、档案管理机构经办人在电子会计档案销毁清册上签署意见。

③单位档案管理机构负责组织电子会计档案销毁工作，并与会计管理机构共同派员监销，销毁完成后，监销在销毁清单上签字。电子会计档案销毁应通过物理删除的方式进行，并进行不可恢复性验证，销毁清册及记录宜输出纸质文件永久保存。

保管期满但未结清债权、债务或涉及其他未了事项的电子会计档案不应销毁，应单独抽出立卷或转存，直至未了事项完结为止。单独抽出立卷或转存的电子会计档案，应在电子会计档案鉴定意见书、电子会计档案销毁清册和电子会计档案保管清册中列明。单位要按照国家有关规定及时将应进馆的电子会计档案及其元数据移交进馆。移交方法参见《电子档案移交与接收办法》。

（3）已通过会计核算系统进行会计核算的单位其电子会计档案的保存方法。

对于已通过会计核算系统进行会计核算的单位，根据《关于规范电子会计凭证报销入账归档的通知》中"单位以电子会计凭证的纸质打印件作为报销入账归档依据的，必须同时保存打印该纸质件的电子会计凭证"要求；对于未实施电子会计档案管理信息系统，但通过会计核算系统进行会计核算的单位，电子会计档案应由会计人员按照以下方法保存：

①从会计核算系统下载电子会计资料，按照表 2-23 中填写的电子会计档案登记表，对电子会计资料进行登记。

表 2-23　电子会计档案登记表（目录文件）

编号	档号	文件号	题名	形成日期	保管期限	电子文件名	数量	备注

注：档号、保管期限在编号后填写。文件号根据电子会计资料的类别分别填写电子会计凭证号、电子会计账簿号或电子财务会计报告号。电子会计凭证的题名填写"摘要"；电子会计账簿的题名填写"会计期间+账簿类别"；其他电子会计资料的题名填写其实际题名。电子文件名填写电子会计档案的计算机文件名（含扩展名）。数量填写电子会计档案包含电子文档的个数。

②对下载后的电子会计档案进行真实性、完整性、可用性和安全性检测，检测合格后方可接收。

③对电子会计档案进行组件。将同一凭证号的电子会计凭证拷贝至同一文件夹，并在文件夹内按记账凭证、报销单、发票、其他附件的顺序排列，一个文件夹视为一件；电子会计账簿按科目、会计周期，结合单个电子文件可存储的数据量组件，每个会计周期为一件；电子财务会计报告按会计周期组件，一个会计周期为一件。存储格式应符合"电子会计资料的形成和收集"的要求。

④划定保管期限。

⑤排列电子会计档案。根据分类方案和电子会计档案号顺序以件为单位依次排列电子会计资料，编制档号，并将档号、保管期限等信息填入电子会计档案登记表。

⑥编制说明文件，包括电子会计档案内容（会计期间+会计文件形式）、电子会计档案数量、移交人、其他需要说明的情况（如非通用格式文件说明）等。例如：2020 年 1—12 月电子会计凭证，共 555 件，张三移交。

⑦存储电子会计档案、目录（电子会计档案登记表）及说明文件如图 2-26 所示。

⑧将目录（电子会计档案登记表）输出纸质文件。

⑨将电子会计档案、目录（电子会计档案登记表）及其纸质文件、说明文件和其他纸质档案在规定时限内移交档案人员。

⑩采用多重备份、定期检测等方法，保证电子会计档案在保管期限内真实、完整、安全、可用。

（4）未通过会计核算系统进行会计核算的单位其电子会计档案的保存方法。

对于未通过会计核算系统进行会计核算的单位，根据《关于规范电子会计凭证报销入账归档的通知》中"单位以电子会计凭证的纸质打印件作为报销入账归档依据的，必须同

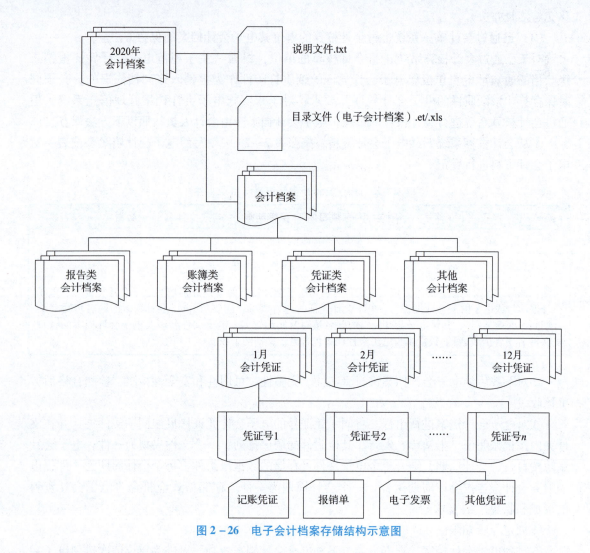

图 2-26　电子会计档案存储结构示意图

时保存打印该纸质件的电子会计凭证"要求保存；对于未实施电子会计档案管理信息系统且未通过会计核算系统进行会计核算的单位，会计档案主要为纸质载体，从外部接收的电子会计凭证应由会计人员按以下方法保存：

①接收电子会计凭证，填写电子会计档案登记表，对电子会计档案进行登记。

②对接收的电子会计凭证进行真实性、完整性、可用性和安全性检测，检测合格后方可接收。

③根据相应纸质载体会计凭证所在案卷（或册）号在存储载体中建立卷（或册）文件夹，将电子会计凭证拷贝至相应卷（或册）文件夹。

④根据相应纸质载体会计凭证所在案卷（或册）号，将档号、保管期限等信息填入电子会计档案登记表中。

⑤编制说明文件，包括会计期间、电子会计凭证名称、数量、移交人、其他需要说明的情况（如非通用格式文件说明）等。例如：2020 年 1—12 月电子发票，共 555 件，张三移交。

⑥存储电子会计凭证、目录（电子会计档案登记表）及说明文件，如图 2-27 所示。

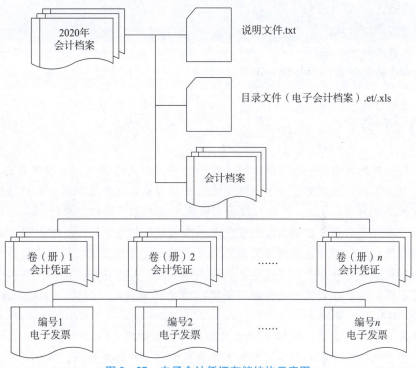

图 2-27　电子会计凭证存储结构示意图

⑦将目录（电子会计档案登记表）输出纸质文件。

⑧将整理好的电子会计凭证、目录（电子会计档案登记表）及其纸质文件、说明文件和其他纸质档案在规定时限内移交档案人员。

⑨采用多重备份、定期检测等方法，保证电子会计档案在保管期限内真实、完整、安全、可用。

任务2.4　纳税申报管理

> 知识目标：
> 掌握纳税申报的内容、期限和方式。
> 理解纳税申报的法律责任。
> 能力目标：
> 能够判断延期纳税申报的条件。

智能化税务管理

> 能够分辨纳税申报的法律责任。
> **素质目标:**
> 形成诚实守信意识。
> 具有为国聚财的理念。
> 具有依法纳税的意识和社会责任感。

学习情境

某地区的中型制造企业——L科技股份有限公司,致力于高效、节能的环保技术研发,并将其转化为市场认可的产品,为改善环境质量贡献力量。随着近年来国家对环保产业的持续支持与市场需求的不断扩大,L科技股份有限公司的业务规模迅速增长,在国内市场占据了重要地位,品牌影响力日益增强。随着业务版图的不断扩张,L公司财务部门面临着前所未有的税务管理挑战。税务法规的频繁更新以及内部税务管理流程的持续优化需求,都要求财务部门具备更高的专业素养和应变能力。在20××年,L公司有大量的发票由于不可抗因素影响导致延迟到达,在到达后也未向有关部门补充这部分发票信息,导致超过补缴期限,最终被处以3 000元的罚款。

张会计是L公司负责增值税核算与申报的会计,在填报20××年度第2季度的增值税纳税申报表的过程中,发现L公司近期购入了大量原材料和固定资产,部分发票因供应商原因延迟到达,导致无法及时认证抵扣。

任务要求

(1) 判断L公司20××年度第2季度原材料和固定资产部分发票的申报方式。
(2) 判断L公司的情况是否符合延期申报条件。
(3) 分析L公司被罚款的原因,判断其违反了哪些法律条例。
(4) 谈谈L公司的案例带给你的启示。

获取信息

观察学习情境,阅读任务要求,根据课程网站学习资源和国家税务总局网站相关信息资料,思考问题。

引导问题1: 纳税申报的含义是什么?

> **小提示** 纳税申报是纳税人在发生纳税义务后,按照税法规定的期限和内容向主管税务机关提交有关纳税书面报告的法律行为,是界定纳税人法律责任的主要依据,是税务机关税收管理信息的主要来源。纳税申报制度的实质是明确纳税申报是纳税人必须履行的一项法定义务。纳税人、扣缴义务人必须依照税法规定办理纳税申报或税款扣缴报告,并承担相应的法律责任。

项目 ❷ | 税源管理

引导问题 2：纳税申报的对象有哪些？

⚡ **小提示**　《税收征管法》第 25 条规定，纳税人必须依照法律、行政法规或者税务机关依照法律、行政法规确定的申报期限、申报内容如实办理纳税申报，报送纳税申报表、财务会计报表以及税务机关根据实际需要要求纳税人报送的其他纳税资料。扣缴义务人必须依照法律、行政法规或者税务机关依照法律、行政法规确定的申报期限、申报内容如实报送代扣代缴、代收代缴税款报告表以及税务机关根据实际需要要求扣缴义务人报送的其他有关资料。

因此，纳税申报的对象为纳税人和扣缴义务人。纳税人包括：从事生产、经营活动负有纳税义务的企业、事业单位、其他组织和个人；临时取得应税收入或发生应税行为，以及其他不从事生产、经营活动但依照法律、行政法规负有纳税义务的单位和个人。扣缴义务人是在经济活动中，与纳税人之间有支付和收入关系，由税务机关根据法律、行政法规，赋予代收代扣代缴义务的单位和个人。

引导问题 3：纳税申报的法律责任需要遵循的法律条款有哪些？

⚡ **小提示**　《税收征管法》第 62 条和第 64 条等。

📅 工作实施

步骤 1：判断 L 公司 20××年度第 2 季度原材料和固定资产部分发票的申报方式。
_____
_____

步骤 2：判断 L 公司的情况是否符合延期申报条件。
_____
_____

步骤 3：分析 L 公司被罚款的原因，判断其违反了哪些法律条例。
_____
_____

步骤 4：谈谈 L 公司的案例带给你的启示。
_____
_____

✨ 评价反馈

纳税申报管理评价表如表 2-24 所示。

智能化税务管理

表 2-24 纳税申报管理评价表

班级：		姓名：		学号：		
任务2.4		纳税申报管理				
评价项目	评价标准	分值/分	自评	互评	师评	总评
纳税申报的内容和期限	掌握纳税申报的内容和期限	20				
纳税申报的方式	掌握纳税申报的各种方式	25				
纳税申报的法律责任	掌握纳税申报的法律责任	25				
工作态度	严谨认真、无缺勤、无迟到早退	10				
工作质量	按计划完成工作任务	10				
职业素质	诚实守信、为国聚财、依法纳税，有社会责任感	10				
合计		100				

 学习情境的相关知识点

视频：纳税申报的内容、期限、方式和法律责任

知识点1：纳税申报的内容和期限

1）纳税申报的内容

纳税申报的内容，是指办理纳税申报时，申报人需要通过填写并报送相关表格向税务机关报告的内容。《中华人民共和国税收征收管理法》（以下简称《税收征管法》）对纳税人、扣缴义务人的纳税申报内容作了如下规定：纳税人办理纳税申报需要填写或报送的表格包括纳税申报表、财务会计表以及税务机关根据实际需要要求纳税人报送的其他纳税资料；扣缴义务人办理纳税申报时，应当向税务机关报送代扣代缴、代收代缴税款报告以及税务机关根据实际需要要求扣缴义务人报送的其他有关资料。

《税收征管法实施细则》第33条规定，纳税人、扣缴义务人的纳税申报或者代扣代缴、代收代缴税款报告的主要内容包括税种、税目，应纳税项目或者应代扣代缴、代收代缴税款项目，计税依据，扣除项目及标准，适用税率或者单位税额，应退税项目及税额、应减免税项目及税额，应纳税额或者应代扣代缴、代收代缴税额，税款所属期限，延期缴纳税款、欠税、滞纳金等。

2）纳税申报的期限

纳税申报的期限，是指纳税人发生纳税义务后，向国家缴纳税款的间隔时间。从理论上讲，纳税人发生了应税行为或取得了应税收入，就应立即申报纳税，但由于各税种的征收对象、纳税环节和计税办法不同，并且各类纳税人的经营活动及财务会计核算情况又有较大差异，不可能以行为发生日为纳税日期，也难以按照同一标准确定所有税种的纳税期限。《税收征管法》规定，纳税人必须按期申报，其中的按期申报有以下两种情况：

（1）法律、行政法规明确规定的期限。

对于法律、行政法规明确规定纳税申报期限的，纳税人、扣缴义务人应当在法律、行政法规规定的期限内办理纳税申报、代扣（代收）代缴税款报告。

（2）税务机关按照法律、行政法规的规定确定的期限。

税务机关按照法律、行政法规的原则规定，结合纳税人生产经营情况及其所应缴纳的税种等相关因素确定的纳税期限，与法律、行政法规明确规定的期限具有同等的法律效力。纳税人应当按照税务机关确定的期限办理纳税申报。

不同税种的纳税申报期限不同，在税收实体法律中，明确具体地规定了纳税申报期限。例如增值税的纳税期限分别为1日、3日、5日、10日、15日、1个月或者1个季度。纳税人的具体纳税期限，由主管税务机关根据纳税人应纳税额的大小分别核定；不能按照固定期限纳税的，可以按次纳税。纳税人以1个月或者1个季度为1个纳税期的，自期满之日起15日内申报纳税；以1日、3日、5日、10日或者15日为1个纳税期的，自期满之日起5日内预缴税款，于次月1日起15日内申报纳税并结清上月应纳税款。扣缴义务人解缴税款的期限，依照前两款规定执行。

3）延期纳税申报

延期纳税申报，是指纳税人、扣缴义务人基于法定原因，不能在法律、行政法规规定或者税务机关依照法律、行政法规的规定确定的申报期限内办理纳税申报或者向税务机关报送代扣代缴、代收代缴报告表的，经税务机关核准，允许延长一定的时间，在核准的期限内办理申报的一项税务管理制度。

办理延期纳税申报，必须符合下列条件：

（1）纳税人必须是办理了税务登记的固定从事生产经营的纳税人，且要有以下情况之一：

①在法定纳税申报期限内或者代扣代缴、代收代缴税款期限内，财务未处理完毕，不能计算应纳税额或者代扣代缴、代收代缴税额，无法按期办理纳税申报或者报送代扣代缴、代收代缴税款报告表的；

②在法定的纳税申报期限内或者报送代扣代缴、代收代缴税款报告期限内，纳税人、扣缴义务人因不可抗力影响，不能按期办理纳税申报或者报送代扣代缴、代收代缴税款报告表的。

纳税人、扣缴义务人因不可抗力，不能按期办理纳税申报或者报送代扣代缴、代收代缴税款报告表的，可以延期办理；但是，应当在不可抗力情形消除后立即向税务机关报告。税务机关应当查明事实，予以核准。

（2）纳税人、扣缴义务人申请延期纳税申报或者延期报送代扣代缴、代收代缴税款报告表的，必须在法定纳税申报期限内提出。对逾期提出的延期申请，税务机关不予受理。纳税人、扣缴义务人逾期不提出延期申请的，视为放弃延期申请的权利，对逾期未申报并造成拖欠税款的，税务机关要依法进行处罚。

（3）纳税人、扣缴义务人关于延期纳税申报的申请，必须经县以上税务局（分局）批准，不得擅自延期申报。获准延期申报的纳税人，应当在纳税期限内按照上期实际缴纳税额或税务机关核定的税款预缴税款，并在核准的延期内办理税款结算。

知识点2：纳税申报的方式

纳税申报的方式，是指纳税人和扣缴义务人在发生纳税义务和代扣代缴、代收代缴义务后，在其申报期限内，依照税收法律、行政法规的规定到指定税务机关进行纳税申报的形式。

知识拓展：纳税申报方式的具体内容

《税收征管法》第 26 条规定，纳税人、扣缴义务人可以直接到税务机关办理纳税申报或者报送代扣代缴税款报告，也可以按照规定采取邮寄、数据电文或者其他方式处理上述申报、报送事项。

知识点 3：纳税申报的法律责任

纳税人未按照规定的期限办理纳税申报和报送纳税资料的，或者扣缴义务人未按照规定的期限向税务机关报送代扣代缴、代收代缴税款报告表和有关资料的，由税务机关责令限期改正，可以处 2 000 元以下的罚款；情节严重的，可以处 2 000 元以上 10 000 元以下的罚款。

纳税人、扣缴义务人编造虚假计税依据的，由税务机关责令限期改正，并处以 50 000 元以下的罚款。纳税人不进行纳税申报，不缴或者少缴应纳税款的，由税务机关追缴其不缴或者少缴的税款、滞纳金，并处不缴或者少缴税款 50% 以上 5 倍以下的罚款。

项目 2　同步训练与测试

一、单选题

1. 税务登记不包括（　　）。
   A. 设立登记　　　　　　　　　　B. 变更登记
   C. 核定应纳税额　　　　　　　　D. 注销登记
2. 关于小规模纳税人自行开具专用发票的说法，正确的是（　　）。
   A. 所有增值税小规模纳税人（其他个人除外）所有业务均可以自行开具专用发票
   B. 小规模纳税人发生增值税应税行为必须使用增值税发票管理系统自行开具增值税专用发票
   C. 选择自行开具增值税专用发票的小规模纳税人销售其取得的不动产，需要开具增值税专用发票的，应当按照有关规定向税务机关申请代开
   D. 选择自行开具增值税专用发票的小规模纳税人出租其取得的不动产，需要开具增值税专用发票的，应当按照有关规定向税务机关申请代开
3. 在申领增值税电子发票时，纳税人需要向税务机关提供的主要信息不包括（　　）。
   A. 企业名称　　　　　　　　　　B. 纳税人识别号
   C. 个人银行账户信息　　　　　　D. 发票种类和数量
4. 电子发票的归档管理应遵循（　　）原则。
   A. 纸质化存储　　　　　　　　　B. 随意删除
   C. 真实、完整、可用和安全　　　D. 无须备份
5. 根据《会计档案管理办法》，电子会计档案的保管期限应如何确定？（　　）
   A. 由企业自行决定
   B. 参照纸质会计档案的保管期限确定
   C. 根据会计档案的类别和重要性分别确定
   D. 统一为永久保管
6. 下列属于电子会计档案真实性检测的有（　　）。
   A. 检测电子文件元数据是否可以被正常访问

B. 检测电子文件元数据的准确性
C. 检测归档信息包是否包含计算机病毒
D. 检测归档信息包是否完整

7. 纳税申报直接申报的方式不包括（　　）。
   A. 直接到办税服务厅申报　　　　B. 到指定的巡回征收点申报
   C. 到指定的代征点申报　　　　　D. 通过邮政部门寄送

8. 下列无须办理税务登记的是（　　）。
   A. 企业在外地设立的分支机构　　B. 从事生产经营的事业单位
   C. 个体工商户　　　　　　　　　D. 只缴纳个人所得税、车船税的个人

9. 以下关于增值税电子发票申领和开具流程的描述，正确的是（　　）。
   A. 纳税人必须亲自前往税务局才能申领增值税电子发票
   B. 申领增值税电子发票后，纳税人可以直接通过电子税务局系统自行开具
   C. 增值税电子发票的开具不需要税控设备支持
   D. 增值税电子发票开具后，无法通过网络平台直接发送给客户

10. 除法律、行政法规另有规定外，账簿、会计凭证、报表、完税凭证及其他有关纳税资料应当保存（　　）年。
    A. 5　　　　　　B. 10　　　　　　C. 15　　　　　　D. 20

二、多选题

1. 关于注销税务登记，下列说法中正确的是（　　）。
   A. 纳税人发生解散、破产、撤销以及其他情形，依法终止纳税义务的，应当在向工商行政管理机关或者其他机关办理注销登记前，向税务机关办理注销税务登记
   B. 纳税人因住所、经营地点变动而涉及改变税务登记机关的，应当向迁出地税务机关申报办理注销税务登记，并向迁达地税务机关申请办理税务登记
   C. 按照规定不需要在工商行政管理机关办理注销登记的，应当自有关机关批准或者宣告终止之日起 30 日内，持有关证件向原税务登记机关申报办理注销税务登记
   D. 纳税人被工商行政管理机关吊销营业执照或者其他机关予以撤销登记的，应当自营业执照被吊销或者被撤销登记之日起 15 日内，向原税务登记机关申报办理注销税务登记
   E. 纳税人在办理注销税务登记前，应当向税务机关结清应纳税款、滞纳金

2. 全电发票的优势包括（　　）。
   A. 领票流程更简化　　　　　　　B. 开票用票更便捷
   C. 入账归档一体化　　　　　　　D. 更强的安全性和隐私性

3. 关于全电发票的接收和验证，以下说法正确的是（　　）。
   A. 接收方通过税务数字账户接收全电发票
   B. 验证全电发票的真实性主要通过增值税发票查验平台
   C. 接收方可以自行修改全电发票的内容
   D. 全电发票的验证结果可作为财务处理的依据

4. 下列项目属于电子会计档案安全性检测的有（　　）。
   A. 检测电子文件元数据与内容关联的一致性

B. 检测系统环境中是否安装了杀毒软件
C. 检测电子文件内容数据是否可以被正常打开和浏览
D. 检测归档信息包在归档和保存过程中是否安全、可控

5. 下列说法中正确的是（　　）。
A. 违反规定虚开发票的，由税务机关没收违法所得
B. 虚开金额在1万元以下的，可以并处5万元以下的罚款
C. 虚开金额超过1万元的，并处5万元以上50万元以下的罚款
D. 虚开发票构成犯罪的，依法追究刑事责任。

三、简答题

1. 税务登记的种类有哪些？
2. 什么是全面数字化的电子发票？
3. 电子会计档案管理的主要流程是什么？
4. 纳税申报的对象有哪些？

四、案例分析

1. 王某以70元向张某购买非法印制的发票13本，并于当日下午先后到几个商店向店主兜售发票，但均未得逞。请问税务机关应如何处罚王某与张某？

2. 高某等人以投资建厂为名，先后在某县注册成立6家皮包公司，骗取一般纳税人资格，采取制造假账等手段为20多家出口代理公司虚开增值税发票抵扣税款，并从中牟取5%的好处费。到案发时，高某等人共虚开增值税发票1亿元，收取好处费1 000多万元。请问税务机关应如何处罚高某等人？

项目 3

税款征收

任务 3.1　税款征缴方式

学习目标

知识目标：
掌握税款征收的方式。
掌握税款缴库方式。
能力目标：
能正确区分纳税申报方式和税款征收方法。
能正确区分税款不同的缴库方式。
素质目标：
具有依法纳税的意识。
形成法律意识。

学习情境

陈某大学毕业后在 A 市经营一家登记为小型个体工商户的包子铺。作为小型个体工商户，应当采用哪种税款征收方式？

任务要求

（1）查阅资料，总结税款征收的方式，判断其适用范围。
（2）判断陈某经营的包子铺适用的税款征收方式。

智能化税务管理

获取信息

观察学习情境,阅读任务要求,根据课程网站学习资源和国家税务总局网站相关信息资料,思考问题。

引导问题1: 我国税款征收方式有哪些?它们分别适用于什么情形?

小提示 查账征收、核定征收、查验征收、定期定额征收、代扣代缴、代收代缴、委托代征。

引导问题2: 我国税款缴库方式有哪些?

小提示 直接缴库和汇总缴库两种方式。

工作实施

步骤1: 查阅资料,总结税款征收的方式,判断其适用范围。

步骤2: 判断陈某经营的包子铺适用的税款征收方式。

评价反馈

税款征缴方式评价表如表3-1所示。

表3-1 税款征缴方式评价表

班级:		姓名:		学号:			
任务3.1		税款征缴方式					
评价项目	评价标准	分值/分	自评	互评	师评	总评
税款征缴方式	能准确描述我国税款征缴方式及其使用范围	40				
判断税款征收方式	能正确判断税款征收方式	30				
工作态度	严谨认真、无缺勤、无迟到早退	10				
工作质量	按计划完成工作任务	10				
职业素质	遵纪守法、诚实守信、团结合作	10				
	合计	100				

学习情境的相关知识点

视频：税款征收方式和缴库方式

知识点 1：税款征收方式

税款征收方式，是指税务机关对纳税人应纳的税款从计算核定到征收入库所采取的具体征税形式或方法。它存在于税款的计算、核定、缴纳这一过程之中，是这一过程的程序和手续的总称。税务机关应根据纳税人的生产经营及财务管理情况，本着便于征收管理的原则，对不同的纳税人分别确定不同的税款征收方式。

1）查账征收

查账征收是指税务机关根据纳税人的会计账册资料，依照税法规定计算征收税款的一种方式。它适用于经营规模较大、财务会计制度健全、能够如实核算和提供生产经营状况以及正确计算应纳税款并认真履行纳税义务的纳税人。

2）查定征收

查定征收是指税务机关根据纳税人的从业人员、生产设备、原材料耗用情况等因素，查实核定其在正常生产经营条件下应税产品的产量、销售额，并据以征收税款的一种方式。具体做法是：由纳税单位向税务机关报送纳税申报表，经税务机关审查核实，按照其原材料的使用、进货销货情况等，计算核定征收税额，开具纳税缴款书，由纳税人据以缴纳税款的征收方式。它适用于经营规模较小、产品零星、税源分散、会计账册不健全的小型厂矿和作坊。

3）查验征收

查验征收是指纳税人在其商品上市销售前，向税务机关报验，经税务机关查验后方可销售，税务机关根据查验和纳税人的销售情况，计算应纳税额的一种征收方式。这种方式适用于零星分散、流动性大的税源，如城乡集贸市场的临时经营和机场、码头等场外经销商品的税款征收。

4）定期定额征收

定期定额征收是指税务机关依照法律、法规的规定，依照一定的程序，核定纳税人在一定经营时期内的应纳税经营额及收益额，并以此为计税依据，确定其应纳税额的一种税款征收方式。税务机关核定定额应依照以下程序办理：纳税人自动申报、典型调查、定额核定、下达定额。这种税款征收方式适用于生产经营规模小，又确实无建账能力，经主管税务机关审核批准，可以不设置账簿或者暂缓建账的小型纳税人。

定额的核定工作由税务机关负责。

5）委托代征

委托代征是指受托的有关单位按照税务机关核发的代征证书的要求，以税务机关的名义向纳税人征收零散税款的征收方式。税务机关根据需要按照国家税收法律、法规的规定，委托有关部门、单位依据税收法律、法规的规定，持《委托代征税款证书》代征税款。

6）代收代缴

代收代缴是指按照税法规定，负有收缴税款的法定义务人，负责对纳税人的税款进行代收代缴的方式。即由与纳税人有经济业务往来的单位和个人在向纳税人收取款项时依照简洁的规定收取税款。这种方式一般适用于税收网络覆盖不到或很难控制的领域，如受托加工应征消费税的消费品，由受托方代收代缴消费税。

7）代扣代缴

代扣代缴是指按照税法规定，负有扣缴义务的法定义务人，负责对纳税人应纳税款进行代扣代缴的方式。即由支付人在向纳税人支付款项时，从所支付的款项中依照税法的规定直接扣收税款。其目的是对零星、分散、不易控制的税源实行源泉控制。

8）海关代征

海关代征是指按照国家法律法规的规定，由海关代税务机关执行部分税款（如进口环节增值税、消费税）征收职权的一种征收方式。

知识点2：税款缴库方式

税款缴库方式是指纳税人应纳税款和扣缴义务人扣收的税款缴入国库的具体方式。税务机关征收的税款都必须及时足额地缴入国库。国库是负责办理国家预算资金收入和支出的机构，是国家财政收支的保管和出纳机构。缴库方式包括直接缴库和汇总缴库两种。

知识拓展：直接缴库和汇总缴库

任务3.2　税款征收措施

学习目标

知识目标：
掌握核定应纳税额的情形。
掌握税收保全和强制执行措施。
掌握税款的退还与追征。

能力目标：
能够判断采用核定应纳税额的情形。
能够识别税收强制执行的措施。
能够识别税收保全的措施和程序。

素质目标：
具有遵纪守法意识。
具有依法纳税意识。
具有公平公正的处事态度。

学习情境

学习情境1

B公司（某房地产开发商）在项目开发过程中，由于资金流转出现问题，导致无法按时缴纳税款。税务部门在发现B公司欠税后,向其发出了催缴通知,并要求B公司在规定期限内缴纳税款。然而,B公司由于资金链紧张,无法一次性支付全部欠税金额。税务部门提出让B公司提供纳税担保的建议,然而,B公司拒绝了税务部门提出的让其提供纳税担保的要求。B公司认为,尽管目前资金紧张,但它们正在积极寻求融资渠道,并预计在未来一段时间内能够解决资金问题并缴清税款。此外,B公司担心提供纳税担保可能会对其财务状况造成进一步不利影响。

学习情境2

某民营企业集团在外省某市投资设立了销售公司。因为家电产品在该市市场已基本饱和,销售潜力不大,根据集团安排,销售公司准备撤出该市到邻市发展。20××年12月1日,销售公司开始停业,准备搬迁。同年12月5日,该市某区税务分局的税务管理员在巡查时发现该销售公司已停业,立即向分局领导做了汇报。分局遂以该销售公司转移财产,有逃避纳税义务的嫌疑为由,以正式文书通知银行冻结该销售公司账上的全部存款计20万元。

学习情境3

某税务机关20××年10月在一次专项检查中发现并查实,一家私营企业作为一般纳税人,从企业成立之初就利用不开或少开发票、发票外收入不入账等手段偷税,累计偷税额达9万元。10月12日,该税务机关依法定程序作出补税并罚款的决定,同时下达了《税务处理决定书》等税务文书,限定该企业在10月27日前缴清税款及罚款。其间,该企业并没有履行《税务处理决定书》的处理规定。10月20日,税务机关接到群众举报,反映该企业有转移财产的迹象。税务机关在调查核实后,于10月21日责成该企业10月22日前缴纳税款或提供纳税担保,10月23日,该企业一直未履行税务机关的决定,税务机关遂于10月23日上午8时依法采取税收保全措施,扣押了其相当于应纳税款的商品及货物。该企业于10月24日缴清了税款,税务机关于10月26日下午4时才解除税收保全措施。10月28日,该企业向当地法院起诉,认为税务机关的税收保全措施给其合法利益造成了损害,要求税务机关赔偿其经济损失,法院依法判处税务机关承担赔偿责任。

任务要求

(1) 依据相关法律规定,查找有关纳税担保的规定,判断学习情境1中税务局是否有权利要求B公司提供纳税担保。

(2) 思考学习情境1中若B公司提供纳税担保,可以采取哪些形式。

(3) 对于学习情境1中B公司的行为,判断税务机关是否有权对其实行纳税保全。

(4) 明确学习情境1中税务机关对B公司进行纳税保全,可采取哪些形式。

(5) 思考学习情境1中实行纳税保全后,若B公司在规定期限内缴纳了税款,明确税务局应采取的行动。

(6) 思考学习情境1中若实行纳税保全后,B公司仍未履行纳税义务,为确保税款征收,税务局应采取哪些行动。

(7) 判断学习情境2中税务机关采取的税收保全措施在程序上是否合规;若不合规,请指出税务机关的错误。

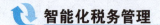

（8）结合解除税收保全措施的有关规定，判断学习情境3中税务机关的做法是否合规；若不合规，请为税务机关指明正确的做法。

📖 获取信息

观察学习情境，阅读任务要求，根据课程网站学习资源和国家税务总局网站相关信息资料，思考问题。

引导问题1：纳税担保适用于哪些情形？

⚡ 小提示 纳税人有下列情况之一的，适用纳税担保：

（1）税务机关有根据认为从事生产、经营的纳税人有逃避纳税义务行为，在规定的纳税期之前经责令其限期缴纳应纳税款，在限期内发现纳税人有明显的转移、隐匿其应纳税的商品、货物以及其他财产或者应纳税收入的迹象，责成纳税人提供的；
（2）欠缴税款、滞纳金的纳税人或者其法定代表人需要出境的；
（3）纳税人同税务机关在纳税上发生争议而未缴清税款，需要申请行政复议的；
（4）税收法律、行政法规规定可以提供纳税担保的其他情形。

引导问题2：我国有哪些形式的纳税担保？

⚡ 小提示 人的担保和物的担保。

引导问题3：纳税保全的前置程序有哪些？

⚡ 小提示

（1）税务机关有根据认为纳税人有逃避纳税义务的行为；
（2）在规定的纳税期之前，责令限期缴纳税款（责令提前缴纳）；
（3）（限期内发现纳税人有明显的转移、隐匿商品、货物以及其他财产或应纳税收入的迹象）责成纳税人提供纳税担保；
（4）（拒绝担保或无力担保的）经县级以上税务局（分局）局长批准，采取税收保全措施。

引导问题4：纳税保全可采取的措施有哪些？

⚡ 小提示

（1）书面通知纳税人开户银行或者其他金融机构冻结纳税人的金额相当于应纳税款的存款。
（2）扣押、查封纳税人的价值相当于应纳税款的商品、货物或其他财产。

引导问题 5：税务机关采取纳税保全措施之后的处理行为有哪些？

> 💡 **小提示**
> （1）纳税义务人在规定的限期内缴纳税款的，立即解除税收保全措施；
> （2）纳税义务人限期期满仍未缴纳税款的，转入强制执行措施。

引导问题 6：强制执行可采取哪些措施？

> 💡 **小提示**
> （1）书面通知纳税义务人开户银行或者其他金融机构从其存款中扣缴税款；
> （2）扣押、查封、依法拍卖或者变卖其价值相当于应纳税款的商品、货物或者其他财产，以拍卖或者变卖所得抵缴税款。

工作实施

步骤 1：依据相关法律规定，查找有关纳税担保的规定，判断学习情境 1 中税务局是否有权利要求 B 公司提供纳税担保。

步骤 2：思考学习情境 1 中若 B 公司提供纳税担保，可以采取哪些形式。

步骤 3：对于学习情境 1 中 B 公司的行为，判断税务机关是否有权对其实行纳税保全。

步骤 4：明确学习情境 1 中税务机关对 B 公司进行纳税保全，可采取哪些形式。

步骤 5：思考学习情境 1 中实行纳税保全后，若 B 公司在规定期限内缴纳了税款，明确税务局应采取的行动。

步骤 6：思考学习情境 1 中若实行纳税保全后，若 B 公司仍未履行纳税义务，为确保税款征收，税务局应采取哪些行动。

步骤 7：判断学习情境 2 中税务机关采取的税收保全措施在程序上是否合规；若不合规，请指出税务机关的错误。

智能化税务管理

步骤 8：结合解除税收保全措施的有关规定，判断学习情境 3 中税务机关的做法是否合规；若不合规，请为税务机关指明正确的做法。

评价反馈

税款征收措施评价表如表 3-2 所示。

表 3-2 税款征收措施评价表

班级：		姓名：			学号：	
任务 3.2	税款征收措施					
评价项目	评价标准	分值/分	自评	互评	师评	总评
纳税担保的适用情形	能准确描述纳税担保的适用情形	10				
纳税担保的种类	能准确判断纳税担保的种类	10				
纳税保全的前置程序	能准确描述纳税保全的前置程序	10				
纳税保全的措施	能准确判断纳税保全的措施	10				
纳税保全的后续处理	能准确描述执行纳税保全之后的处理措施	10				
强制执行的前置程序	能准确判断强制执行的前置程序	10				
税收强制执行措施	能正确判断强制执行措施的种类	10				
工作态度	严谨认真、无缺勤、无迟到早退	10				
工作质量	按计划完成工作任务	10				
职业素质	遵纪守法、依法纳税、公平公正	10				
	合计	100				

学习情境的相关知识点

知识点 1：核定应纳税额的适用范围

根据《税收征管法》，纳税人有下列情形之一的，税务机关有权核定其应纳税额，并按核定数额征收：

（1）依照法律、行政法规的规定可以不设置账簿的；

（2）依照法律、行政法规的规定应当设置但未设置账簿的；

（3）擅自销毁账簿或者拒不提供纳税资料的；

（4）虽设置账簿，但账目混乱或者成本资料、收入凭证、费用凭证残缺不全，难以查账的；

（5）发生纳税义务，未按照规定的期限办理纳税申报，经税务机关责令限期申报，逾期仍不申报的；

（6）纳税人申报的计税依据明显偏低，又无正当理由的。

知识点 2：纳税担保

纳税担保是指经税务机关同意或确认，纳税人或其他自然人、法人、经济组织以保证、抵押、质押的方式，为纳税人应当缴纳的税款及滞纳金提供担保的行为。

视频：核定税额征收和纳税担保制度

纳税担保的范围包括税款、滞纳金和相关费用。相关费用包括抵押质押登记费用、质押保管费用，以及保管、拍卖、变卖担保财产等相关费用。

知识点 3：纳税担保的适用条件

纳税人有下列情况之一的，适用纳税担保：

（1）税务机关有根据认为从事生产、经营的纳税人有逃避纳税义务行为，在规定的纳税期之前经责令其限期缴纳应纳税款，在限期内发现纳税人有明显的转移、隐匿其应纳税的商品、货物以及其他财产或者应纳税收入的迹象，责成纳税人提供的；

（2）欠缴税款、滞纳金的纳税人或者其法定代表人需要出境的；

（3）纳税人同税务机关在纳税上发生争议而未缴清税款，需要申请行政复议的；

（4）税收法律、行政法规规定可以提供纳税担保的其他情形。

知识点 4：纳税担保的形式

依据所采用的形式不同，纳税担保分为人的担保和物的担保。人的担保指纳税人提供的并经主管国家税务机关认可的纳税担保人作纳税担保，纳税担保人必须是经主管国家机关认可的，在中国境内具有纳税担保能力的公民、法人或者其他经济组织。国家机关不能作为纳税担保人。物的担保即纳税人以其所拥有的未设置抵押权的财产作纳税担保。

知识点 5：税收保全

税收保全是指为确保国家税款不受侵犯而由税务机关采取的行政保护手段。税收保全措施通常是在法定的缴款期限之前税务机关所作出的行政行为，实际上就是税款征收的保全，以保护国家税款及时足额入库。

视频：税收保全措施

1）税收保全措施的规定

（1）未按规定办理税务登记的纳税人。

《税收征管法》第 37 条规定，对未按照规定办理税务登记的从事生产、经营的纳税人以及临时从事经营的纳税人（包括到外县市从事生产经营未开具《外出经营活动税收管理证明》或者持有《外出经营活动税收管理证明》而未向当地税务机关报验的纳税人），由税务机关核定其应纳税额，责令缴纳；不缴纳的，税务机关可以扣押其价值相当于应纳税款的商品、货物。纳税人应当自扣押商品、货物之日起 15 日内缴纳税款。扣押后缴纳税款的，税务机关必须立即解除扣押，并归还所扣押的商品、货物；扣押后逾期仍不缴纳的，经县以上税务局（分局）局长批准，依法拍卖或者变卖所扣押的商品、货物，以拍卖所得或者变卖所得抵缴税款。对扣押的鲜活、易腐烂变质或易失效的商品、货物，税务机关可以在其保质期内先行变卖，以变卖所得抵缴税款。这里所讲的变卖，是指税务机关在当地当日以同类商品、货物的市场最低价格出售。

此外，对未办理税务登记跨县（市）从事生产经营和从事工程承包或者提供劳务的单位和个人，税务机关可以责令其提交纳税保证金。有关单位和个人应当在规定的期限内到税务机关进行纳税清算；逾期未清算的，以保证金抵缴税款。

适用本条规定应注意以下几项：

①适用的对象是未办理税务登记从事生产经营的纳税人及临时从事生产经营的纳税人；

②采取的措施是扣押而不包括查封；

③扣押的对象只限于商品、货物而不包括其他财产；

④扣押时不需要经过县以上税务局（分局）局长批准，在变价处理时必须经县以上税务局（分局）局长批准；

⑤实施本措施的前提条件是责令缴纳，不缴纳时方能采取本措施。

（2）办理税务登记的纳税人。

《税收征管法》第38条规定，税务机关有根据认为从事生产、经营的纳税人有逃避纳税义务行为的，可以在规定的纳税期限之前，责令其限期缴纳应纳税款；在限期内发现纳税人有明显的转移、隐匿其应纳税的商品、货物以及其他财产或者应纳税的收入的迹象的，税务机关可以责成纳税人提供纳税担保。如果纳税人不能提供纳税担保，经县以上税务局（分局）局长批准，税务机关可以采取税收保全措施。对纳税人采取税收保全措施，必须符合下列条件：

①纳税人有逃避纳税义务的行为。

纳税人有逃避纳税义务的行为是税务机关采取税收保全措施的基本前提。所谓逃避纳税义务的行为，是指纳税人采用转移、隐匿商品、货物或者其他财产或收入等方式，隐瞒其税款支付能力，这种行为会影响税款的及时缴纳。因此，当税务机关有根据认为纳税人有上述行为的，即依据一定线索判定纳税人有逃避纳税义务的行为，应先采取限期缴纳措施，即责令纳税人限期缴纳税款。该程序一般应在规定的纳税期之前实施。这里所说的纳税期之前，主要是指报缴期之前，主要有三种情形：一是行政法规规定的期限；二是税务机关依照行政法规的规定确定的期限；三是经税务机关批准，延期缴纳税款的期限。正因为如此，当税务机关责令纳税人提前结清税款时，一般要发出"提前缴纳税款通知书"，这与因逾期未缴税款而由税务机关发出的"限期缴纳税款通知书"是不同的。

税务机关在责令纳税人提前结清税款时，在下达"提前缴纳税款通知书"的同时，可以责令纳税人提供纳税申报或计税依据，对纳税人不能提供的，税务机关可以根据实际情况对其应纳税额予以核定。

若在限期内发现纳税人有明显的转移、隐匿应纳税的商品、货物或者其他财产或收入迹象的，税务机关再采取纳税担保措施，即责成纳税人提供纳税担保。限期缴纳和纳税担保是税收保全的前提措施，也是采取税收保全措施的必经前置程序。

该程序一般应在税务机关已发出提前缴税通知后，在责令纳税人缴税的期限内发现纳税人有明显的转移、隐匿其应纳税的商品、货物以及其他财产或者应纳税收入的迹象时实施。税务机关要求纳税人提供纳税担保一般应具备下列条件：第一，纳税人在限期内仍未缴税；第二，纳税人在限期内有转移、隐匿的行为事实，并且比较明显；第三，纳税人的行为在一定程度上有逃避税务机关查核的故意。税务机关在实施该程序时，应向纳税人下达"纳税担保通知书"，并责成纳税人提供纳税担保。

②纳税人在限期内不能提供纳税担保。

纳税人在税务机关责令其限期缴纳税款的期限内能否提供纳税担保，是税务机关是否采取税收保全措施的先决条件。纳税人在限期内有明显的逃避纳税义务的行为，税务机关先责令其提供纳税担保，而不直接采取税收保全措施。当纳税人不能提供纳税担保时，经县以上税务局（分局）局长批准，可以采取税收保全措施。从税收保全措施的适用程序上看，必须是责令限期缴纳在先，纳税担保居中，税收保全措施断后。

2）税收保全措施的形式及要求

税收保全措施的形式有两种，其内容及要求如下：

（1）书面通知纳税人开户银行或其他金融机构暂停支付纳税人的金额相当于应纳税款的存款。

这项措施在纳税人有存款的情况下采用，暂停支付的数额以相当于纳税人应纳税款的数额为限，而不是全部存款。具体实施时，须经县以上税务局（分局）局长批准，并以该县以上税务局（分局）的名义向纳税人开户银行或其他金融机构发出"暂停支付存款通知书"，被通知的银行或其他金融机构依法协助执行。

（2）扣押、查封纳税人的价值相当于应纳税款的商品、货物或其他财产。

这项措施在纳税人没有存款或税务机关无法掌握其存款的情况下采用。扣押、查封商品、货物或其他财产时，应参照同类商品的市场价、出厂价或者评估价估算，以相当于应纳税款和有关费用的数额为限。实施扣押、查封措施时，须经县以上税务局（分局）局长批准，由两名以上税务人员执行，并通知被执行人。被执行人是自然人的，应当通知被执行人本人或其成年家属到场；被执行人是法人或其他组织的，应当通知其法定代表人或主要负责人到场。被执行人拒不到场的，不影响执行。税务机关扣押商品、货物或者其他财产时，必须开付收据；查封商品、货物或者其他财产时，必须开付清单。

纳税人若有部分存款，但不足以缴纳应纳税款的，税务机关可以两项措施并用，或单独采取扣押、查封措施。两项措施并用时，其相加价值之和应以纳税人的应纳税额和有关费用为限。该程序必须是在税务机关已发出"纳税担保通知书"后，纳税人仍不提供纳税担保时实施。税务机关在实施以上保全措施前，必须填报"税收保全、强制执行呈报表"报县以上税务局（分局）局长审核，批准后才能进行。适用本条款应注意以下几项：

①本条款只适用于从事生产、经营的纳税人，不包括扣缴义务人、纳税担保人以及非生产、经营的纳税人。

②本条款是针对"在规定的纳税期之前"的逃避纳税义务的行为，它所要保全的是"当期"受到逃避纳税义务行为威胁的税款。

③本条款适用于税款征收的过程中。

④本条款的适用有严格的前置条件，一是责令限期缴纳，二是责令提供纳税担保，只有在纳税人不按前两项规定办理的情况下，方能采取税收保全措施。

⑤本条款规定扣押、查封的对象包括商品、货物或其他财产。其他财产包括现金、有价证券、房地产、动产或不动产、机动车辆、金银饰品、古玩字画、豪华住宅以及一处以外的住房。

⑥纳税人个人及所抚养家属维持生活所必需的住房和用品及单价在5 000元以下的其他生活用品不在税收保全范围之内。

⑦适用本条款必须经县以上税务局（分局）局长批准。

⑧在计算扣押、查封财物的价值时可以按照出厂价、市场价或者评估价计算，其扣押、

查封的价值包括税款、滞纳金以及扣押、查封、保管、拍卖、变卖所发生的费用。

3）税收保全措施的程序

（1）税务机关有根据认为从事生产经营的纳税人有逃避纳税义务的行为；

（2）责令纳税人在规定的纳税期之前限期缴纳；

（3）限期内发现纳税人有明显的转移、隐匿其应纳税的商品、货物以及其他财产或者应纳税收入的迹象；

（4）税务机关责成纳税人提供纳税担保；

（5）不能提供纳税担保的，采取税收保全措施；

（6）采取税收保全措施需经县以上税务局（分局）局长批准；

（7）采取税收保全措施应当由两名以上税务人员执行，并通知被执行人；

（8）纳税人在规定的限期内缴纳税款的，税务机关必须立即解除税收保全措施，限期期满仍未缴纳税款的，转入强制执行程序；

（9）税务机关扣押商品、货物或者其他财产时，必须开具收据；查封商品、货物或者其他财产时，必须开具清单。

4）税收保全措施的解除及责任

纳税人在规定的期限内缴纳了税款，税务机关应立即解除税收保全措施，即税务机关在收到税款或银行转回的税票后 24 小时内填写解除通知书，解除保全措施。纳税人在限期期满后仍未缴纳税款的，经县以上税务局（分局）局长批准，税务机关可以书面通知纳税人开户银行或其他金融机构从其暂停支付的存款中扣缴税款，或者交由有关机构拍卖所扣押、查封的商品、货物或者其他财产，以拍卖所得抵缴税款。此时，税收保全措施解除。

实施解除程序，纳税人开户银行或其他金融机构必须按时依法定程序进行，如果措施不当，或者纳税人在限期内已缴纳税款，税务机关未立即解除税收保全措施，使纳税人的合法利益遭受损失（即实际经济损失）的，税务机关应当承担赔偿责任。

知识点 6：税收强制执行措施

税收强制执行措施，是指税务机关对未按规定限期履行税款缴纳等法定义务的税收管理相对人依法采取的强制性收缴措施。其目的是确保国家利益，保证国家财政资金的正常安排使用。

视频：税收强制执行

1）税收强制执行措施的适用范围及条件

（1）税收强制执行措施的适用范围。

①税收保全措施失败。

即当税务机关对纳税人采取了税收保全措施后，纳税人依然不履行纳税义务时，税务机关可以经县以上税务局（分局）局长批准，对该纳税人采取强制执行措施。

②纳税人、扣缴义务人未按照规定的期限缴纳或者解缴税款。纳税担保人未按照规定的期限缴纳所担保的税款，由税务机关发出催缴税款通知书，责令限期缴纳，但最长期限为 15 日。如逾期仍未缴纳的，经县以上税务局（分局）局长批准，税务机关可以采取强制执行措施。

③纳税人、扣缴义务人和其他当事人因偷税抗税未缴或少缴的税款或者骗取的出口退税款，税务机关除可以无限期追征税款外，还可以采取税收强制执行措施，在采取措施之前，税务机关无须向当事人发出限期缴纳税款通知书。

(2) 税收强制执行措施的适用条件。

根据《税收征管法》第40条的规定,从事生产、经营的纳税人、扣缴义务人未按照规定的期限缴纳或者解缴税款,纳税担保人未按照规定的期限缴纳所担保的税款,由税务机关责令限期缴纳,逾期仍未缴纳的,经县以上税务局(分局)局长批准,税务机关可以采取强制执行措施。

①从适用对象上看,税收强制执行措施不仅适用于从事生产、经营的纳税人,也适用于扣缴义务人和纳税担保人。

②从适用条件和程序上看,必须是告诫在先、执行在后(不包括偷税纳税人)。当纳税人、扣缴义务人未按照规定的期限缴纳或者解缴税款,纳税担保人未按照规定的期限缴纳所担保的税款时,税务机关应先采取责令限期缴纳措施,即由税务机关发出催缴税款通知书,责令限期缴纳或者解缴税款,但是最长期限为15日。在此期间,不得采取强制执行措施。如果纳税人、扣缴义务人、纳税担保人逾期仍未缴纳的,则可采取税收强制执行措施。个人及其所抚养家属维持生活所必需的住房和用品,不在税收强制执行措施范围之内。

另外,对已依法采取税收强制执行措施的纳税人,若在期限内不履行纳税义务,税务机关可直接采取税收强制执行措施。

2)税收强制执行措施的形式及要求

税收强制执行措施的形式有两种,其内容及要求如下:

(1) 书面通知纳税人开户银行或其他金融机构从其存款中扣缴税款。

这项措施具体实施时,税务机关要填制"扣缴税款通知书"和"税款缴款书",通知其开户银行或其他金融机构从其存款中扣缴税款及滞纳金。开户银行应按有关规定依法执行。

(2) 扣押、查封、依法拍卖或者变卖其价值相当于应纳税款的商品、货物或者其他财产,以拍卖或者变卖所得抵缴税款。

税务机关扣押或查封商品、货物或其他财产时,要填制"查封(扣押)通知书",并开具收据或清单,其执行程序、要求与税收保全措施的有关规定相同。将扣押、查封的商品、货物或者其他财产抵缴税款时,应当交由依法成立的拍卖机构或者交由商业企业按市场价格收购。对于国家禁止自由买卖的物品,应当交由有关单位按照国家规定的价格收购。

税务机关采取强制执行措施时,对上述纳税人、扣缴义务人、纳税担保人未缴纳的滞纳金同时强制执行。

对拍卖或者变卖所得超出应抵缴税款、滞纳金和罚款以及扣押、查封和保管、拍卖、变卖等费用的部分,税务机关应在3日内退还被执行人;不足部分,税务机关应依法追征。

另外,根据《税收征管法实施细则》的规定,对未取得营业执照从事经营活动的单位或者个人,除由市场监督管理部门依法处理外,由税务机关核定其应纳税额,责令限期缴纳;不缴纳的,税务机关可以扣押其价值相当于应纳税款的商品、货物。当事人应当自扣押之日起15日内缴纳税款,扣押后缴纳应纳税款的,税务机关必须立即解除扣押,并归还所扣押的商品、货物。扣押后仍不缴纳应纳税款的,经县以上税务局(分局)局长批准,拍卖所扣押的商品、货物,以拍卖所得抵缴税款。对扣押的鲜活、易腐烂变质或者易过期的商品、货物,税务机关可以在其保质期内先行拍卖,以拍卖所得抵缴税款。

知识点7:加收滞纳金

我国税收滞纳金制度是由《税收征管法》第32条规定的。纳税人未按照规定期限缴纳税款的，扣缴义务人未按照规定期限解缴税款的，税务机关除责令限期缴纳外，从滞纳税款之日起，按日加收滞纳税款万分之五的滞纳金。

知识点8：税款的退还

依《税收征管法》第51条的规定，纳税人无论何种原因超过应纳税额多缴纳的税款，税务机关发现后应当立即退还；纳税人自结算缴纳税款之日起三年内发现的，可以向税务机关要求退还多缴的税款并加算银行同期存款利息，税务机关及时查实后应立即退还；涉及从国库中退库的，依照法律、行政法规有关国库管理的规定退还。如果纳税人在结清缴纳税款之日起三年后才向税务机关提出退还多缴税款要求的，税务机关不予受理。

知识点9：税款的追征

依《税收征管法》第52条的规定，税务机关对超过纳税期限未缴或少缴税款的纳税人，可以在规定的期限内予以追征。根据该条规定，税款的追征具体有以下三种情形：

（1）因税务机关的责任，致使纳税人、扣缴义务人未缴或者少缴款的，税务机关在三年内可以要求纳税人、扣缴义务人补缴税款，但是不得加收滞纳金。

（2）因纳税人、扣缴义务人计算错误等失误，未缴或者少缴款的，税务机关在三年内可以追征税款，并加收滞纳金；有特殊情况的，追征期可以延长到五年。

（3）对因纳税人、扣缴义务人和其他当事人偷税、抗税、骗税等原因造成未缴或者少缴的税款，或骗取的退税款，税务机关可以无限期追征。

任务3.3　特别纳税调整

知识目标：
掌握关联企业的认定方法。
掌握关联交易的类型。
掌握纳税调整的具体方法。
能力目标：
能够判定企业之间是否存在关联关系。
能够识别需要纳税调整的行为。
能够对关联企业的非独立交易行为进行纳税调整。
素质目标：
具有遵纪守法、自觉纳税的意识。
形成风险意识、道德观念。

项目 ❸ | 税款征收

学习情境 1

A 公司与 B 公司是同一母公司下属的企业。20××年6月，因 B 公司业务需求，A 公司为 B 公司加工一批半成品，发生材料费等支出 962 万元。由于所产半成品没有同类同期平均销售价格，A 公司在没有正当理由的情况下，按照成本价 962 万元将半成品销售给 B 公司。税务部门在审计过程中发现 A 公司与 B 公司之间的交易可能存在不公平定价，决定采用成本加成法来评估交易的合理性。

学习情境 2

C 公司是一家跨国企业，其在中国设立了一家子公司 D。C 公司将一批成本为 100 万元的电子产品以 150 万元的价格销售给 D 公司。D 公司随后将这些电子产品以 180 万元的价格销售给非关联的第三方公司。税务部门在审计过程中发现 C 公司与 D 公司之间的交易可能存在不公平定价，决定采用再销售价格法来评估交易的合理性。

学习情境 3

E 公司是一家跨国制药公司，与其在中国的全资子公司 F 之间存在药品销售交易。E 公司将某种药品以每瓶 100 元的价格销售给 F 公司。税务部门在审查该关联方交易时发现，F 公司在后续以每瓶 150 元的价格将该药品销售给与其无关联关系的第三方分销商。此外，市场上与 E 公司产品类似且由非关联方之间进行的交易价格为每瓶 120 元。

任务要求

（1）判断学习情境 1 中 A、B 公司之间是否存在关联关系；
（2）判断学习情境 2 中 C 公司的行为是否符合税收法律规定。
（3）假定成本利润率为 10%，依据税法相关规定，请对学习情境 1 中 A 公司的行为进行纳税调整。
（4）思考学习情境 2 中的再销售价格应如何确定。
（5）假定税务部门认为学习情境 2 中 D 公司平常合理的销售毛利率为 20%，在再销售价格法下，思考公平成交价应如何确定。
（6）思考学习情境 3 中的可比非受控价格应如何确定。
（7）在学习情境 3 中，基于可比非受控价格法，判断税务部门可能会对 F 公司购药成本价作出怎样的调整。

获取信息

观察学习情境，阅读任务要求，根据课程网站学习资源和国家税务总局网站相关信息资料，思考问题。

智能化税务管理

引导问题 1：关联企业的认定条件有哪些？

💡 **小提示**　共 7 种情形。

引导问题 2：关联交易的类型有哪些？

💡 **小提示**
（1）有形资产使用权或所有权的转让；
（2）金融资产的转让；
（3）无形资产使用权或者所有权的转让；
（4）资金融通；
（5）劳务交易。

引导问题 3：关联企业的哪些行为需要作出纳税调整？

💡 **小提示**　未遵循独立交易原则的行为。

引导问题 4：纳税调整的具体方法有哪些？

💡 **小提示**
（1）可比非受控价格法；
（2）再销售价格法；
（3）成本加成法；
（4）利润分割法；
（5）交易净利润法；
（6）其他符合独立交易原则的方法；
（7）预约定价法。

引导问题 5：什么是再销售价格法？

💡 **小提示**　再销售价格法是指以关联方购进商品再销售给非关联方的价格减去可比非关联交易毛利后的金额作为关联方购进商品的公平成交价格的一种方法。再销售价格法一般适用于再销售者未对商品进行改变外形、性能、结构或者更换商标等实质性增值加工的简单加工或者单纯购销业务。

引导问题 6：什么是可比非受控价格法？

项目 ③ | 税款征收

> **小提示** 可比非受控价格法是指以非关联方之间进行的与关联交易相同或者类似业务活动所收取的价格作为关联交易的公平成交价格的一种方法。它是在可比条件下对一项受控交易中转让的资产或劳务的价格与一项非受控交易中转让的资产或者劳务的价格进行比较的方法。如果发现两种价格有差异，说明关联企业的受控交易价格有问题，这时就可以用非受控交易中的价格代替受控交易中的价格。可比非受控价格法适用于所有类型的关联交易。

工作实施

步骤1：判断学习情境1中A、B公司之间是否存在关联关系。

步骤2：判断学习情境2中C公司的行为是否符合税收法律规定。

步骤3：假定成本利润率为10%，依据税法相关规定，请对学习情境1中A公司的行为进行纳税调整。

步骤4：思考学习情境2中的再销售价格应如何确定。

步骤5：假定税务部门认为学习情境2中D公司平常合理的销售毛利率为20%，在再销售价格法下，思考公平成交价应如何确定。

步骤6：思考学习情境3的可比非受控价格应如何确定。

步骤7：学习情境3中，基于可比非受控价格法，判断税务部门可能会对F公司购药成本价作出怎样的调整。

评价反馈

特别纳税调整评价表如表3-3所示。

智能化税务管理

表3-3 特别纳税调整评价表

班级：		姓名：		学号：		
任务3.3		特别纳税调整				
评价项目	评价标准	分值/分	自评	互评	师评	总评
关联企业的认定	能准确认定关联企业	10				
关联企业的交易行为	能准确识别关联企业的交易行为	10				
纳税调整方法	能准确区分纳税调整的方法	10				
成本加成法	能正确运用成本加成法作出纳税调整	10				
再销售价格法	能正确运用再销售价格法作出纳税调整	15				
可比非受控价格法	能正确运用可比非受控价格法作出纳税调整	15				
工作态度	严谨认真、无缺勤、无迟到早退	10				
工作质量	按计划完成工作任务	10				
职业素质	遵纪守法、自觉纳税，有风险意识和道德观念	10				
合计		100				

 学习情境的相关知识点

知识点1：关联企业的认定

关联企业是一种具有独立法人资格的企业之间的联合体。关联企业的形成必定是基于特定的经济目的，主要是指企业与其他企业、组织或个人具有下列关系之一：

（1）一方直接或间接持有另一方的股份总和达到25%以上；双方直接或间接同为第三方所持有的股份达到25%以上。

若一方通过中间方对另一方间接持有股份，只要其对中间方持股比例达到25%以上，则其对另一方的持股比例按照中间方对另一方的持股比例计算。两个以上具有夫妻、直系血亲、兄弟姐妹以及其他抚养、赡养关系的自然人共同持股同一企业，在判定关联关系时持股比例合并计算。

（2）双方存在持股关系或者同为第三方持股，虽持股比例未达到第（1）项规定，但双方之间借贷资金总额占任一方实收资本比例达到50%以上，或者一方全部借贷资金总额的10%以上由另一方担保（与独立金融机构之间的借贷或者担保除外）。

借贷资金总额占实收资本比例 = 年度加权平均借贷资金/年度加权平均实收资本

年度加权平均借贷资金 = i 笔借入或者贷出资金账面金额 ×

i 笔借入或者贷出资金年度实际占用天数

365

视频：关联企业的认定、关联交易的类型及需要调整的行为

$$\text{年度加权平均实收资本} = \sum i \text{笔实收资本账面金额} \times \frac{i \text{笔实收资本年度实际占用天数}}{365}$$

（3）双方存在持股关系或者同为第三方持股，虽持股比例未达到第（1）项规定，但一方的生产经营活动必须由另一方提供专利权、非专利技术、商标权、著作权等特许权才能正常进行。

（4）双方存在持股关系或者同为第三方持股，虽持股比例未达到第（1）项规定，但一方的购买、销售、接受劳务、提供劳务等经营活动由另一方控制。

上述控制是指一方有权决定另一方的财务和经营政策，并能据以从另一方的经营活动中获取利益。

（5）一方半数以上董事或者半数以上高级管理人员（包括上市公司董事会秘书、经理、副经理、财务负责人和公司章程规定的其他人员）由另一方任命或者委派，或者同时担任另一方的董事或者高级管理人员；或者双方各自半数以上董事或者半数以上高级管理人员同为第三方任命或者委派。

（6）具有夫妻、直系血亲、兄弟姐妹以及其他抚养、赡养关系的两个自然人分别与双方具有第（1）~（5）项关系之一。

（7）双方在实质上具有其他共同利益。

除第（2）项规定外，上述关联关系年度内发生变化的，关联关系按照实际存续期间认定。

仅因国家持股或者由国有资产管理部门委派董事、高级管理人员而存在第（1）~（5）项关系的，不构成此处所称关联关系。

知识点 2：关联交易的类型

1）有形资产使用权或者所有权的转让

有形资产包括商品、产品、房屋建筑物、交通工具、机器设备、工具器具等。

2）金融资产的转让

金融资产包括应收账款、应收票据、其他应收款项、股权投资、债权投资和衍生金融工具形成的资产等。

3）无形资产使用权或者所有权的转让

无形资产包括专利权、非专利技术、商业秘密、商标权、品牌、客户名单、销售渠道、特许经营权、政府许可、著作权等。

4）资金融通

资金包括各类长短期借贷资金（含集团资金池）、担保费、各类应计息预付款和延期收付款等。

5）劳务交易

劳务包括市场调查、营销策划、代理、设计、咨询、行政管理、技术服务、合约研发、维修、法律服务、财务管理、审计、招聘、培训、集中采购等。

知识点 3：需作出纳税调整的行为

关联企业之间的经济业务应按照独立交易原则进行税务处理，因关联业务往来未按照独立交易原则收取或者支付价款、费用而减少其应纳税收入或者所得额的，税务机关有权进行合理调整。此处所称独立交易原则，是指没有关联关系的交易各方按照公平成交价格和营业常规进行业务往来遵循的原则。纳税人与其关联企业之间的业务往来有下列情形之一的，税务机关可以调整其应纳税额：

（1）纳税人与关联企业之间的购销业务，不按照独立企业之间的业务往来作价的，税务机关可以按照下列顺序和确定的方法调整其计税收入额或者所得额，核定其应纳税额：

①按照独立企业之间进行相同或者相类似业务活动的价格进行调整；

②按照再销售给无关联关系的第三者价格所应取得的利润水平进行调整；

③按照成本加合理的费用和利润进行调整；

④采用其他合理的方法进行调整。

（2）纳税人与关联企业之间融通资金所支付或者收取的利息，超过或者低于没有关联企业关系的企业之间所同意的数额，或者其利率超过或者低于同类业务正常利率的，主管税务机关可以参照正常利率予以调整。

（3）纳税人与关联企业之间提供劳务，不按照独立企业之间的业务往来收取或者支付劳务费用的，主管税务机关可以参照类似劳务活动的正常收费标准予以调整。

（4）纳税人与关联企业之间转让财产、提供财产使用权等往来业务，不按照独立企业之间业务往来作价或者收取、支付费用的，主管税务机关可以参照没有关联关系的企业之间所能同意的数额予以调整。

（5）未按照独立企业之间业务往来作价的其他情形。

知识点4：纳税调整的具体方法

1）可比非受控价格法

可比非受控价格法，是指以非关联方之间进行的与关联交易相同或者类似业务活动所收取的价格作为关联交易的公平成交价格的一种方法。它是在可比条件下对一项受控交易中转让的资产或劳务的价格与一项非受控交易中转让的资产或者劳务的价格进行比较的方法。如果发现两种价格有差异，说明关联企业的受控交易价格有问题，这时就可以用非受控交易中的价格代替受控交易中的价格。可比非受控价格法适用于所有类型的关联交易。

视频：关联企业业务往来的纳税调整

可比非受控价格法的可比性分析，应当按照不同交易类型，特别考察关联交易与非关联交易中交易资产或者劳务的特性、合同条款、经济环境和经营策略上的差异。

关联交易与非关联交易在以上方面存在重大差异的，应当就该差异对价格的影响进行合理调整，无法合理调整的，应当选择其他合理的转让定价方法。

2）再销售价格法

再销售价格法，是指以关联方购进商品再销售给非关联方的价格减去可比非关联交易毛利后的金额作为关联方购进商品的公平成交价格的一种方法。再销售价格法一般适用于再销售者未对商品进行改变外形、性能、结构或者更换商标等实质性增值加工的简单加工或者单纯购销业务。

再销售价格法的计算公式为：

公平成交价格 = 再销售给非关联方的价格 × (1 − 可比非关联交易毛利率)

可比非关联交易毛利率 = 可比非关联交易毛利/可比非关联交易收入净额 × 100%

再销售价格法的可比性分析应当特别考察关联交易与非关联交易中企业执行的功能、承担的风险、使用的资产和合同条款上的差异，以及影响毛利率的其他因素，具体包括营销、分销、产品保障及服务功能，存货风险，机器、设备的价值及使用年限，无形资产的使用及价值，有价值的营销型无形资产，批发或者零售环节，商业经验，会计处理及管理效率等。关联交易与非关联交易在以上方面存在重大差异的，应当就该差异对毛利率的影响进行合理调整，无法合理调整的，应当选择其他合理的转让定价方法。

3）成本加成法

成本加成法，是指以关联交易发生的合理成本加上可比非关联交易毛利后的金额作为关联交易的公平成交价格的一种方法。采用这种方法，首先，应注意成本费用的计算必须符合我国税法的有关规定，应该计入成本项目的费用开支必须计入，同时要求税务机关能够获得企业准确的成本信息；其次，要合理选择确定所适用的成本利润率，在选择加成率时首先可以选取被调查的受控方与非受控方进行可比交易使用的加成率，如果税务机关找不到这个数据，也可以参考当地独立企业在可比交易中的加成率。成本加成法一般适用于有形资产使用权或者所有权的转让、资金融通、劳务交易等关联交易。

成本加成法的计算公式为：

公平成交价格 = 关联交易的合理成本 × (1 + 可比非关联交易成本加成率)

可比非关联交易成本加成率 = 可比非关联交易毛利/可比非关联交易成本 × 100%

成本加成法的可比性分析，应当特别考察关联交易与非关联交易中企业执行的功能、承担的风险、使用的资产和合同条款上的差异，以及影响成本加成率的其他因素，具体包括制造、加工、安装及测试功能，市场及汇兑风险，机器、设备的价值及使用年限，无形资产的使用及价值，商业经验，会计处理，生产及管理效率等。关联交易与非关联交易在以上方面存在重大差异的，应当就该差异对成本加成率的影响进行合理调整，无法合理调整的，应当选择其他合理的转让定价方法。

知识拓展：其他纳税调整方法

知识点5：关联企业之间业务往来的税务管理

税务机关对企业转让定价的调整，涉及执行税收协定条款的，依照协定的规定执行。

税务机关在进行关联业务调查时，企业及其关联方，以及与关联业务调查有关的其他企业，应当按照规定提供相关资料。企业不提供与其关联方之间的业务往来资料，或者提供虚假、不完整的资料，未能真实反映其关联业务往来情况的，税务机关有权依法核定其应纳税所得额。税务机关依照税法规定作出纳税调整，需要补征税款的，应当补征税款，并按照国务院规定加收利息。企业实施其他不具有合理商业目的的安排而减少其应纳税收入或者所得额的，税务机关有权按照合理方法调整。

任务3.4 税款入库管理

知识目标：
掌握税款入库的概念。

智能化税务管理

掌握纳税期限的计算方法。
理解税款延期缴纳的条件。
能力目标:
能够正确计算企业纳税期限。
能够识别企业是否符合延期纳税条件。
素质目标:
具有遵纪守法、自觉纳税的意识。
具有为国聚财的理念。

学习情境

甲公司是一家按月申报缴纳税款的企业。按照税法规定,企业应当自每月终了之日起15日内申报并缴纳上月应纳税款。20××年4月,因经销商乙公司未及时还款,导致甲公司资金困难,无法在申报期的最后一天缴纳税款,于是甲公司向税务机关提出延期缴纳税款的申请,并提供了当期货币资金余额情况及所有银行存款账户的对账单、资产负债表等相关材料。

任务要求

(1) 依据税收法律的相关规定,计算甲公司正常情况下的缴税期限。
(2) 明确正常情况下,甲公司的纳税期限。
(3) 判断税务机关是否可以批准甲公司的申请,并说明理由。
(4) 明确有权批准延期纳税申请的税务机关级别。

获取信息

观察学习情境,阅读任务要求,根据课程网站学习资源和国家税务总局网站相关信息资料,思考问题。

引导问题1: 我国关于缴税期限的计算有何规定?

小提示 缴税期限以日、月、年计算,期限的最后一日应计算在期限内。如《中华人民共和国增值税暂行条例》规定,以1个月或者1个季度为1个纳税期的纳税人,于期满15日内报缴税款。从法律意义上讲,纳税人在次月15日这一天24时以前缴款,都没有逾期。

缴税期限的最后一日是公休假日,应以公休假日后的第一日为最后缴款期限。有连续3日以上法定休假日的,按休假日天数顺延。

采取汇寄方式缴纳税款的期限,应包括在途时间,即在缴纳期限最后一日汇寄税款的,不算逾期。《税收征管法》第32条规定,纳税人未按照规定期限缴纳税款的,扣缴义务人

项目 3 税款征收

未按照规定期限解缴税款的，税务机关除责令限期缴纳外，从滞纳税款之日起，按日加收滞纳税款万分之五的滞纳金。

引导问题 2：计算税款缴纳期限的注意事项有哪些？

💡 **小提示** 税款缴纳期限的最后一天应计算在内；采取汇寄方式缴纳税款的期限，应包括在途时间。

引导问题 3：可以延期缴纳税款的情形有哪些？

💡 **小提示** 符合特殊困难的条件。

工作实施

步骤 1：依据税收法律的相关规定，计算甲公司正常情况下的缴税期限。

步骤 2：明确正常情况下，甲公司的纳税期限。

步骤 3：判断税务机关是否可以批准甲公司的申请，并说明理由。

步骤 4：明确有权批准延期纳税申请的税务机关级别。

评价反馈

税款入库管理评价表如表 3-4 所示。

表 3-4 税款入库管理评价表

班级：		姓名：			学号：	
任务 3.4		税款入库管理				
评价项目	评价标准	分值/分	自评	互评	师评	总评
税款缴纳期限	能够正确计算税款缴纳期限	20				
延期纳税的条件	能够正确判定企业是否符合延期纳税条件	30				
税款入库	掌握税款入库的概念	20				

智能化税务管理

续表

评价项目	评价标准	分值/分	自评	互评	师评	总评
工作态度	严谨认真、无缺勤、无迟到早退	10				
工作质量	按计划完成工作任务	10				
职业素质	遵纪守法、自觉纳税、为国聚财	10				
	合计	100				

 学习情境的相关知识点

视频：税款入库管理

知识点 1：税款入库

税款入库是税收征管的最终环节，是指征税机关根据税款入库权将征收的税款依次缴入国库的制度。税款入库直接关系到各级政府的财政利益，是分税制财政体制的具体表现。

国库是国家金库的简称，分为中央国库和地方国库，是办理预算收入的收纳、划分、留解和库款支拨的专门机构。税务机关征收的税款都须及时足额地缴入国库。

我国现行国库是按国家财政管理体制设置的。原则上一级财政设立一级国库，中央设立总库；省、自治区、直辖市设立分库；省辖市、自治州设立中心支库；县和相当于县的市、区设立支库。支库以下经收处的业务，由专业银行的基层机构代理。

国库以支库为基层库，各项税收收入均以缴入支库为正式入库。国库经收处收纳税款仅为代收性质，应按规定办理划解手续，上划支库后才算正式入库，税务机关和国库计算入库数字和入库日期，都以支库收到税款的税额和日期为准。

各级财政、税务、海关等预算收入征收部门应当每月按照财政部门规定的期限和要求，向财政部门和上级主管部门报送有关预算收入计划执行情况，并附说明材料。中央国库与地方国库应当按照有关规定向财政部门编报预算收入入库、解库及库款拨付情况的日报、旬报、月报和年报。政府财政部门、预算收入征收部门和国库，应当建立健全相互之间的预算收入对账制度，在预算执行中按月、按年核对预算收入的收纳及库款拨付情况，保证预算收入的征收入库和库存金额准确无误。

知识点 2：缴税期限的定义

缴税期限是指纳税人、扣缴义务人发生纳税义务后，向国家缴纳税款或解缴税款的法定期限。规定缴税期限的目的在于督促纳税人、扣缴义务人按期履行纳税义务或代扣代缴、代收代缴义务。纳税人、扣缴义务人不按期缴纳或解缴税款，要承担相应的法律责任。

缴税期限和纳税期限是两个不同的概念。纳税期限是指纳税人应当履行纳税义务的一个期间；而缴税期限是指纳税人在规定的纳税期满后应履行解缴税款义务的期间，缴税期限以纳税期限为前提。一般来说，纳税期限在前，缴税期限在后。如《中华人民共和国增值税暂行条例》规定的纳税期限有 1 天、3 天、5 天、10 天、15 天、1 个月或者 1 个季度，而缴税期限则不同。税法规定以 1 天、3 天、5 天、10 天、15 天为 1 个纳税期的纳税人，于期满 5 天内预缴税款；以 1 个月或者 1 个季度为 1 个纳税期的纳税人，于期满 15 天内申报纳税，这里的 5 天、15 天就是缴税期限。

知识点 3：缴税期限的计算

缴税期限以日、月、年计算，期限的最后一日应计算在期限内。如《中华人民共和国增值税暂行条例》规定，以 1 个月或者 1 个季度为 1 个纳税期的纳税人，于期满 15 日内报缴税款。从法律意义上讲，纳税人在次月 15 日这一天 24 时以前缴款，都没有逾期。

缴税期限的最后一日是公休假日，应以公休假日后的第一日为最后缴款期限。有连续 3 日以上法定休假日的，按休假日天数顺延。

采取汇寄方式缴纳税款的期限，应包括在途时间，即在缴纳期限最后一日汇寄税款的，不算逾期。《税收征管法》第 32 条规定，纳税人未按照规定期限缴纳税款的，扣缴义务人未按照规定期限解缴税款的，税务机关除责令限期缴纳外，从滞纳税款之日起，按日加收滞纳税款万分之五的滞纳金。

知识拓展：税款延期缴纳的情形

任务 3.5 违反税款征收制度的行为及法律责任

学习目标

知识目标：
掌握纳税人的税务违法行为及其法律责任。
掌握征税人的税务违法行为及其法律责任。
掌握扣缴义务人、开户银行和税务代理人的税务违法行为及其法律责任。
能力目标：
能够准确识别纳税人的税务违法行为。
能够准确识别征税人的税务违法行为。
能够准确识别扣缴义务人、开户银行和税务代理人的税务违法行为。
素质目标：
具有遵纪守法、诚实守信的理念。
具有风险意识、道德观念。
具有和谐发展的理念。

学习情境

20××年 6 月，甲集团公司发生如下事项：

（1）下设 A 公司以暴力、威胁方法拒不缴纳税款，情节轻微，未构成犯罪。

（2）下设 B 公司为逃避税收，伪造大量虚假发票，企图将收入减少，从而减少所需缴纳的税款。

（3）下设 C 公司因经营不善，欠缴了大量税款。在税务机关开始追缴欠税时，该公司法定代表人将大量机器设备、库存商品转移到其个人名下的其他企业或亲戚的名下。接着，

智能化税务管理

他又伪造了一系列的财务报表,故意降低企业的实际经营收入,以此来降低欠税的数额。

(4)下设 D 公司与境外公司勾结,通过伪造出口合同、发票、装箱单等单证,虚构出口业务。该公司将原本未出口或内销的货物伪报为出口,向海关申报并取得出口报关单。同时,该公司还通过虚假结汇、伪造外汇核销单等手段,制造出口收汇的假象。

任务要求

(1)根据税收法律相关规定,判断 A 公司税务违法行为的类型。
(2)根据税收法律相关规定,判断 A 公司面临的处罚类型。
(3)根据税收法律相关规定,对于 A 公司拒缴的税款,明确税务机关追征期限。
(4)根据税收法律相关规定,判断 B 公司税务违法行为的类型及其面临的法律责任。
(5)根据税收法律相关规定,判断 C 公司税务违法行为的类型及其面临的法律责任。
(6)根据税收法律相关规定,判断 D 公司税务违法行为的类型及其面临的法律责任。

获取信息

观察学习情境,阅读任务要求,根据课程网站学习资源和国家税务总局网站相关信息资料,思考问题。

引导问题 1:典型的纳税人税务违法行为有哪几种?

> 💡 **小提示**
> (1)欠税;
> (2)偷税;
> (3)抗税;
> (4)骗取出口退税;
> (5)其他税务违法行为。

引导问题 2:抗税行为有哪些法律责任?

> 💡 **小提示** 查找抗税的法律责任。

引导问题 3:偷税有哪些法律责任?

> 💡 **小提示** 查找偷税的法律责任。

引导问题 4:逃避追缴欠税有哪些法律责任?

> 💡 **小提示** 查找逃税的法律责任。

项目 ❸ | 税款征收

引导问题 5：骗取出口退税有哪些法律责任？

💡 **小提示** 查找骗税的法律责任。

📅 工作实施

步骤 1：根据税收法律相关规定，判定 A 公司税务违法行为的类型。

步骤 2：依据税收法律相关规定，判定 A 公司面临的处罚类型。

步骤 3：依据税收法律相关规定，对于 A 公司拒缴的税款，明确税务机关追征期限。

步骤 4：根据税收法律相关规定，判定 B 公司税务违法行为的类型及其面临的法律责任。

步骤 5：根据税收法律相关规定，判定 C 公司税务违法行为的类型及其面临的法律责任。

步骤 6：根据税收法律相关规定，判定 D 公司税务违法行为的类型及其面临的法律责任。

⭐ 评价反馈

违反税款征收制度的行为及法律责任评价表如表 3-5 所示。

表 3-5 违反税款征收制度的行为及法律责任评价表

班级：		姓名：			学号：	
任务 3.5		违反税款征收制度的行为及法律责任				
评价项目	评价标准		分值/分	自评	互评	师评	总评
纳税人的税务违法行为及法律责任	能够准确识别纳税人的税务违法行为		30				
征税人的税务违法行为	能够准确识别征税人的税务违法行为		20				

智能化税务管理

续表

评价项目	评价标准	分值/分	自评	互评	师评	总评
扣缴义务人、开户银行和税务代理人的税务违法行为	能够准确识别扣缴义务人、开户银行和税务代理人的税务违法行为	20				
工作态度	严谨认真、无缺勤、无迟到早退	10				
工作质量	按计划完成工作任务	10				
职业素质	遵纪守法、诚实守信,有风险意识和道德观念	10				
	合计	100				

 学习情境的相关知识点

知识点1:欠税及其法律责任

视频:判断欠税和偷税及其法律责任

欠税,是指纳税人、扣缴义务人等纳税主体在法定的纳税期限内由于主客观原因而未缴或者少缴应纳或应解缴税款的行为。欠税根据成因不同,可以分为一般欠税和逃避追缴欠税两种。

1)一般欠税

(1)一般欠税的定义。

一般欠税,是指纳税人、扣缴义务人等纳税主体在法定的纳税期限内由于客观原因而未缴或者少缴应解缴税款的行为。所谓客观原因,是指外在的因素而非主观原因,如经营环境恶化、管理不善、社会负担过重等导致利润下降,无力缴税。

(2)一般欠税的行为特征。

①欠税的实质是纳税主体在一定时期内占用国家税款;

②欠税者主观上不存在直接故意,形成欠税往往有一定的客观原因;

③欠税者没有采用涂改账簿等非法手段;

④欠税的社会危害性只与欠缴税款数量大小直接有关。

(3)一般欠税的法律责任。

从滞纳之日起,按日加收万分之五的滞纳金;责令限期缴纳或解缴税款,但最长期限为15日;责令限期缴纳,逾期仍未缴纳的,经县以上税务局(分局)局长批准,税务机关可以采取强制执行措施;欠缴税款的纳税人在出境前未按规定结清应纳税款,或提供纳税担保的,税务机关可以通知出入境管理机关阻止其出境。

2)逃避追缴欠税

(1)逃避追缴欠税的定义。

逃避追缴欠税,是指纳税人欠缴应纳税款,采取转移或者隐匿财产的手段,妨碍税务机关追缴所欠税款的行为。这种欠税是由纳税人的主观原因造成的,纳税人有能力缴纳税款而故意不缴纳。

(2)逃避追缴欠税的行为特征。

逃避追缴欠税除了具备一般欠税的特征之外,其最明显的一个特征是:纳税人采取转移或者隐匿财产、收入的手段，致使税务机关不能正常依法追缴其欠缴的税款。一般欠税无论数额多大，都不会构成刑事犯罪，而逃避追缴欠税达到一定数额以后就构成逃避追缴欠税罪。

（3）逃避追缴欠税的法律责任。

纳税人欠缴应纳税款，或者采取转移、隐匿财产的手段，妨碍税务机关追缴欠缴的税款的，由税务机关追缴欠缴的税款、滞纳金，并处欠缴税款50%以上5倍以下的罚款；纳税人欠缴应纳税款，采取转移或者隐匿财产的手段，致使税务机关无法追缴欠缴的税款，数额在1万元以上不足10万元的，处3年以下有期徒刑或者拘役，并处或者单处欠缴税款1倍以上5倍以下罚金；数额在10万元以上的，处3年以上7年以下有期徒刑，并处欠缴税款1倍以上5倍以下罚金。

知识点2：偷税及其法律责任

偷税是指纳税人伪造、变造、隐匿、擅自销毁账簿和记账凭证，或者在账簿上多列支出或者不列、少列收入，或者经税务机关通知申报而拒不申报，或者进行虚假的纳税申报，不缴或少缴应纳税款的行为。

1）偷税的行为特征

（1）偷税的违法或犯罪主体是纳税人或扣缴义务人。

（2）违法或犯罪主体采用了《税收征管法》第63条列举的手段之一。

（3）违法或犯罪主体存在主观故意，偷税是一种有预谋的违法行为。

（4）达到了不缴或少缴税款的目的。

纳税人采取了与偷税类似或者相同的手段，但未导致不缴或少缴税款的，就不是偷税，不能按偷税处理。

2）偷税的法律责任

（1）对纳税人偷税的，由税务机关追缴其不缴或者少缴的税款、滞纳金，并处不缴或者少缴的税款50%以上5倍以下的罚款；构成犯罪的，依法追究刑事责任。

（2）扣缴义务人采取上述所列手段，不缴或者少缴已扣、已收税款，由税务机关追缴其不缴或者少缴的税款、滞纳金，并处不缴或者少缴的税款50%以上5倍以下的罚款；构成犯罪的，依法追究刑事责任。

（3）纳税人采取欺骗、隐瞒手段进行虚假纳税申报或者不申报，逃避缴纳税款数额较大并且占应纳税额10%以上的，处3年以下有期徒刑或者拘役，并处罚金；数额巨大并且占应纳税额30%以上的，处3年以上7年以下有期徒刑，并处罚金。

（4）扣缴义务人采取上述所列手段，不缴或者少缴已扣、已收税款，数额较大的，依照上述规定处罚。

（5）对多次实施偷税行为，未经处理的，按照累计数额计算。

（6）有上述行为，经税务机关依法下达追缴通知后，补缴应纳税款，缴纳滞纳金，已受行政处罚的，不予追究刑事责任；但是，5年内因逃避缴纳税款受过刑事处罚或者被税务机关给予两次以上行政处罚的除外。

知识点3：抗税及其法律责任

1）抗税的行为特征

（1）违法者存在主观上的直接故意。

视频：判断抗税和骗税及其法律责任

（2）违法者采取公开对抗的手段，即以暴力、威胁的手段拒不缴纳税款。暴力、威胁的手段包括冲击、打砸税务机关；破坏有关征税设施；殴打、侮辱、威胁税务人员等。

2）抗税的法律责任

抗税情节轻微，未构成犯罪的，由税务机关追缴其拒缴的税款、滞纳金，并处拒缴税款1倍以上5倍以下的罚款。抗税情节严重，构成抗税罪的，由司法机关追究其刑事责任。

知识点4：骗取出口退税及其法律责任

1）骗取出口退税的行为特征

骗取出口退税（简称骗税）是指纳税人以假报出口或者其他欺骗手段骗取国家出口退税款的行为。

骗取出口退税是根据出口退税工作中的违法行为对国家税收收入侵蚀严重的实际情况，在《税收征管法》颁布后认定的一种税收违法行为。

骗取出口退税与偷税有某些相近之处：两者都存在违法行为人主观上的直接故意，都以欺骗作为主要手段。但是两者的区别也是明显的：

（1）骗取出口退税的对象特指国家税收政策允许的出口退税。

（2）偷税是纳税人不缴或少缴应纳税款，其行为结果是没有履行纳税义务；而骗取出口退税却是实际并没有纳税或少量纳税行为人，却要骗取或更多地骗取已入国库的税款。但是，对于纳税人缴纳税款后，采取假报出口或者其他欺骗手段骗取所缴纳税款的，属于偷税；骗取税款超过所缴纳的税款部分属于骗取出口退税。就具体案例来看，骗税的数额往往巨大，性质也更为恶劣。

2）骗取出口退税的法律责任

由税务机关追缴其骗取的退税款，并处骗取税款1倍以上5倍以下的罚款；构成犯罪的，依法追究刑事责任。

对骗取国家出口退税款的，税务机关可以在规定期间内停止为其办理出口退税。

知识点5：违反税务登记制度及其法律责任

1）违反税务登记制度的行为内容

违反税务登记制度的行为包括：未按规定期限申报办理税务登记、变更或者注销税务登记的行为；未按规定将其全部银行账号向税务机关报告的行为；未按规定办理税务登记证件验证或者换证手续的行为；未按规定使用税务登记证件的行为，或者转借、涂改、损毁、买卖、伪造税务登记证件的行为；不办理税务登记的行为。

2）违反税务登记制度的法律责任

纳税人未按规定期限申报办理税务登记、变更或者注销税务登记的，未按规定将其全部银行账号向税务机关报告的，未按照规定办理税务登记证件验证或者换证手续的行为，由税务机关责令限期改正，可处以2 000元以下的罚款；情节严重的，处2 000元以上1万元以下的罚款。

纳税人未按规定使用税务登记证件的，或者转借、涂改、损毁、买卖、伪造税务登记证件的，处2 000元以上1万元以下的罚款；情节严重的，处1万元以上5万元以下的罚款。

纳税人不办理税务登记的，由税务机关责令限期改正；逾期不改正的，经税务机关提请，由市场监督管理部门吊销其营业执照。

知识点 6：违反账簿、凭证管理制度及其法律责任

1）违反账簿、凭证管理制度的行为内容

违反账簿、凭证管理制度的行为包括：未按规定设置、保管账簿、记账凭证和有关资料的行为；未按规定将财务、会计制度或者财务会计处理办法和会计核算软件报送税务机关备查的行为；未按规定安装、使用税控装置，损毁或者擅自改动税控装置的行为。

2）违反账簿、凭证管理制度的法律责任

纳税人发生违反账簿、凭证管理制度的行为，由税务机关责令限期改正，可以处 2 000 元以下的罚款；情节严重的，处 2 000 元以上 1 万元以下的罚款。

知识点 7：违反纳税申报制度及其法律责任

1）违反纳税申报制度的行为内容

违反纳税申报制度的行为包括：纳税人未按照规定的期限办理纳税申报和报送纳税资料的行为；纳税人编造虚假计税依据的行为；纳税人不进行纳税申报，不缴或者少缴应纳税款的行为。

2）违反纳税申报制度的法律责任

纳税人未按照规定的期限办理纳税申报和报送纳税资料的，由税务机关责令限期改正，可以处 2 000 元以下的罚款；情节严重的，处 2 000 元以上 1 万元以下的罚款。

纳税人编造虚假计税依据的，由税务机关责令限期改正，并处 5 万元以下的罚款。

知识拓展：征税人的税务违法行为及其法律责任

知识拓展：扣缴义务人、开户银行和税务代理人的违法行为及其法律责任

知识点 8：首违不罚制度

1）首违不罚制度的内容

为了贯彻落实中共中央办公厅、国务院办公厅《关于进一步深化税收征管改革的意见》，国务院常务会有关部署，深入开展纳税人缴费人办实事暨便民办税春风行动，推进税务领域"放管服"改革，更好服务市场主体，国家税务总局制定了《税务行政处罚"首违不罚"事项清单》。对于首次发生清单中所列事项且危害后果轻微，在税务机关发现前主动改正或者在税务机关责令限期改正的期限内改正的，不予行政处罚。税务机关应当对当事人加强税法宣传和辅导。

视频：首违不罚制度

2）首批税务行政处罚首违不罚事项

（1）纳税人未按照《税收征管法》及实施细则等有关规定将其全部银行账号向税务机关报送。

（2）纳税人未按照《税收征管法》及实施细则等有关规定设置、保管账簿或者保管记账凭证和有关资料。

（3）纳税人未按照《税收征管法》及实施细则等有关规定的期限办理纳税申报和报送纳税资料。

（4）纳税人使用税控装置开具发票，未按照《税收征管法》及实施细则、《发票管理办法》等有关规定的期限向主管税务机关报送开具发票的数据且没有违法所得。

（5）纳税人未按照《税收征管法》及实施细则、《发票管理办法》等有关规定取得发票，以其他凭证代替发票使用且没有违法所得。

（6）纳税人未按照《税收征管法》及实施细则、《发票管理办法》等有关规定缴销发票且没有违法所得。

（7）扣缴义务人未按照《税收征管法》及实施细则等有关规定设置、保管代扣代缴、代收代缴税款账簿或者保管代扣代缴、代收代缴税款记账凭证及有关资料。

（8）扣缴义务人未按照《税收征管法》及实施细则等有关规定的期限报送代扣代缴、代收代缴税款有关资料。

（9）扣缴义务人未按照《税收票证管理办法》的规定开具税收票证。

（10）境内机构或个人向非居民发包工程作业或劳务项目，未按照《非居民承包工程作业和提供劳务税收管理暂行办法》的规定向主管税务机关报告有关事项。

3）第二批税务行政处罚首违不罚事项

为贯彻习近平法治思想、优化税务执法方式，国家税务总局制定了第一批税务行政处罚首违不罚事项清单。清单推行以来，对纳税人容错纠错空间扩容明显，行政处罚以教育为主、惩戒为辅作用持续放大，广大市场主体感受到了税务执法的"温度"，积极社会效应逐步显现。为进一步发挥首违不罚的积极作用，在制发第一批税务行政处罚首违不罚事项清单的基础上，国家税务总局制发《公告》，发布第二批税务行政处罚首违不罚事项清单。

（1）纳税人使用非税控电子器具开具发票，未按照《税收征收管理法》及实施细则、《发票管理办法》等有关规定将非税控电子器具使用的软件程序说明资料报主管税务机关备案且没有违法所得。

（2）纳税人未按照《税收征收管理法》及实施细则、《税务登记管理办法》等有关规定办理税务登记证件验证或者换证手续。

（3）纳税人未按照《税收征收管理法》及实施细则、《发票管理办法》等有关规定加盖发票专用章且没有违法所得。

（4）纳税人未按照《税收征收管理法》及实施细则等有关规定将财务、会计制度或者财务、会计处理办法和会计核算软件报送税务机关备查。

项目3 同步训练与测试

一、单选题

1. 以下关于税收保全措施的顺序，正确的是（　　）。
   A. 责令限期缴纳　　纳税担保　　税收保全
   B. 纳税担保　　责令限期缴纳　　税收保全
   C. 责令限期缴纳　　税收保全　　纳税担保
   D. 税收保全　　责令限期缴纳　　纳税担保

2. 对于税收保全措施的以下几条程序，顺序正确的是（　　）。
   ①责令纳税人在规定的纳税期之前限期缴纳

②限期内发现纳税人有明显的转移、隐匿其应纳税的商品、货物以及其他财产或者应纳税的收入的迹象

③税务机关责成纳税人提供纳税担保

④不能提供纳税担保的，采取税收保全

A. ①②③④ B. ①③②④ C. ③②④① D. ②①③④

3. 某公司进口一批货物，海关于2022年5月5日填发税款缴款书，但该公司迟至5月31日才缴纳250万元的关税。海关应征收关税滞纳金（　　）万元。

A. 1.87　　　B. 1.5　　　C. 3.25　　　D. 3.37

4. 纳税人未按照规定期限缴纳税款的，扣缴义务人未按照规定期限解缴税款的，税务机关除责令限期缴纳外，从（　　）之日起，按日加收滞纳税款万分之五的滞纳金。

A. 滞纳税款　　B. 办理纳税申报　　C. 计提税款　　D. 缴纳税款

5. 纳税人伪造、变造、隐匿、擅自销毁账簿和记账凭证，或者在账簿上多列支出或者不列、少列收入，或者经税务机关通知申报而拒不申报，或者进行虚假的纳税申报，不缴或少缴应纳税款的行为属于（　　）。

A. 偷税　　　B. 抗税　　　C. 欠税　　　D. 骗税

6. 纳税人因有特殊困难，不能按期缴纳税款的，经（　　）批准，可以延期缴纳税款。

A. 税务所　　　　　　　　B. 征管分局
C. 县以上税务局（分局）　　D. 省级税务局

7. 纳税人未按照规定期限缴纳税款的，扣缴义务人未按照规定期限解缴税款的，税务机关除责令限期缴纳外，从滞纳税款之日起按日加收滞纳税款（　　）的滞纳金。

A. 千分之二　　B. 千分之五　　C. 万分之五　　D. 万分之二

8. 因纳税人、扣缴义务人计算错误等失误，未缴或者少缴税款的，税务机关在3年内可以追征税款、滞纳金；有特殊状况的，追征期可以延长到（　　）年。

A. 5　　　　B. 7　　　　C. 10　　　　D. 15

二、多选题

1. 以下条款适用于税收保全措施的有（　　）。

A. 适用于从事生产、经营的纳税人
B. 适用于税款征收的过程中
C. 必须经县以上税务局（分局）局长批准
D. 扣押、查封的对象包括商品、货物或其他财产

2. 以下关于税收强制措施的执行范围和条件正确的是（　　）。

A. 税收保全措施实施后
B. 税收保全措施失败后
C. 税务机关发出催缴税款通知书15日后，逾期仍未缴纳的，经县以上税务局（分局）局长批准
D. 税务机关发出催缴税款通知书10日后，逾期仍未缴纳的，经县以上税务局（分局）局长批准

3. 纳税人未按照规定办理税务登记证件验证或者换证手续的行为，其法律责任是（　　）。

A. 由税务机关责令限期改正，不改正的可以处 2 000 元以下罚款
B. 情节严重的，处 2 000 元以上 5 000 元以下的罚款
C. 情节严重的，处 5 000 元以上 10 000 元以下的罚款
D. 由税务机关注销税务登记

三、简答题

1. 税款征收方式有哪些？
2. 我国现行的税收缴库方式有哪些？
3. 什么是税收保全措施？请阐述税收保全的程序。
4. 税收强制执行的措施有哪些？
5. 欠税、偷税、抗税、骗税分别指的是什么？

四、案例分析

20××年 3 月 28 日，某市税务机关对辖区内甲公司进行税务检查。甲公司负责人说将于 3 月 30 日迁往外省经营，因而拒绝接受纳税检查。税务人员认为甲公司有逃避缴纳税款的可能，因此于 4 月 2 日向甲公司下达了《限期缴纳税款通知书》，责令其于 4 月 10 日前缴纳 3 月份的应纳税款 420 000 元。4 月 5 日，甲公司开始运输部分货物，经人举报，税务机关发现后，于当日向其下达《提供纳税担保通知书》，责令其于 4 月 7 日前提供纳税担保。甲公司以未到纳税申报期限为由，拒绝提供纳税担保并拒绝缴纳税款，税务人员多次与其协调未果。4 月 9 日，税务机关在对甲公司催缴税款无效后，税务人员在部门主任的批准下，扣押了甲公司价值相当于应纳税款的部分货物，并进行相应处罚。甲公司对税务机关采取的税款征收措施不服，认为法定的纳税期限应是 4 月 15 日，在此期限之前税务机关不能采取扣押查封措施，并为此向上级税务机关申请税务行政复议。

要求：根据《税收征收管理法》的相关规定，回答下列问题：

（1）税务机关要求甲公司在 4 月 10 日前缴纳税款是否符合规定？简要说明理由。

（2）税务机关要求甲公司在 4 月 7 日前提供纳税担保的行为是否符合规定？简要说明理由。

（3）税务机关扣押甲公司价值相当于应纳税款的部分货物的程序是否符合规定？简要说明理由。

（4）税务机关的强制执行措施包括哪些？该案例中，税务机关是否可以实行强制执行措施？

项目 4

纳税信用管理

任务 4.1　纳税信用管理和信息采集

学习目标

知识目标：
掌握纳税信用管理的概念。
掌握纳税信用管理的机关。
掌握纳税信用信息采集的内容。
能力目标：
能进行纳税信用信息采集。
素质目标：
具有为国聚财、经世济民的理念。
具有依法纳税的意识和社会责任感。

学习情境

古人云："惟天下之至诚，为能化。"而今，信用的巨大价值也正日益显现出来。对纳税人而言，一份良好的纳税信用可能直接换来促进发展的"真金白银"。沈阳微可信科技有限公司（以下简称微可信公司）是一家从事计算机软硬件和电子元器件技术研发、销售、安装、调试的科技型小微企业，由于行业特殊性，需要不断投入资金进行研发，否则项目将面临夭折的风险，流动资金已无法满足公司的发展需求。20××年4月，微可信公司通过参加辽宁省税务局和省建设银行共同举办的"银税合作、合力惠企"产品推介会，通过"线上银税互动平台"（以下简称"银税互动"）申请了"云税贷"产品，获得了130万元的贷款。"沈阳微可信科技有限公司成立以来一直诚信纳税，纳税信用等级为A级，企业年纳税额近60万元，'银税互动'就是为像它这样的民营企业解决融资难题的。"省税务局负责银

智能化税务管理

税互动的工作人员解释道。"银税互动"将小微企业纳税信誉、税收贡献与其融资发展相联系,以小微企业需求为导向,通过建立系统的银税协作机制、信息交换机制,将银行资源、税务资源和企业诚信资源等跨部门信用信息有效对接,有效破解中小企业融资难融资贵的问题,推进大众创业、万众创新蓬勃发展。

任务要求

(1) 查阅资料,明确纳税信用管理的概念。
(2) 辨别纳税信用管理的机关。
(3) 思考沈阳微可信科技有限公司获得贷款的方式方法,明确纳税信用信息采集的内容。

获取信息

观察学习情境,阅读任务要求,根据课程网站学习资源和国家税务总局网站相关信息,思考问题。

引导问题1:纳税信用管理应该遵循的原则是什么?

小提示 客观公正、标准统一、分级分类、动态调整。

引导问题2:我国纳税信用管理的机关是什么?

小提示 国家税务总局、省以下税务机关。

引导问题3:纳税信用信息采集的内容有哪些?

小提示 纳税人信用历史信息、税务内部信息、外部信息。

工作实施

步骤1:查阅资料,明确纳税信用管理的概念。

步骤2:辨别纳税信用管理的机关。

步骤3:思考沈阳微可信科技有限公司获得贷款的方式方法,明确纳税信用信息采集的内容。

评价反馈

纳税信用管理和信息采集评价表如表 4-1 所示。

表 4-1 纳税信用管理和信息采集评价表

班级：		姓名：		学号：		
任务 4.1		纳税信用管理和信息采集				
评价项目	评价标准	分值/分	自评	互评	师评	总评
纳税信用管理的概念、原则	能准确描述纳税信用管理的概念、遵循的原则	30				
纳税信用信息采集的内容	能准确进行纳税信用信息采集，明确其包括的内容	40				
工作态度	严谨认真、无缺勤、无迟到早退	10				
工作质量	按计划完成工作任务	10				
职业素质	为国聚财、遵纪守法、诚实守信、团结合作	10				
合计		100				

学习情境的相关知识点

视频：纳税信用管理的基本认知

知识点 1：纳税信用管理的概念

1）纳税信用管理的概念

纳税信用管理，是指税务机关对纳税人的纳税信用信息开展的采集、评价、确定、发布和应用等活动。

2）纳税信用管理的原则

纳税信用管理遵循客观公正、标准统一、分级分类、动态调整的原则。

客观公正指纳税信用评价主要依据纳税人遵从税法的客观记录。标准统一指纳税信用评价对待纳税人采用统一的评价指标和扣分标准。分级分类指区分纳税人的信用级别，规定不同的管理和服务措施。动态调整指税务机关可根据信用信息的变化调整纳税人以前年度的信用记录或者复核后调整当期的信用评价结果，国家税务总局根据税收政策和征管办法的改变对全国统一的评价指标适时调整和修订。

知识点 2：纳税信用管理建设历程

2014 年 7 月，国家税务总局发布了《纳税信用管理办法（试行）》和《纳税信用评价指标和评价方式（试行）》，初步建立了现代化的纳税信用管理体系。2015 年 4 月，各地税务机关按照新办法、新指标、新方式完成了 2014 年度纳税信用评价工作，并通过 2015 年新一轮"便民办税春风行动"推出多项激励惩戒措施，拓展纳税信用增值应用，促进纳税人诚信自律、提高税法遵从度。2015 年 5 月以来，根据纳税信用管理制度的建设安排，国家

智能化税务管理

税务总局先后印发了《国家税务总局关于明确纳税信用补评和复评事项的公告》和《国家税务总局关于明确纳税信用管理若干业务口径的公告》，逐步对《纳税信用管理办法（试行）》中需要细化的条款进行明确。2016年2月，为落实《深化国税、地税征管体制改革方案》关于建立促进诚信纳税机制的要求，国家税务总局对《纳税信用管理办法（试行）》中动态调整、通知提醒等条款内容进行了完善，对《纳税信用评价指标和评价方式（试行）》中部分评价指标的扣分标准进行了优化调整。2016年，多部门联合签署了《关于对纳税信用A级纳税人实施联合激励措施的合作备忘录》和《关于对重大税收违法案件当事人实施联合惩戒措施的合作备忘录（2016版）》，积极落实"褒扬诚信、惩戒失信"的社会总体要求。为落实国务院"放管服"改革精神，优化税收营商环境，鼓励"大众创业、万众创新"，根据《税收征管法》和《国务院关于印发社会信用体系建设规划纲要（2014—2020年）的通知》（国发〔2014〕21号），国家税务总局分别在2018年2月、2020年9月进一步完善了纳税信用管理的有关事项。

《关于纳税信用管理有关事项的公告》（国家税务总局公告2020年第15号）规定由企业纳税人设立，已在税务机关完成登记信息确认且核算方式为非独立核算的分支机构可自愿参与纳税信用评价。扣缴义务人、自然人纳税信用管理办法由国家税务总局另行规定。个体工商户和其他类型纳税人的纳税信用管理办法由省税务机关制定。

为维护正常的税收征收管理秩序，惩戒重大税收违法失信行为，国家税务总局发布了《重大税收违法失信主体信息公布管理办法》（国家税务总局令第54号），并宣布自2022年2月1日起正式施行。

知识点3：纳税信用信息采集

纳税信用信息采集，是指税务机关对纳税人纳税信用信息的记录和收集。纳税信用信息包括纳税人信用历史信息、税务内部信息、外部信息。纳税信用信息采集工作由国家税务总局和省税务机关组织实施，按月采集。

1）纳税人信用历史信息

纳税人信用历史信息包括基本信息和评价年度之前的纳税信用记录，以及相关部门评定的优良信用记录和不良信用记录。纳税人信用历史信息中的基本信息由税务机关从税务管理系统中采集，税务管理系统中暂缺的信息，由税务机关通过纳税人申报采集，评价年度之前的纳税信用记录，以及相关部门评定的优良信用记录和不良信用记录，从税收管理记录、国家统一信用信息平台等渠道中采集。

2）税务内部信息

税务内部信息包括经常性指标信息和非经常性指标信息。经常性指标信息是指涉税申报信息、税（费）款缴纳信息、发票与税控器具信息、登记与账簿信息等纳税人在评价年度内经常产生的指标信息；非经常性指标信息是指税务检查信息等纳税人在评价年度内不经常产生的指标信息。内部信息从税务管理系统中采集。

3）外部信息

外部信息包括外部参考信息和外部评价信息。外部参考信息包括评价年度内相关部门评定的优良信用记录和不良信用记录；外部评价信息是指从相关部门取得的影响纳税人纳税信用评价的指标信息。外部信息主要通过税务管理系统、国家统一信用信息平台、相关部门官方网站、新闻媒体或者媒介等渠道采集。通过新闻媒体或者媒介采集的信息应核实后使用。

项目 ❹ | 纳税信用管理

任务 4.2 纳税信用评价体系

> 知识目标：
> 掌握纳税信用级别设定和指标得分情况。
> 掌握直接判级的情况。
> 掌握不影响纳税信用评价的情形。
> 能力目标：
> 能够分辨纳税信用级别。
> 能够辨别直接判级的情况。
> 素质目标：
> 形成诚实守信意识。
> 具有为国聚财的理念。
> 具有依法纳税的意识和社会责任感。

学习情境

20××年4月某一天，宁波某食品有限公司接到来自合作银行的电话，银行通知该公司的贷款审批不通过。该公司的实际控制人叶某认为公司一向还贷准时，不应该出现贷款审批不通过的情况，立即赶到银行了解原因，结果被告知，银行通过信用信息系统查询到该公司被列入了重大税收违法"黑名单"，无法继续向其提供贷款。

叶某的公司成立于1998年。20多年来，她在商海中历经风浪，艰苦创业，把公司从一家名不见经传的小企业发展成为当地有名的重点企业，她本人也因此获得了优秀企业家等诸多荣誉。然而因交友不慎，叶某的公司在一伙不法分子的诱骗下通过虚开发票骗取出口退税，造成国家税款损失千万元，被税务和公安部门联合立案查处，企业补缴了税款并被停止出口退税三年。

叶某以为在案件查处结束后便可以"重整旗鼓"，但她没想到，企业不仅被列入税收违法"黑名单"，向全社会公布，而且被推送给相关部门实施联合惩戒。接着一件件使叶某"寸步难行"的事接踵而来，纳税信用等级被直接判为D级，企业面临更加严格的税务管理……因长期拖欠税款，叶某作为公司的法定代表人被出入境管理部门阻止出境。公司的经营陷入了困境，叶某本想着从银行贷款解燃眉之急，却又被银行拒贷。一桩桩一件件的"信用受限"，使叶某的"东山再起"之路步履维艰。她还想到前段时间接到某协会通知，自己原来兼任的职务也已经由他人取代……叶某无比懊悔，当初听信了不法分子的花言巧语，以为不用费力就能得到利益回报，更懊悔受一点蝇头小利的诱惑，就毁掉了辛苦打拼积

智能化税务管理

攒出来的信誉。

悔恨不已的叶某来到税务稽查部门咨询，接待她的稽查干部向她详细解释了重大税收违法失信案件信息公布、部门实施联合惩戒措施等相关的制度办法。叶某深受触动，感慨自己以前只顾挣钱，吃了"法盲"的亏，表示今后一定要牢记教训，把心思放到企业生产经营的正道上，诚信经营、依法纳税，一切从头开始，誓要把失去的信誉重新赢回来。

任务要求

（1）分析宁波某食品有限公司纳税信用等级被直接判断为 D 级的原因。
（2）总结纳税信用直接判级的情况。
（3）分析纳税评价采取的方式除了直接判级方式外，还有其他哪些方式。
（4）总结年度评价指标得分评分的方式、对应的等级和得分情况。
（5）从纳税信用角度，分析宁波某食品有限公司出口骗税遭惩戒贷款被拒事件带来的启示。

获取信息

观察学习情境，阅读任务要求，根据课程网站学习资源和国家税务总局网站相关信息资料，思考问题。

引导问题 1： 纳税信用评价采取哪些方式？

 **小提示** 年度评价指标得分和直接判级方式。

引导问题 2： 年度评价指标得分采取什么方式评分？

 **小提示** 扣分方式。

引导问题 3： 纳税信用评价周期为多长时间？分为几个级别？得分和对应级别如何对应？

 **小提示** 一个纳税年度，分为五级（A、B、C、D、M）。

引导问题 4： 直接判级指的是什么？如何判断？

 **小提示** 直接判断为 D 级，有 10 种情况；判断为 M 级的，有两个条件。

工作实施

步骤 1： 分析宁波某食品有限公司纳税信用等级被直接判断为 D 级的原因。

步骤 2：总结纳税信用直接判级的情况。

_____

_____

步骤 3：分析纳税评价采取的方式除了直接判级方式外，还有其他哪些方式。

_____

步骤 4：总结年度评价指标得分评分的方式、对应的等级和得分情况。

_____

_____

步骤 5：从纳税信用角度，分析宁波某食品有限公司出口骗税遭惩戒贷款被拒事件带来的启示。

_____

评价反馈

纳税信用评价体系评价表如表 4-2 所示。

表 4-2 纳税信用评价体系评价表

班级：		姓名：		学号：		
任务 4.2	纳税信用评价体系					
评价项目	评价标准	分值/分	自评	互评	师评	总评
纳税信用评价周期和评价方式	能准确判断纳税信用评价周期和评价方式	20				
纳税信用级别设定和指标得分情况	能准确说出纳税信用级别设定和指标得分情况	30				
直接判级	能准确判断直接判级的情况	20				
工作态度	严谨认真、无缺勤、无迟到早退	10				
工作质量	按计划完成工作任务	10				
职业素质	为国聚财、遵纪守法、诚实守信	10				
	合计	100				

学习情境的相关知识点

知识点 1：纳税信用评价周期

视频：纳税信用评价体系

纳税信用评价周期为一个纳税年度，有下列情形之一的纳税人，不参加本年度的评价：

（1）纳入纳税信用管理时间不满一个评价年度的；
（2）本评价年度内无生产经营业务收入的；
（3）因涉嫌税收违法被立案查处尚未结案的；
（4）被审计、财政部门依法查出税收违法行为，税务机关正在依法处理，尚未办结的；
（5）已申请税务行政复议、提起行政诉讼尚未结案的；
（6）其他不应参加本期评价的情形。

知识点 2：纳税信用评价方式

纳税信用评价采取年度评价指标得分和直接判级方式。评价指标包括税务内部信息和外部信息。年度评价指标得分采取扣分方式。近三个评价年度内存在非经常性指标信息的，从 100 分起评；近三个评价年度内没有非经常性指标信息的，从 90 分起评。直接判级适用于有严重失信行为的纳税人。

知识点 3：纳税信用级别

纳税信用级别设 A、B、C、D、M 五级。A 级纳税信用为年度评价指标得分 90 分以上的；B 级纳税信用为年度评价指标得分 70 分以上不满 90 分的；C 级纳税信用为年度评价指标得分 40 分以上不满 70 分的；D 级纳税信用为年度评价指标得分不满 40 分或者直接判级确定。M 级纳税信用适用新设立企业、评价年度内无生产经营业务收入且年度评价指标得分 70 分以上的企业。

自 2019 年度开展评价时起，对于因评价指标得分评为 D 级的纳税人，次年评价时加扣 11 分；在 2020 年 11 月 30 日前调整其 2019 年度纳税信用级别，2019 年度以前的纳税信用级别不作追溯调整。

有下列情形之一的纳税人，本评价年度不能评为 A 级：实际生产经营期不满 3 年的；上一评价年度纳税信用评价结果为 D 级的；非正常原因一个评价年度内增值税连续 3 个月或者累计 6 个月零申报、负申报的；不能按照国家统一的会计制度规定设置账簿，并根据合法、有效凭证核算，向税务机关提供准确税务资料的。

知识点 4：直接判级的情况

1）有下列情形之一的纳税人，本评价年度直接判为 D 级

（1）存在逃避缴纳税款、逃避追缴欠税、骗取出口退税、虚开增值税专用发票等行为，经判决构成涉税犯罪的；
（2）存在前项所列行为，未构成犯罪，但偷税（逃避缴纳税款）金额在 10 万元以上且占各税种应纳税总额 10% 以上，或者存在逃避追缴欠税、骗取出口退税、虚开增值税专用发票等税收违法行为，已缴纳税款、滞纳金、罚款的；
（3）在规定期限内未按税务机关处理结论缴纳或者足额缴纳税款、滞纳金和罚款的；
（4）以暴力、威胁方法拒不缴纳税款或者拒绝、阻挠税务机关依法实施税务稽查执法行为的；
（5）存在违反增值税发票管理规定或者违反其他发票管理规定的行为，导致其他单位或者个人未缴、少缴或者骗取税款的；
（6）提供虚假申报材料享受税收优惠政策的；
（7）骗取国家出口退税款，被停止出口退（免）税资格未到期的；

（8）有非正常户记录或者由非正常户直接责任人员注册登记或者负责经营的；
（9）由D级纳税人的直接责任人员注册登记或者负责经营的；
（10）存在税务机关依法认定的其他严重失信情形的。

2）未发生前项所列失信行为的下列企业适用M级纳税信用

（1）新设立企业；
（2）评价年度内无生产经营业务且年度评价指标得分在70分以上的企业。

知识点5：不影响纳税信用评价的情形

纳税人有下列情形的，不影响其纳税信用评价：
（1）由于税务机关原因或者不可抗力，造成纳税人未能及时履行纳税义务的；
（2）非主观故意的计算公式运用错误以及明显的笔误造成未缴或者少缴税款的；
（3）国家税务总局认定的其他不影响纳税信用评价的情形。

任务4.3 纳税信用修复与分级分类管理

知识目标：
掌握纳税信用修复的条件。
掌握纳税信用分级分类管理。
能力目标：
能够进行纳税信用修复。
能够对不同信用等级的纳税人进行分级分类管理。
素质目标：
具有遵纪守法、自觉纳税的观念。
形成风险意识、法律意识、道德观念。

学习情境

"感谢税务部门贴心的服务，不仅为我们送来政策，还帮我们申请纳税信用修复，给我们纠错的机会。"近日，某拖拉机股份有限公司财务负责人蒋某在办理完纳税信用修复之后坦言，以后要认真学习税收政策，诚信纳税，守好自己的纳税信用。

位于河南省洛阳市的某拖拉机股份有限公司多年来始终保持良好的纳税信用。但不久前，该公司却被告知其纳税信用被评为C级。原来，该公司201×年开始与境外企业开展境外上市业务咨询、印刷、翻译等业务。该公司认为所接受的服务均由境外企业提供，且完全发生在境外并在境外消费，符合《营业税改征增值税试点实施办法》中"境外单位向境内单位销售完全在境外发生的服务不在征税范围内"的规定，并已向税务机关办理减免税登

智能化税务管理

记备案手续。但在后来的纳税辅导中，税务人员发现，境外企业为该公司提供的咨询、印刷、翻译服务一部分不属于完全发生在境外的服务，不符合减免税政策。尽管该公司202×年补缴了201×年1月1日至202×年12月31日的接受境外服务应代扣代缴的相关税款以及滞纳金，但产生了纳税信用年度评价指标扣分。

洛阳市税务局严格落实一系列纳税信用修复相关政策，核查认为，该公司补缴代扣代缴税款的原因主要是由于纳税人对税收政策理解不同造成的，不存在主观上故意偷逃税款，且在税务机关指出后能够主动积极补缴税款及滞纳金，符合纳税信用修复的条件。税务部门在与上级部门充分沟通协调后，全程跟踪办理，组织相关人员辅导企业填报纳税信用修复申请表，加快各环节流转速度，8个工作日完成了该企业纳税信用修复。

任务要求

（1）明确信用修复的概念。
（2）根据洛阳市某拖拉机股份有限公司的具体情况，分析该公司信用修复的条件。
（3）查阅政策文件，总结目前我国纳税信用修复的条件。
（4）查阅政策文件，总结目前我国纳税信用修复的范围及标准。
（5）分析税务机关对不同等级纳税人进行分级分类管理的措施。

 获取信息

观察学习情境，阅读任务要求，根据课程网站学习资源和国家税务总局网站相关信息资料，思考问题。

引导问题1：纳税信用补充评价、复评、修复分别是指什么？

_____

小提示 特殊情况未结案、有异议、符合一定条件。

引导问题2：纳税信用修复的条件有哪些？

_____

小提示 《国家税务总局关于纳税信用修复有关事项的公告》（国家税务总局公告2019年第37号）、《国家税务总局关于纳税信用修复有关事项的公告》（国家税务总局公告2021年第31号）。

引导问题3：纳税信用修复的范围和标准是什么？

_____

小提示 《国家税务总局关于纳税信用评价与修复有关事项的公告》（国家税务总局公告2021年第31号）、《纳税信用修复范围及标准》。

项目 ❹ | 纳税信用管理

引导问题 4：根据纳税信用评价结果，税务机关如何分类服务和管理？

⚡ **小提示** 不同级别采取不同管理方式。

工作实施

步骤 1：明确信用修复的概念。

步骤 2：根据洛阳市某拖拉机股份有限公司的具体情况，分析该公司信用修复的条件。

步骤 3：查阅政策文件，总结目前我国纳税信用修复的条件。

步骤 4：查阅政策文件，总结目前我国纳税信用修复的范围及标准。

步骤 5：分析税务机关对不同等级纳税人进行分级分类管理的措施。

评价反馈

纳税信用修复与分级分类管理评价表如表 4-3 所示。

表 4-3 纳税信用修复与分级分类管理评价表

班级：		姓名：		学号：	
任务 4.3		纳税信用修复与分级分类管理			
评价项目	评价标准	分值/分	自评	互评	师评	总评
纳税信用修复的条件	能准确识别纳税信用修复的条件	25				
纳税信用修复的范围及标准	能准确识别纳税信用修复的范围及标准	25				
纳税信用评价结果的应用	能根据不同纳税信用级别对纳税人进行分类管理	20				
工作态度	严谨认真、无缺勤、无迟到早退	10				
工作质量	按计划完成工作任务	10				

续表

评价项目	评价标准	分值/分	自评	互评	师评	总评
职业素质	遵纪守法、诚实守信，有道德观念	10				
合计		100				

学习情境的相关知识点

知识点1：纳税信用评价结果的确定和发布

纳税信用评价结果的确定和发布遵循谁评价、谁确定、谁发布的原则。

1）税务机关每年4月确定上一年度纳税信用评价结果，并为纳税人提供自我查询服务

纳税人对纳税信用评价结果有异议的，可以书面向作出评价的税务机关申请复评。作出评价的税务机关应按规定进行复核。

2）税务机关对纳税人的纳税信用级别实行动态调整

税务机关按月采集纳税信用评价信息时，发现纳税人出现扣分且将影响评价级别下降的情形的，可通过邮件、短信、微信等方式，通知、提醒纳税人，并视纳税信用评价状态变化趋势采取相应的服务和管理措施，促进纳税人诚信自律，提高税法遵从度。

3）税务机关对纳税信用评价结果，按分级分类原则，依法有序开放

主动公开A级纳税人名单及相关信息。根据社会信用体系建设需要，以及与相关部门信用信息共建共享合作备忘录、协议等规定，逐步开放B、M、C、D级纳税人名单及相关信息。定期或者不定期公布重大税收违法案件信息。具体办法由国家税务总局规定。

视频：纳税信用补评、复评和修复范围

知识点2：纳税信用补充评价和纳税信用复评

1）纳税信用补充评价

纳税人因涉嫌税收违法被立案查处尚未结案的；被审计、财政部门依法查出税收违法行为，税务机关正在依法处理，尚未办结的；已申请税务行政复议、提起行政诉讼尚未结案的；因各种原因未参加当年评价的，待上述情形解除或对当期未予评价有异议的，可填写纳税信用补评申请表，向主管税务机关申请补充评价。作出评价的税务机关应按规定开展纳税信用补评工作。自受理申请之日起15个工作日内完成补评工作，并向纳税人反馈纳税信用评价信息或提供评价结果的自我查询服务。

2）纳税信用复评

纳税人对纳税信用评价结果有异议的，可在纳税信用评价结果确定的当年内，填写纳税信用复评申请表，向主管税务机关申请复评。主管税务机关自受理申请之日起15个工作日内完成复评工作，并向纳税人反馈纳税信用复评信息或提供复评结果的自我查询服务。

知识点3：纳税信用修复的条件

根据《国家税务总局关于纳税信用修复有关事项的公告》（国家税务总局公告2019年第37号）、《国家税务总局关于纳税信用评价与修复有关事项的公告》（国家税务总局公告2021年第31号）规定，符合下列条件之一的纳税人，可在规定期限内向主管税务机关申请纳税信用修复：

（1）破产企业或其管理人在重整或和解程序中，已依法缴纳税款、滞纳金、罚款，并纠正相关纳税信用失信行为的。

（2）因确定为重大税收违法失信主体，纳税信用直接判为 D 级的纳税人，失信主体信息已按照国家税务总局相关规定不予公布或停止公布，申请前连续 12 个月没有新增纳税信用失信行为记录的。

（3）由纳税信用 D 级纳税人的直接责任人员注册登记或者负责经营，纳税信用关联评价为 D 级的纳税人，申请前连续 6 个月没有新增纳税信用失信行为记录的。

（4）因其他失信行为纳税信用直接判为 D 级的纳税人，已纠正纳税信用失信行为、履行税收法律责任，申请前连续 12 个月没有新增纳税信用失信行为记录的。

（5）因上一年度纳税信用直接判为 D 级，本年度纳税信用保留为 D 级的纳税人，已纠正纳税信用失信行为、履行税收法律责任，或失信主体信息已按照国家税务总局相关规定不予公布或停止公布，申请前连续 12 个月没有新增纳税信用失信行为记录的。

（6）纳税人发生未按法定期限办理纳税申报、税款缴纳、资料备案等事项且已补办的。

（7）未按税务机关处理结论缴纳或者足额缴纳税款、滞纳金和罚款，未构成犯罪，纳税信用级别被直接判为 D 级的纳税人，在税务机关处理结论明确的期限期满后 60 日内足额缴纳、补缴的。

（8）纳税人履行相应法律义务并由税务机关依法解除非正常户状态的。

纳税信用修复后纳税信用级别不再为 D 级的纳税人，其直接责任人注册登记或者负责经营的其他纳税人之前被关联为 D 级的，可向主管税务机关申请解除纳税信用 D 级关联。需向主管税务机关提出纳税信用修复申请的纳税人应填报纳税信用修复申请表，并对纠正失信行为的真实性作出承诺。

主管税务机关自受理纳税信用修复申请之日起 15 个工作日内完成审核，并向纳税人反馈信用修复结果。纳税信用修复完成后，纳税人按照修复后的纳税信用级别适用相应的税收政策和管理服务措施，之前已适用的税收政策和管理服务措施不作追溯调整。

知识点 4：纳税信用修复的范围及标准

符合纳税信用修复条件的纳税人，可填写纳税信用修复申请表，对当前的纳税信用评价结果向主管税务机关申请纳税信用修复。税务机关核实纳税人纳税信用状况，按照《纳税信用修复范围及标准》调整相应纳税信用评价指标状态，根据纳税信用评价相关规定，重新评价纳税人的纳税信用级别。纳税信用修复的范围及标准如表 4-4 和表 4-5 所示。

视频：纳税信用修复

表 4-4 纳税信用修复的范围及标准① 分

序号	指标名称	指标代码	扣分分值	修复加分分值		
				30 日内纠正	30 日后本年纠正	30 日后次年纠正
1	未按规定期限纳税申报※	010101	5	涉及税款 1 000 元以下的加 5 分，其他加 4 分	2	1

续表

序号	指标名称	指标代码	扣分分值	修复加分分值		
				30日内纠正	30日后本年纠正	30日后次年纠正
2	未按规定期限代扣代缴※	010102	5	涉及税款1 000元以下的加5分，其他的加4分	2	1
3	未按规定期限填报财务报表※	010103	3	2.4	1.2	0.6
4	从事进料加工业务的生产企业，未按规定期限办理进料加工登记、申报、核销手续的※	010304	3	2.4	1.2	0.6
5	未按规定时限报送财务会计制度或财务处理办法※	010501	3	2.4	1.2	0.6
6	使用计算机记账，未在使用前将会计电算化系统的会计核算软件、使用说明书及有关资料报送主管税务机关备案的※	010502	3	2.4	1.2	0.6
7	纳税人与其关联企业之间的业务往来应向税务机关提供有关价格、费用标准信息而未提供的※	010503	3	2.4	1.2	0.6
8	未按规定期限提供其他涉税资料的※	010504	3	2.4	1.2	0.6
9	未在规定时限内向主管税务机关报告开立（变更）账号的※	010505	5	4	2	1
10	未按规定期限缴纳已申报或批准延期申报的应纳税（费）款※	020101	5	涉及税款1 000元以下的加5分，其他的加4分	2	1
11	至评定期末，已办理纳税申报后纳税人未在税款缴纳期限内缴纳税款或经批准延期缴纳的税款期限已满，纳税人未在税款缴纳期限内缴纳的税款在5万元以上（含5万元）的※	020201	11	8.8	4.4	2.2
12	至评定期末，已办理纳税申报后纳税人未在税款缴纳期限内缴纳税款或经批准延期缴纳的税款期限已满，纳税人未在税款缴纳期限内缴纳的税款在5万元以下的※	020202	3	涉及税款1 000元以下的加3分，其他的加2.4分	1.2	0.6

续表

序号	指标名称	指标代码	扣分分值	修复加分分值		
				30日内纠正	30日后本年纠正	30日后次年纠正
13	已代扣代收税款，未按规定解缴的※	020301	11	涉及税款1 000元以下的加11分，其他的加8.8分	4.4	2.2
14	未履行扣缴义务，应扣未扣，应收不收税款※	020302	3	涉及税款1 000元以下的加3分，其他的加2.4分	1.2	0.6
15	银行账户设置数大于纳税人向税务机关提供数※	—	11	8.8	4.4	2.2

备注：

①30日内纠正，即在失信行为被税务机关列入失信记录后30日内（含30日）纠正失信行为；30日后本年纠正，即在失信行为被税务机关列入失信记录后超过30日且在当年年底前纠正失信行为；30日后次年纠正，即在失信行为被税务机关列入失信记录后超过30日且在次年年底前纠正失信行为。

②带※内容，是指符合修复条件的破产重整企业或其管理人申请纳税信用修复时，扣分指标修复标准视同30日内纠正，直接判为D级的指标修复标准不受申请前连续12个月没有新增纳税信用失信行为记录的条件限制。

表4-5 纳税信用修复范围及标准②

序号	指标名称	指标代码	扣分分值	修复标准
1	有非正常户记录的纳税人※	040103	直接判为D	履行相应法律义务并由税务机关依法解除非正常户状态，在被直接判为D级的次年年底前提出修复申请的，税务机关依据纳税人申请重新评价纳税信用级别，但不得评价为A级 履行相应法律义务并由税务机关依法解除非正常户状态，在被直接判为D级的次年年底之后提出修复申请且申请前连续12个月没有新增纳税信用失信行为记录的，税务机关依据纳税人申请重新评价纳税信用级别，但不得评价为A级
2	非正常户直接责任人员注册登记或负责经营的其他纳税户	040104	直接判为D	非正常户纳税人修复后纳税信用级别不为D级的，税务机关依据纳税人申请重新评价纳税信用级别
3	D级纳税人的直接责任人员注册登记或负责经营的其他纳税户	040105	直接判为D	D级纳税人修复后纳税信用级别不为D级的，税务机关依据纳税人申请重新评价纳税信用级别 D级纳税人未申请修复或修复后纳税信用级别仍为D级，被关联纳税人申请前连续6个月没有新增纳税信用失信行为记录的，税务机关依据纳税人申请重新评价纳税信用级别

续表

序号	指标名称	指标代码	扣分分值	修复标准
4	在规定期限内未补交或足额补缴税款、滞纳金和罚款※	050107	直接判为D	在税务机关处理结论明确的期限期满后60日内足额补缴（构成犯罪的除外），在被直接判为D级的次年年底之前提出修复申请的，税务机关依据纳税人申请重新评价纳税信用级别，但不得评价为A级
				在税务机关处理结论明确的期限期满后60日内足额补缴（构成犯罪的除外），在被直接判为D级的次年年底之后提出修复申请且申请前连续12个月没有新增纳税信用失信行为记录的，税务机关依据纳税人申请重新评价纳税信用级别，但不得评价为A级
				在税务机关处理结论明确的期限期满60日后足额补缴（构成犯罪的除外），申请前连续12个月没有新增纳税信用失信行为记录的，税务机关依据纳税人申请重新评价纳税信用级别，但不得评价为A级
5	确定为重大税收违法失信主体※	—	直接判为D	重大税收违法失信主体信息已不予公布或停止公布，申请前连续12个月没有新增纳税信用失信行为记录的，税务机关依据纳税人申请重新评价纳税信用级别，但不得评价为A级
6	其他严重失信行为※	010401 至 010413	直接判为D	已纠正纳税信用失信行为、履行税收法律责任，申请前连续12个月没有新增纳税信用失信行为记录的，税务机关依据纳税人申请重新评价纳税信用级别，但不得评价为A级
		030110 至 030115	直接判为D	
		060101 060102 060103 060201 060202	直接判为D	
7	因上一年度纳税信用直接判为D级，本年度纳税信用保留为D级※	—	直接判为D	已纠正纳税信用失信行为、履行税收法律责任或重大税收违法失信主体信息已不予公布或停止公布，申请前连续12个月没有新增纳税信用失信行为记录的，税务机关依据纳税人申请重新评价纳税信用级别，但不得评价为A级

备注：

①30日内纠正，即在失信行为被税务机关列入失信记录后30日内（含30日）纠正失信行为；30日后本年纠正，即在失信行为被税务机关列入失信记录后超过30日且在当年年底前纠正失信行为；30日后次年纠正，即在失信行为被税务机关列入失信记录后超过30日且在次年年底前纠正失信行为。

②带※内容，是指符合修复条件的破产重整企业或其管理人申请纳税信用修复时，扣分指标修复标准视同30日内纠正，直接判为D级的指标修复标准不受申请前连续12个月没有新增纳税信用失信行为记录的条件限制。

知识点5：纳税信用修复申请时间

纳税信用修复申请时间如表4-6所示。

表4-6 纳税信用修复申请时间

序号	修复事项	申请条件	可提出申请修复时间	其他条件
1	未按法定期限办理纳税申报、税款缴纳、资料备案等事项	已补办	失信行为被税务机关列入失信记录的次年年底前提出信用修复申请	—
2	未按税务机关处理结论缴纳或者足额缴纳税款、滞纳金和罚款	处理结论的期限期满后60日内足额补缴（构成犯罪的除外）	被直接判为D级的次年年底之前提出修复申请	—
		处理结论的期限期满后60日内足额补缴（构成犯罪的除外）	被直接判为D级的次年年底之后提出修复申请	申请前连续12个月没有新增纳税信用失信行为记录
		处理结论的期限期满60日后足额补缴（构成犯罪的除外）	被直接判为D级12个月以后提出修复申请	申请前连续12个月没有新增纳税信用失信行为记录
3	非正常户	履行相应法律义务并由税务机关依法解除非正常户状态	被直接判为D级的次年年底之前提出修复申请	—
		履行相应法律义务并由税务机关依法解除非正常户状态	被直接判为D级的次年年底之后提出修复申请	申请前连续12个月没有新增纳税信用失信行为记录
4	确定为重大税收违法失信主体，纳税信用直接判为D级	失信主体信息已按照国家税务总局相关规定不予公布或停止公布	被直接判为D级的12个月以后提出修复申请	申请前连续12个月没有新增纳税信用失信行为记录
5	由纳税信用D级纳税人的直接责任人员注册登记或者负责经营，纳税信用关联评价为D级	D级纳税人经修复后不再为D级	修复完成后提出修复申请	—
		D级纳税人未申请修复或修复后纳税信用级别仍然为D级	被关联为D级的6个月以后提出修复申请	连续6个月没有新增纳税信用失信行为记录
6	其他失信行为纳税信用直接判为D级	已纠正纳税信用失信行为、履行税收法律责任	直接判为D级的12个月以后提出修复申请	连续12个月没有新增纳税信用失信行为记录
7	因上一年度纳税信用直接判为D级，本年度纳税信用保留为D级	纠正纳税信用失信行为、履行税收法律责任或失信主体信息已按照国家税务总局相关规定不予公布或停止公布	直接判为D级的12个月以后提出修复申请	连续12个月没有新增纳税信用失信行为记录

智能化税务管理

知识点6：纳税信用评价结果的应用（分级分类管理）

不同纳税信用级别的纳税人实施分级分类服务与管理如表4-7所示。

视频：纳税信用分级分类管理

表4-7 不同纳税信用级别的纳税人实施分级分类服务与管理

序号	纳税信用级别	分类服务与管理
1	A级纳税人	（1）主动向社会公告年度A级纳税人名单。 （2）一般纳税人可单次领取3个月的增值税发票用量，需要调整增值税发票用量时即时办理。 （3）普通发票按需领用。 （4）连续3年被评为A级信用级别（简称3连A）的纳税人，除享受以上条件外，还可以由税务机关提供绿色通道或专门人员帮助办理涉税事项。 （5）税务机关与相关部门实施的联合激励措施，以及结合当地实际情况采取的其他激励措施
2	B级纳税人	（1）对纳税信用评价为B级的纳税人，税务机关实施正常管理，适时进行税收政策和管理规定的辅导，并视信用评价状态变化趋势选择性地提供A级纳税人的激励措施。 （2）可一次领取不超过2个月的增值税发票用量
3	C级纳税人	对纳税信用评价为C级的纳税人，税务机关应依法从严管理。并视信用评价状态变化趋势选择性地采取B级纳税人的管理措施
4	D级纳税人	（1）公开D级纳税人及其直接责任人员名单，对直接责任人员注册登记或者负责经营的其他纳税人纳税信用直接判为D级。 （2）增值税专用发票领用按辅导期一般纳税人政策办理，普通发票的领用实行交（验）旧供新、严格限量供应。 （3）加强出口退税审核。 （4）加强纳税评估，严格审核其报送的各种资料。 （5）列入重点监控对象，提高监督检查频次，发现税收违法违规行为的，不得适用规定处罚幅度内的最低标准。 （6）将纳税信用评价结果通报相关部门，建议在经营、投融资、取得政府供应土地、进出口、出入境、注册新公司、工程招投标、政府采购、获得荣誉、安全许可、生产许可、从业任职资格、资质审核等方面予以限制或禁止。 （7）因直接判级评为D级的纳税人，D级评价保留2年，第3年纳税信用不得评价为A级；对于因评价指标得分评为D级的纳税人，次年评价时加扣11分。 （8）税务机关与相关部门实施的联合惩戒措施，以及结合实际情况依法采取的其他严格管理措施
5	M级纳税人	税务机关适时进行税收政策和管理规定的辅导

任务4.4 纳税信用激励和惩戒措施

知识目标：
掌握纳税信用A级纳税人联合激励措施。

项目 4 纳税信用管理

掌握重大税收违法失信主体信息公布制度。
掌握重大税收违法失信主体当事人联合惩戒措施。
能力目标：
能够分辨纳税信用 A 级纳税人的联合激励措施。
能够正确判断重大税收违法失信主体。
能够分辨重大税收违法失信主体当事人联合惩戒措施。
素质目标：
具有遵纪守法意识。
具有诚实守信、依法纳税的意识。
具有社会主义核心价值观。

学习情境

学习情境 1 银税互动见真章

近年来，浙江省税务部门不仅在简政放权、减税降费、科学监管、优化服务上着力突破，而且聚焦民营企业最关心关切的融资难、融资贵问题，精准发力。为撬动浙江民营经济实现新飞跃，打通金融活水流向民营企业的"最后一公里"，浙江税务联手金融机构探索实践"银税互动"新机制。"银税互动"即由税务机关向银行推荐纳税信用优良的中小微企业，通过"以信融资"的方式，帮助中小微企业解决融资难题，助推企业持续发展。

台州某泵业有限公司的负责人马某看着网上银行新到账的 100 万元，说道："在家点点鼠标，只花了 5 分钟，这信用贷款就到账了，做 A 级纳税人的感觉真是越来越好了！"

让马某点赞的正是"银税互动"的新成效——"云税贷"。温岭的民营经济可谓浙江民营经济的缩影，民营经济的一举一动，兴衰起伏，都会牵一发而动全身。为更好地提高金融服务实体经济的效率，国家税务总局温岭市税务局积极总结多年来的"银税互动"经验，进一步拓宽小微企业将"纳税信用"转化为"融资资本"的道路，构建纳税服务与金融服务的"云端""快车道"。

浙江税务已与中国建设银行浙江省分行等 32 家省级金融机构签订"银税互动"服务合作协议，向纳税信用等级 A 或 B 的守信企业提供免担保、免抵押、便捷优惠的信用贷款，为民营经济成长增添动力。

学习情境 2 "黑名单"令违法者"悬崖勒马"

"不在规定的时限内接受处罚，缴纳税款、滞纳金和罚款，企业将被列入税收违法'黑名单'，接受多部门的联合惩戒。以后，不仅贷不了款，还会限制乘坐高铁、飞机，限制高消费和出境，连出国旅游都不行。你自己掂量掂量，划不划得来？"近日，在安徽省，国家税务总局某市税务局稽查局办案人员在查处一起隐瞒销售收入逃避缴纳税款案件时约谈了被执行人老陆，向他宣讲上了税收违法"黑名单"的严重后果。

"想不到逾期不缴纳税款会上'黑名单'，而且后果这么严重。做生意最重要的是信誉，

智能化税务管理

为了逃避欠缴税款,企业信用被影响,实在不划算。"本来想着以公司经营困难为借口缓缴税款的老陆在税务人员的提醒后,思前想后,觉得承受不起被列入"黑名单"并被联合惩戒的后果,多方筹款,在规定的期限内将欠缴的 700 余万元税款、滞纳金和罚款缴纳入库。

之所以会出现上面的情况,还要从对老陆公司的检查说起。税务局稽查局的执法人员在对老陆公司进行检查时,发现该公司涉及多起关于买卖合同纠纷的民事诉讼案件,而这些交易信息在企业提供的财务资料中均未体现。检查人员敏锐地意识到,其中藏有猫腻。按照这条线索,检查人员顺藤摸瓜,通过外调收集相关资料,形成完整的证据链,查实了老陆的涉税违法事实。在铁的证据面前,老陆承认他的公司在近 5 年期间采取隐瞒销售收入的方式逃避缴纳税款,涉案金额高达 2 100 余万元。

20××年 10 月,某市税务局稽查局依法对老陆的企业下达了"税务处理决定书"和"税务处罚决定书",作出补缴税款、滞纳金、罚款合计 700 余万元的决定。

接到处罚决定后,心存侥幸心理的老陆本想以公司经营困难为借口继续与执法人员"拖延",试图逃避缴纳税款,但在税务人员宣讲被列入税收违法"黑名单"的严重后果后,老陆幡然醒悟,悬崖勒马,通过各种方式筹集资金补缴 700 余万元税款、滞纳金和罚款,企业免于因税收违法被曝光及联合惩戒。老陆表示,经过这次惨痛的教训,以后不会再犯糊涂,只有诚实经营,依法纳税,方可持续经营,基业长青。

任务要求

(1) 判断学习情境 1 中台州某泵业有限公司作为 A 级纳税人享受的联合激励措施。
(2) 查阅政策文件,总结纳税信用 A 级纳税人联合激励措施的种类和内容。
(3) 判断学习情境 2 中被执行人老陆被列入"黑名单"后将受到的联合惩戒措施。
(4) 查阅政策文件,总结重大税收违法失信主体当事人联合惩戒措施包含的内容。

获取信息

观察学习情境,阅读任务要求,根据课程网站学习资源和国家税务总局网站相关信息资料,思考问题。

引导问题 1:纳税信用 A 级纳税人联合激励措施有哪些?

小提示 见《关于对纳税信用 A 级纳税人实施联合激励措施的合作备忘录》(发改财金〔2016〕1467 号)。

引导问题 2:重大税收违法失信主体指的是什么?

小提示 见《重大税收违法失信主体信息公布管理办法》(国家税务总局令第 54 号)。

引导问题 3:对重大税收违法失信主体当事人联合惩戒的实施方式有哪些?

项目 ❹ | 纳税信用管理

> 💡 **小提示** 通过全国信用信息共享平台、地方信用信息共享平台、税务机关门户网站、"信用中国"网站、国家企业信用信息公示系统进行公示。

📅 工作实施

步骤1： 判断学习情境1中台州某泵业有限公司作为A级纳税人享受的联合激励措施。

_____

步骤2： 查阅政策文件，总结纳税信用A级纳税人联合激励措施的种类和内容。

_____

步骤3： 判断学习情境2中被执行人老陆被列入"黑名单"后将受到的联合惩戒措施。

_____

步骤4： 查阅政策文件，总结重大税收违法失信主体当事人联合惩戒措施包含的内容。

_____

✨ 评价反馈

纳税信用激励和惩戒措施评价表如表4-8所示。

表4-8 纳税信用激励和惩戒措施评价表

班级：		姓名：		学号：		
任务4.4		纳税信用激励和惩戒措施				
评价项目	评价标准	分值/分	自评	互评	师评	总评
纳税信用A级纳税人联合激励措施	能够准确辨认纳税信用A级纳税人联合激励措施	20				
重大税收违法失信主体	能够正确判断重大税收违法失信主体	20				
重大税收违法失信主体当事人联合惩戒措施	能够分辨重大税收违法失信主体当事人联合惩戒措施	30				
工作态度	严谨认真、无缺勤、无迟到早退	10				
工作质量	按计划完成工作任务	10				
职业素质	遵纪守法、诚实守信、依法纳税	10				
合计		100				

智能化税务管理

 学习情境的相关知识点

视频：纳税信用 A 级纳税人联合激励措施

知识点 1：纳税信用 A 级纳税人联合激励措施

国家发展改革委和国家税务总局牵头，人民银行、中央文明办等 29 个部门和单位联合签署的《关于对纳税信用 A 级纳税人实施联合激励措施的合作备忘录》（发改财金〔2016〕1467 号），就纳税信用 A 级纳税人实施联合激励措施达成一致意见，共 18 类 41 项内容。

1）项目审批服务和管理

（1）建立行政审批绿色通道，根据实际情况实施"容错受理"等便利服务，部分申报材料（法律法规要求提供的材料除外）不齐备的，如行政相对人书面承诺在规定期限内提供，可先行受理，加快办理进度。

（2）企业债发行过程中，鼓励发行人披露纳税信用级别信息，增强发行人的市场认可度，降低企业融资成本。

（3）在粮食、棉花等进出口配额分配中，可以将申请人信用状况与获得配额难易程度或配额数量挂钩，对于 A 级纳税人给予一定激励措施。

（4）在电力直接交易和落实优先发电权、优先购电权中，对于交易主体为 A 级纳税人的，同等条件下优先考虑。

（5）在企业境外发债备案管理中，同等条件下加快办理进度，适时选择 A 级纳税人开展年度发债额度一次核定、分期分批发行试点。

（6）在政府投资项目招标中，招标人确需投标人提交纳税证明的，可以简化纳税证明等相关手续。

（7）在战略性新兴产业融资担保风险补偿金试点工作中，对于纳入风险补偿支持范围的企业，同等条件下予以优先考虑。

（8）重大项目稽查中，对于中央预算内投资项目专项稽查过程，可适当减少抽查比例。

（9）在价格执法检查中，适当减少抽查频次。

2）税收服务和管理

（1）主动向社会公告年度 A 级纳税人名单。

（2）一般纳税人可单次领取 3 个月的增值税发票用量，需要调整增值税发票用量时即时办理。

（3）普通发票按需领用。

（4）连续 3 年被评为 A 级信用级别（简称"3 连 A"）的纳税人，由税务机关提供绿色通道或专门人员帮助办理涉税事项。

（5）纳税信用 A 级出口企业可评为出口企业管理一类企业。评为出口管理一类企业的 A 级纳税人，享受以下便利措施：

①国税机关受理出口退（免）税正式申报后，经核对申报信息齐全无误的，即可办理出口退（免）税。

②可优先安排该类企业办理出口退税。

③国税机关可向该类企业提供绿色办税通道（特约服务区），并建立重点联系制度，指

定专人负责并定期联系企业。

（6）增值税一般纳税人取消增值税发票认证。

3）财政资金使用

在实施财政性资金项目安排时，将企业纳税信用状况作为参考条件，同等条件下优先考虑 A 级纳税人。

4）产业领域

申请增值电信业务给予便利和优惠。

5）社会保障领域

办理社保等业务时给予提前预约、优先办理、简化流程等必要便利。

6）土地使用和管理

在政府招标供应土地时，同等条件下优先考虑。

7）环境保护领域

办理环境影响评价文件审批等环境保护许可事项时，同等条件下优先支持。

8）商务服务和管理

办理商务领域相关行政审批事项时，给予优先处理的便利政策，缩减办证的时间。

知识拓展：纳税信用 A 级纳税人联合激励措施第 9～18 条

知识点 2：重大税收违法失信主体

为了贯彻落实中共中央办公厅、国务院办公厅印发的《关于进一步深化税收征管改革的意见》，维护正常税收征收管理秩序，惩戒重大税收违法失信行为，保障税务行政相对人合法权益，促进依法诚信纳税，推进社会信用体系建设，根据《税收征管法》《优化营商环境条例》等相关法律法规，国家税务总局制定了《重大税收违法失信主体信息公布管理办法》（国家税务总局令第 54 号），自 2022 年 2 月 1 日起施行。税务机关应当依照该办法的规定，确定重大税收违法失信主体，向社会公布失信信息，并将信息通报相关部门实施监管和联合惩戒。

1）重大税收违法失信主体

重大税收违法失信主体（以下简称失信主体）是指有下列情形之一的纳税人、扣缴义务人或者其他涉税当事人（以下简称当事人）。

（1）伪造、变造、隐匿、擅自销毁账簿、记账凭证，或者在账簿上多列支出或者不列、少列收入，或者经税务机关通知申报而拒不申报或者进行虚假的纳税申报，不缴或者少缴应纳税款 100 万元以上，且任一年度不缴或者少缴应纳税款占当年各税种应纳税总额 10% 以上的，或者采取前述手段，不缴或者少缴已扣、已收税款，数额在 100 万元以上的；

（2）欠缴应纳税款，采取转移或者隐匿财产的手段，妨碍税务机关追缴欠缴的税款，欠缴税款金额在 100 万元以上的；

（3）骗取国家出口退税款的；

（4）以暴力、威胁方法拒不缴纳税款的；

（5）虚开增值税专用发票或者虚开用于骗取出口退税、抵扣税款的其他发票的；

（6）虚开增值税普通发票 100 份以上或者金额 400 万元以上的；

（7）私自印制、伪造、变造发票，非法制造发票防伪专用品，伪造发票监制章的；

（8）具有偷税、逃避追缴欠税、骗取出口退税、抗税、虚开发票等行为，在稽查案件

执行完毕前,不履行税收义务并脱离税务机关监管,经税务机关检查确认走逃(失联)的;

(9)为纳税人、扣缴义务人非法提供银行账户、发票、证明或者其他方便,导致未缴、少缴税款100万元以上或者骗取国家出口退税款的;

(10)税务代理人违反税收法律、行政法规造成纳税人未缴或者少缴税款100万元以上的;

(11)其他性质恶劣、情节严重、社会危害性较大的税收违法行为。

税务机关对当事人依法作出"税务行政处罚决定书",当事人在法定期限内未申请行政复议、未提起行政诉讼,或者申请行政复议,行政复议机关作出行政复议决定后,在法定期限内未提起行政诉讼,或者人民法院对税务行政处罚决定或行政复议决定作出生效判决、裁定后,有前述规定失信情形之一的,税务机关确定其为失信主体。

对移送公安机关的当事人,税务机关在移送时已依法作出"税务处理决定书",未作出"税务行政处罚决定书"的,当事人在法定期限内未申请行政复议、未提起行政诉讼,或者申请行政复议,行政复议机关作出行政复议决定后,在法定期限内未提起行政诉讼,或者人民法院对税务处理决定或行政复议决定作出生效判决、裁定后,有前述规定失信情形之一的,税务机关确定其为失信主体。

2)告知文书

税务机关应当在作出确定失信主体决定前向当事人送达告知文书,告知其依法享有陈述、申辩的权利。对纳入纳税信用评价范围的当事人,还应当告知其拟适用D级纳税人管理措施。

当事人在税务机关告知后5日内,可以书面或者口头提出陈述、申辩意见。当事人口头提出陈述、申辩意见的,税务机关应当制作陈述申辩笔录,并由当事人签章。税务机关应当充分听取当事人陈述、申辩意见,对当事人提出的事实、理由和证据进行复核。当事人提出的事实、理由或者证据成立的,应当采纳。

3)确定文书

经设区的市、自治州以上税务局局长或者其授权的税务局领导批准,税务机关在申请行政复议或提起行政诉讼期限届满,或者行政复议决定、人民法院判决或裁定生效后,于30日内制作失信主体确定文书,并依法送达当事人。

对纳入纳税信用评价范围的当事人,还应当包括适用D级纳税人管理措施提示。前述时限不包括因其他方式无法送达,公告送达告知文书和确定文书的时间。

知识点3:失信主体信息公布

税务机关应当在失信主体确定文书送达后的次月15日内,向社会公布下列信息:

(1)失信主体基本情况;
(2)失信主体的主要税收违法事实;
(3)税务处理、税务行政处罚决定及法律依据;
(4)确定失信主体的税务机关;
(5)法律、行政法规规定应当公布的其他信息。

对依法确定为国家秘密的信息,法律、行政法规禁止公开的信息,以及公开后可能危及国家安全、公共安全、经济安全、社会稳定的信息,税务机关不予公开。

税务机关应当通过国家税务总局各省、自治区、直辖市、计划单列市税务局网站向社会公布失信主体信息，根据本地区实际情况，也可以通过税务机关公告栏、报纸、广播、电视、网络媒体等途径以及新闻发布会等形式向社会公布。国家税务总局归集各地税务机关确定的失信主体信息，并提供至"信用中国"网站进行公开。

属于失信主体判定标准（1）和（2）的失信主体，在失信信息公布前按照"税务处理决定书""税务行政处罚决定书"缴清税款、滞纳金和罚款的，经税务机关确认，不向社会公布其相关信息。属于失信主体判定标准（8），具有偷税、逃避追缴欠税行为的失信主体，同样按照前述规定处理。

税务机关对按《重大税收违法失信主体信息公布管理办法》（国家税务总局令第54号）规定确定的失信主体，纳入纳税信用评价范围的，按照纳税信用管理规定，将其纳税信用级别判为D级，适用相应的D级纳税人管理措施。失信主体信息自公布之日起满3年的，税务机关在5日内停止信息公布。

知识点4：联合惩戒对象

联合惩戒的对象为税务机关根据《重大税收违法失信主体信息公布管理办法》（国家税务总局令第54号）等有关规定公布的符合重大税收违法失信主体认定条件的涉税当事人。当事人为自然人的，惩戒的对象为当事人本人；当事人为企业的，惩戒的对象为企业及其法定代表人、负有直接责任的财务负责人；当事人为其他经济组织的，惩戒的对象为其他经济组织及其负责人、负有直接责任的财务负责人；当事人为负有直接责任的中介机构及从业人员的，惩戒的对象为中介机构及其法定代表人或负责人，以及相关从业人员。

知识点5：联合惩戒措施

1）强化税务管理，通报有关部门

纳税信用级别直接判为D级，适用《纳税信用管理办法（试行）》关于D级纳税人的管理措施。

视频：重大税收违法失信主体当事人联合惩戒

2）阻止出境

对欠缴查补税款的当事人，在出境前未按照规定结清应纳税款、滞纳金或者提供纳税担保的，税务机关可以通知出入境管理机关阻止其出境。

对欠缴税款、滞纳金又未提供担保的重大税收违法失信主体当事人，由县级以上（含县级）税务机关申请，报省、自治区、直辖市税务机关审核批准，由审批机关填写边控对象通知书，函请本省、自治区、直辖市指定的边检机关办理边控手续。

3）限制担任相关职务

因税收违法行为触犯刑事法律，被判处刑罚，执行期满未逾5年的当事人，由市场监督管理等部门限制其担任企业的法定代表人、董事、监事及经理。

4）金融机构融资授信参考

对公布的重大税收违法失信主体信息，鼓励征信机构依法采集并向金融机构提供查询，引导商业银行、证券期货经营机构、保险公司等金融机构按照风险定价原则，将重大税收违法信息作为对当事人提供金融服务的重要参考。

5）禁止部分高消费行为

对有履行能力但拒不履行的严重失信主体实施限制购买不动产、乘坐飞机、乘坐列车软卧、G字头动车组全部座位和其他动车组一等以上座位、旅游度假、入住星级以上宾馆及其他高消费行为等措施。

6）向社会公示

通过"信用中国"网站和国家企业信用信息公示系统向社会公示重大税收违法失信主体信息。

7）限制取得政府供应土地

由国土资源管理部门根据税务机关公布的重大税收违法失信主体信息，对当事人在确定土地出让、划拨对象时予以参考，进行必要限制。

8）强化检验检疫监督管理

对公布的重大税收违法失信主体当事人，直接列为出入境检验检疫信用D级，实行限制性管理措施。

9）依法禁止参加政府采购活动

对公布的重大税收违法失信主体当事人，在一定期限内禁止参加政府采购活动。

10）禁止适用海关认证企业管理

对公布的重大税收违法失信主体当事人，不予适用海关认证企业管理。

知识点6：联合惩戒的实施方式

知识拓展：联合惩戒措施第11~28条

税务机关通过全国信用信息共享平台、地方信用信息共享平台等信息技术手段定期向签署联合惩戒合作备忘录的部门和单位提供重大税收违法失信主体及当事人信息。同时，相关名单信息在税务机关门户网站、"信用中国"网站和国家企业信用信息公示系统进行公示，供社会查阅。相关部门和其他惩戒措施单位收到相关名单后，对其实施惩戒，并及时或定期将联合惩戒措施的实施情况通过全国信用信息共享平台联合惩戒子系统反馈至国家发展改革委和税务总局。

知识点7：联合惩戒的动态管理

重大税收违法失信主体信息自公布之日起满2年的，从税务机关公布栏中撤出，相关失信记录在后台予以保存。当事人缴清税款、滞纳金和罚款的，税务机关应及时通知有关部门。有关部门依据各自法定职责，按照法律法规和有关规定实施惩戒或者解除惩戒。

项目4 同步训练与测试

一、单选题

1.（　　）纳税信用为年度评价指标得分70分以上不满90分。
  A. A级　　　　B. B级　　　　C. C级　　　　D. D级

2.（　　）纳税信用为年度评价指标得分40分以上不满70分。
  A. A级　　　　B. B级　　　　C. C级　　　　D. D级

3. 纳税人对纳税信用评价结果有异议的，可在纳税信用评价结果确定的当年内，填写"纳税信用复评申请表"，向主管税务机关申请复评。主管税务机关自受理申请之日起（　　）个工作日内完成复评工作，并向纳税人反馈纳税信用复评信息或提供复评结果的自我查询服务。
  A. 10　　　　B. 15　　　　C. 20　　　　D. 25

4."将纳税信用评价结果通报相关部门，建议在经营、投融资、取得政府供应土地、进出口、出入境、注册新公司、工程招投标、政府采购、获得荣誉、安全许可、生产许可、从业任职资格、资质审核等方面予以限制或禁止。"这项措施适用于（　　）纳税人。

A. A级　　　　B. B级　　　　C. C级　　　　D. D级

5."税务机关实施正常管理，适时进行税收政策和管理规定的辅导，并视信用评价状态变化趋势选择性地提供A级纳税人的激励措施。"这项措施适用于（　　）纳税人。

A. A级　　　　B. B级　　　　C. C级　　　　D. D级

二、多选题

1. 税务机关予以纳税信用评价为A级的纳税人的激励措施有（　　）。

A. 主动向社会公告年度A级纳税人名单
B. 一般纳税人可单次领取1个月的增值税专用发票用量
C. 普通发票按需领用
D. 税务机关与相关部门实施的联合激励措施

2. 下列属于重大税收违法失信主体的有（　　）。

A. 纳税人通过少列收入少缴应纳税款，查补税款金额120万元，占当年各税种应纳税总额5%
B. 纳税人欠缴税款金额150万元
C. 骗取国家出口退税款
D. 虚开增值税普通发票100份以上或者金额500万元以上

3. 纳税信用信息包括（　　）。

A. 纳税人信用历史信息　　　　B. 税务内部信息
C. 外部信息　　　　　　　　　D. 税务机关信息

4. 纳税信用评价采取的方式有（　　）。

A. 年度评价指标得分　　　　　B. 直接判级
C. 税务机关赋分　　　　　　　D. 各部门综合评价

5. 纳税人有下列情形的，不影响其纳税信用评价（　　）。

A. 由于税务机关原因或者不可抗力，造成纳税人未能及时履行纳税义务的
B. 非主观故意的计算公式运用错误以及明显的笔误造成未缴或者少缴税款的
C. 国家税务总局认定的其他不影响纳税信用评价的情形
D. 存在逃避追缴欠税、骗取出口退税、虚开增值税专用发票等税收违法行为，已缴纳税款、滞纳金、罚款的

三、简答题

1. 纳税信用评价体系包括哪些内容？
2. 纳税信用级别的判定标准有哪些？
3. 对纳税信用A级纳税人的激励措施有哪些？
4. 重大税收违法失信主体是指有哪些情形的当事人？
5. 对重大税收违法失信主体当事人的联合惩戒措施有哪些？

四、案例分析

1. M公司是某县城区内最大楼盘"明月公馆"的开发商，M公司经营有序，在以往年度均按时申报各项税费种。2021年度纳税信用等级初评结果发布，M公司在2021年度纳税

信用等级初评结果中被评为 D 级。通过查看 M 公司评价扣分指标，M 公司负责人发现，由于 M 公司受疫情影响有四笔税款未及时缴纳，触碰了系统扣分指标，被评为 D 级纳税人。

请问 M 公司可以申请纳税信用修复吗？

2. 某企业存在伪造记账凭证、多列支出和少列收入，造成少缴应纳税款 190 万元，且占当年各税种应纳税总额的 16%，并被税务机关给予行政处罚，请问该企业是否可以参加市政服务采购项目招投标活动？

项目 5

税收风险管理

任务 5.1　认识税收风险管理

学习目标

知识目标：
掌握税收风险的概念、成因。
掌握税收风险管理的概念、发展历程。
掌握税收风险管理的特点及包含的内容。
掌握税收风险管理的流程。

技能目标：
能够作出税收风险管理流程图。

素质目标：
形成税收风险观念。
具有居安思危意识。
具有自觉纳税意识和税收风险预警防控意识。

学习情境 1　江西玉山——"智能化"预警建筑劳务行业风险

接收风险预警、查看风险提示、推送风险提醒消息……玉山县税务局冰溪税务分局是当地建筑劳务行业的主管分局，税务人员周敏峰正熟练通过建筑劳务行业预警应用场景处理涉税风险事项。

建筑劳务行业涉税预警应用场景，是江西省税务局根据建筑劳务行业的经营特点和风险特征设计开发的，具备风险预警、一户式查询、微信推送等功能，可实现对建筑行业（劳

智能化税务管理

务派遣）专业化管理、精细化服务。

"建筑劳务行业涉税预警应用场景提高了工作效率，也强化了日常监管。"周敏峰表示，该应用场景实现了"带着风险预警指标到企业"的精准监管，能够降低企业涉税风险和税务管理成本。

玉山县玉润建筑工程有限公司财务负责人周建英表示，作为一个新成立不久的公司，日常的财务管理可能会不太规范，有时候公司自己也很难发现问题。"税务部门及时通过'赣税行'推送涉税风险预警提示文书给我们，我们就能更便捷地处理风险疑点，对我们非常有用。"她说。

"建筑劳务行业涉税预警应用场景，是推进以数治税进程的有益探索。"江西省税务局党委委员、总会计师傅晓东表示，江西税务部门在前期应用工作的基础上，从扩展使用数据接口、优化监控指标、提升服务效能和拓展生产业务功能等方面，进一步推动两库应用生态场景建设，不断加快以数治税的步伐。

（来源：国家税务总局江西省税务局官网 https：//jiangxi. chinatax. gov. cn/）

学习情境2 山东嘉祥——严把"三关" 持续加强棉纺织行业税收风险管理

2023年以来，嘉祥县税务局金屯税务分局始终坚持问题导向，树牢风险意识，持续加强棉纺织行业税收风险管理，取得了良好的效果。

一是把好税务"登记关"。对于新设登记纳税人，金屯税务分局第一时间到现场查实，查看企业生产经营场所是否真实、人员信息是否准确无误等。对于迁入登记的纳税人，及时核实人员信息是否准确，查看企业是否具备基本生产要素。对于清算注销纳税人，通过案头分析和实地核查，对其未分配利润、存货、资产处置等进行核实，严把涉税登记最后关口。

二是把好发票"核查关"。对首次在税智通系统申领专用发票的纳税人，金屯税务分局第一时间安排专人对其发票申领情况进行复核，对不符合条件存在涉税风险的，及时采取限票措施。对正常生产经营申领专用发票的，金屯税务分局工作人员会及时到现场查看其是否有生产设备、变压器等生产要求，是否具备从原材料到产成品完整的生产链条。在核定专用发票数量时，参考其生产设备最大生产量、电量使用量等主要参数，对专用发票数量进行严格控制。对于临时增票的，要求企业提供购销合同、资金流向等相关资料，严把资料关。

三是把好日常"巡查关"。对于已核定专用发票的企业，金屯税务分局每月1～2次不定期进行日常巡查，查看其是否进行正常生产经营。巡查过程中，会通过执法记录仪或者水印相机录像、照相，并将资料永久留存，以备后查。对于巡查中发现存在涉税风险的企业，会及时与法人、财务负责人、办税人员等进行约谈，及时化解涉税风险。金屯税务分局坚持案头分析与日常巡查相结合，对案头分析存在疑点的，会及时约谈企业并进行专项巡查，及时扑灭风险苗头。

（来源：国家税务总局山东省税务局官网 https：//shandong. chinatax. gov. cn）

任务要求

（1）查阅资料，总结税收风险的概念、成因。

（2）查阅资料，总结税收风险管理的概念、发展历程。

（3）分析学习情境1中玉山县税务局对建筑劳务行业税收风险管理采取的措施。

（4）分析学习情境2中嘉祥县税务局在棉纺织行业税收风险管理中采取的措施。

（5）查阅政策文件和相关资料，总结税收风险管理的特点、包含的内容。

（6）根据税收风险基本流程作出税收风险管理流程图。

获取信息

观察学习情境，阅读任务要求，根据课程网站学习资料和国家税务总局网站相关信息，思考问题。

引导问题1：广义的税收风险和狭义的税收风险分别是什么？

___

小提示 宏观和微观角度。

引导问题2：我国税收风险管理经历了几个阶段？

___

小提示 注意关注2002年、2014年、2016年、2017年、2018年、2019年、2020年、2021年、2023年相关政策文件。

引导问题3：税收风险管理的特点是什么？

___

小提示 闭环、全覆盖、递进。

引导问题4：税收风险管理的基本内容是什么？最主要的是什么？

___

小提示 风险识别、风险分析及任务统筹、风险应对和风险监控。

引导问题5：税收风险管理的基本流程是什么？

___

小提示 从6个阶段分析。

工作实施

步骤1：查阅资料，总结税收风险的概念、成因。

___

步骤2：查阅资料，总结税收风险管理的概念、发展历程。

___

智能化税务管理

步骤3：分析学习情境1中玉山县税务局对建筑劳务行业税收风险管理采取的措施。

_____

步骤4：分析学习情境2中嘉祥县税务局在棉纺织行业税收风险管理中采取的措施。

_____

_____

步骤5：查阅政策文件和相关资料，总结税收风险管理的特点、包含的内容。

_____

_____

步骤6：根据税收风险基本流程作出税收风险管理流程图。

评价反馈

认识税收风险管理评价表如表5-1所示。

表5-1 认识税收风险管理评价表

班级：		姓名：		学号：		
任务5.1		认识税收风险管理				
评价项目	评价标准	分值/分	自评	互评	师评	总评
税收风险管理的概念、发展历程	掌握税收风险管理的概念、发展历程	25				
税收风险管理的特点	正确描述税收风险管理的特点	10				
税收风险管理包含的内容	正确阐述税收风险管理包含的内容	25				
税收风险管理流程图	能作出税收风险管理流程图，且图片清晰，逻辑正确	10				
工作态度	严谨认真、无缺勤、无迟到早退	10				
工作质量	按计划完成工作任务	10				
职业素质	具有税收风险观念、居安思危意识和遵纪守法观念	10				
	合计	100				

项目 **5** | 税收风险管理

 学习情境的相关知识点

视频：税收风险和
税收风险管理基本认知

知识点1：税收风险的概念

税收风险属于社会公共风险的范畴，有广义与狭义之分。广义的税收风险，是指国家在税收征管过程中，由于社会经济环境、税收制度、税务管理及纳税人不遵从等各种不确定因素的影响，导致税收流失的可能性与不确定性。狭义的税收风险，即税收遵从风险，是指在税务管理中，对实现税法遵从目标产生负面影响的可能性，其表现为税收流失的不确定性或税收应收预期与实际征收结果的偏离。通常所说的税收风险，指的是税收遵从风险，即狭义的税收风险。

知识点2：税收风险的成因

税收风险是制度、环境、文化等多种因素共同作用的产物，一方面来自纳税主体的纳税过程中；另一方面发生于代表国家行使征税权的征税主体征税过程中。结合现有税收理论与实践，可以将税收风险的成因概括为税收制度、征管环境、信息不对称、税收文化四个因素。

知识点3：税收风险管理的概念

1）税收风险管理

知识拓展：税收
风险管理的特点

税收风险管理，是研究税收风险发生规律，对税收风险进行有效防范和控制的一门现代税收管理科学；是以纳税人对税法不遵从带来的损失（包括纳税人利益损失和国家税收流失损失）的不确定性或可能性为管理对象；是税务机关运用风险管理的理论、技术方法，科学制定风险管理战略规划，开展税收风险分析识别与等级排序，通过风险提醒、纳税评估、税务审计、反避税调查、税务稽查等风险应对手段，力求最具效率地优化配置征管资源，防控税收风险，不断提高税法遵从度和税务机关管理水平的税收管理活动。

2）大数据税收风险管理

大数据税收风险管理充分体现了"以数治税"的税收治理理念，是基于互联网、大数据、区块链及人工智能等现代信息技术在税收风险管理中广泛、深度应用的概念，是以税收大数据为驱动力的高度集成、智能化的税收风险管理系统。通过广泛获取、共享、分析、挖掘利用税收大数据，智能化开展税收风险分析识别、预警评估与风险任务推送，通过风险提醒、纳税评估、税务审计、反避税调查、税务稽查等风险应对手段，最具效率地优化征管资源配置，防控税收风险，不断提高税法遵从度和税务机关管理质效的税收管理活动。

知识点4：我国税收风险管理的发展历程

知识拓展：我国税收
风险管理发展史
（改革开放后至2017年）

2018年，国家税务总局发布《关于做好国税地税征管体制改革过渡期有关税收征管工作的通知》（税总发〔2018〕68号），明确指出新税务机构要加强风险任务扎口管理，统筹风险管理任务安排，有序开展风险任务的推送和应对工作。2019年，国家税务总局设立税收大数据和风险管理局，并内设风险管理处，体现了总局持续发力、不断深化以风险管理为导向、做好税收工作的决心。

智能化税务管理

2020年，国家税务总局等13个部门联合发布《关于推进纳税缴费便利化改革优化税收营商环境若干措施的通知》（税总发〔2020〕48号），指出要强化对纳税人的分类精准管理。不断完善税收大数据和风险管理机制，健全税务管理体系。积极构建动态"信用+风险"新型管理方式，实时分析识别纳税人的行为和特征，实现"无风险不打扰、低风险预提醒、中高风险严监控"。对逃避税问题多发的重点行业、重点领域，加强税收风险防控。

2021年3月，中共中央办公厅、国务院办公厅印发的《关于进一步深化税收征管改革的意见》提出，要建立健全以"信用+风险"为基础的新型监管机制，实现从"以票管税"向"以数治税"分类精准监管转变。对逃避税问题多发的行业、地区和人群，根据税收风险适当提高"双随机、一公开"抽查比例。到2023年，要基本建成"无风险不打扰、有违法要追究、全过程强智控"的税务执法新体系，实现从经验式执法向科学精确执法转变。

知识点5：税收风险管理的内容

税收风险管理的内容包括风险识别、风险分析、任务统筹、风险预防、风险控制、风险应对、风险监控及评价，以及将评价成果应用于规划目标的修订校正等。其中重点为风险识别、风险分析及任务统筹、风险应对和风险监控四部分。

1) 风险识别

税务机关建立覆盖税收征管全流程、各环节、各税种、各行业的风险识别指标体系、风险特征库和分析模型等风险分析工具。运用风险分析工具，对纳税人的涉税信息进行扫描、分析和识别，找出容易发生风险的领域、环节或纳税人群体，为税收风险管理提供精准指向和具体对象。

2) 风险分析及任务统筹

根据风险识别结果，建立风险纳税人库，按纳税人归集风险点，综合评定纳税人的风险分值，并进行等级排序，确定每个纳税人的风险等级。结合征管资源和专业人员的配置情况，按照风险等级由高到低合理确定需采取措施的应对任务数量。

3) 风险应对

风险应对是指税务机关在风险分析识别的基础上，综合考虑风险性质类型、风险等级等因素，通过合理配置资源，采取各种应对策略消除税收风险，提高税法遵从度的过程。风险应对是整个风险管理的核心。根据风险等级的高低采取的应对策略主要包括对无风险纳税人避免不当打扰，对低风险纳税人进行风险提示提醒，对中风险纳税人实施纳税评估（或税务审计反避税调查），对涉嫌偷税（逃避缴纳税款）、逃避追缴欠税、骗税、抗税、虚开发票等税收违法行为的高风险纳税人实施税务稽查。

（1）服务提示。

税务机关对税收风险等级低的纳税人采取纳税服务提醒函的形式，向纳税人告知系统分析发现的风险疑点，由纳税人自我对照检查、自我纠错，纳税人无须向税务机关作出回复说明，税务机关也不另外采取其他干预措施。

（2）纳税评估。

纳税评估是税务机关依法对纳税人自主履行税收义务情况进行检查审核、确认或调整的管理活动。纳税评估就是税务机关依法检查核实纳税人的纳税申报情况，这是纳税人自主申报制度下必需的制度安排和职能配置，也是现代税收管理的通行做法。纳税评估是我国税收征管实践中税务机关最主要的行政执法形式之一。在税收风险应对中，纳税评估一般应用于中等税收风险应对，是最主要的税收风险应对方式。

（3）税务稽查。

税务机关对税收风险等级高的纳税人进行税务稽查。税务稽查是指稽查局依法对纳税人、扣缴义务人和其他涉税当事人履行纳税义务、扣缴义务情况及涉税事项进行检查处理，以及围绕检查处理开展的其他相关工作的总称。税务稽查工作内容主要包括案源管理、案件检查、案件审理、案件执行、案卷管理、违法案件信息管理、案件移送管理、案件复查管理。

4）风险监控

税务机关对税收风险管理全过程实施有效监控，建立健全考核评价机制，及时监控和通报各环节的运行情况，并对风险识别的科学性和针对性、风险等级排序的准确性、风险应对策略的有效性等进行效果评价。主要包含过程监控和评价反馈。

（1）过程监控。

各级税务机关通过设置监控指标等形式对本级及下级税收风险管理全过程实施监督，及时处理异常情况，提高风险管理质效。

（2）评价反馈。

税务机关对风险识别的科学性和针对性、风险等级排序的准确性、风险应对策略的有效性等进行效果评价。风险应对机关将应对结果效果评价完善和改进措施逐级反馈相关管理部门。

知识点 6：税收风险管理的基本流程

税收风险管理的基本流程包括制定目标规划、收集涉税信息、开展风险识别、确定等级排序、组织风险应对、实施过程监控及评价反馈，以及通过将评价成果应用于规划目标的修订校正，形成良性互动、持续改进的管理闭环。

知识拓展：税收风险管理的意义

1）制定目标规划

要结合税收形势和外部环境，确定税收风险管理工作重点、工作措施和实施步骤，形成系统性、全局性的战略规划和年度计划，统领和指导税收风险管理工作。

2）收集涉税信息

各级税务机关要落实信息管税的工作思路，将挖掘和利用好内外部涉税信息作为税收风险管理工作的基础。注重收集宏观经济信息、第三方涉税信息、企业财务信息、生产经营信息、纳税申报信息，整合不同应用系统信息。建立企业基础信息库，并定期予以更新。对于集团性大企业，还要注重收集集团总部信息。

3）开展风险识别

各级税务机关要建立覆盖税收征管全流程、各环节、各税种、各行业的风险识别指标体系、风险特征库和分析模型等风险分析工具。统筹安排风险识别工作，运用风险分析工具，对纳税人的涉税信息进行扫描、分析和识别，找出容易发生风险的领域、环节或纳税人群体，为税收风险管理提供精准指向和具体对象。

4）确定等级排序

根据风险识别结果，建立风险纳税人库，按纳税人归集风险点，综合评定纳税人的风险分值，并进行等级排序，确定每个纳税人的风险等级。结合征管资源和专业人员的配置情况,按照风险等级由高到低合理确定需采取措施的应对任务数量。

5)组织风险应对

要按纳税人区域、规模和特定事项等要素,合理确定风险应对层级和承办部门。在风险应对过程中,可采取风险提醒、纳税评估、税务审计、反避税调查、税务稽查等差异化应对手段。风险应对任务应扎口管理并统一推送下达。

6)实施过程监控及评价反馈

要对税收风险管理全过程实施有效监控,建立健全考核评价机制,及时监控和通报各环节的运行情况,并对风险识别的科学性和针对性、风险等级排序的准确性、风险应对措施的有效性等进行效果评价。要将风险应对效果纳入绩效考核体系。加强对过程监控和评价结果的应用,优化识别指标和模型,完善管理措施,提出政策调整建议,实现持续改进。要全面归集分析国家税务总局定点联系企业税收风险的性质及成因,提出风险防控建议,反馈给企业集团。

任务 5.2　税收风险预警指标体系与分析识别方法

> **知识目标:**
> 掌握税收风险预警指标体系构建方法。
> 掌握税收风险预警指标分析识别方法的含义。
> 掌握税收风险指标静态和动态分析识别方法的具体步骤。
> 掌握税收风险预警参数的计算。
> **技能目标:**
> 能够进行税收风险指标静态和动态分析识别。
> 能够设置风险指标预警区间。
> **素质目标:**
> 树立税收风险观念,培养居安思危意识。
> 增强自觉纳税意识和税收风险预警防控意识。

学习情境1　某市某服装生产有限公司税收风险指标分析

某市某服装生产有限公司(以下简称公司)成立于20×1年,经营范围包括服装、服饰等纺织品的生产、加工及销售业务,是增值税一般纳税人,企业所得税采取查账征收的方式,管理人员的工资相对固定,生产工人的工资采用计件工资制度。20×3年主管税务机关根据税收风险动态监控系统推送的任务指示和风险管理工作安排,对该公司 20×3 年增值税、企业所得税问题开展税收风险分析。

1)进行税收大数据获取

(1)金税"一户式"查询。

通过金税系统"一户式"查询,抽取该公司 20×2 年和 20×3 年部分财务报表数据和增值税、企业所得税纳税申报数据,进行初步加工整理,计算相关业务指标,如表 5-2 所示。

表 5-2 某公司 20×2—20×3 年部分财务报表数据和纳税申报数据　　　　万元

项目	20×2 年	20×3 年
主营业务收入	5 800	6 400
其他业务收入	500	400
主营业务成本	4 300	5 100
销售费用	700	800
管理费用	950	1 100
财务费用	100	100
工资发生额	720	850
营业外收入	200	1 200
营业外支出	100	560
利润	200	260
固定资产原值	2 900	4 300
应纳增值税税额	260	240
应纳企业所得税税额	56	50

(2)企业涉税大数据获取。

①查询获取同行业风险指标预警参数,20×3 年的行业增值税税负预警值为 5.1%,企业所得税贡献率预警值为 1.3%。

②通过互联网查询获取该公司生产工艺流程及生产经营特点涉税信息数据,以及 20×2—20×3 年该公司生产经营所需的料、工、费及产品市场供求情况,了解到该公司生产经营所需的料、工、费及产品价格基本稳定。

2)进行税收风险分析识别

略。

学习情境 2　某地区房地产行业样本企业税负率预警区间设置方法

根据某地区房地产行业 120 户样本企业税收经济数据,计算得出行业增值税平均税负为 5.67%,通过 Excel 求得标准差为 5.16%。设置某地区房地产行业 120 户样本企业增值税税负率风险指标的预警区间。

(选编自《大数据税收风险管理及应用案例》李晓曼 2021 年)

智能化税务管理

🔍 任务要求

1)学习情境1

(1)通过增值税税负率横向对比分析,计算公司20×2年、20×3年增值税税负率,结合同行业增值税税负预警值,分析识别该公司增值税可能存在的风险点。

(2)通过企业所得税贡献率横向对比分析,计算该公司20×3年企业所得税贡献率,结合同行业企业所得税贡献率预警值,分析识别该公司企业所得税可能存在的税收风险点。

(3)通过主营业务收入与主营业务成本弹性系数分析,计算该公司20×3年主营业务收入变动率、主营业务成本变动率、主营业务收入与主营业务成本变动的弹性系数,进行指标动态配比分析,分析识别该公司可能存在的税收风险点。

(4)通过工资变动、固定资产变动与主营业务收入变动配比分析,计算该公司20×3年工资变动率,结合该公司的工资制度及主营业务收入变动率、固定资产变动率,进行关联指标动态配比分析,分析识别该公司可能存在的税收风险点。

(5)通过营业外收入变动与主营业务收入、主营业务成本变动配比分析,计算该公司20×3年营业外收入变动率,结合主营业务收入和主营业务成本变动率,进行关联指标动态配比分析,分析识别该公司可能存在的税收风险点。

(6)通过销售费用、管理费用变动与主营业务收入变动配比分析,计算该公司销售费用、管理费用的变动率,结合主营业务收入变动率,进行关联指标动态配比分析,分析识别该公司可能存在的税收风险点。

2)学习情境2

(1)计算离散系数。
(2)设置预警区间。
(3)计算税负率预警下限,计算税负率预警上限。
(4)总结该地区房地产行业120户样本企业增值税税负率风险指标的预警区间。

📖 获取信息

观察学习情境,阅读任务要求,根据课程网站学习资料和国家税务总局网站相关信息,思考问题。

引导问题1: 税收风险预警指标体系指什么?如何分类?

> ⚡ **小提示** 具体反映和描述税收风险特征的概念及量化数值,全面系统反映和描述税收风险的数量特征、关联影响关系及变动规律。税收风险预警指标体系共分5类。

引导问题2: 税收风险预警指标体系的构建方法有哪些?

> ⚡ **小提示** 税收风险预警指标体系的构建方法有5种。

引导问题3：税收风险预警指标分析识别方法的含义是什么？

_____

💡 **小提示** 税收风险预警指标分析识别方法又称关键风险预警指标判别法。

引导问题4：税收风险指标静态和动态分析识别方法的具体步骤怎样？

_____

💡 **小提示** 4个步骤。

引导问题5：税收风险预警参数的含义是什么？

_____

💡 **小提示** 税收风险预警参数又称税收风险指标阈值。

引导问题6：税收风险分析识别方法有哪些？

_____

💡 **小提示** 关键税收风险指标分析识别法、德尔菲法、故障树分析法、蒙特·卡罗方法、典型案例分析识别法。

📅 工作实施

1）学习情境1

步骤1：通过增值税税负率横向对比分析，计算公司20×2年、20×3年增值税税负率，结合同行业增值税税负预警值，分析识别该公司增值税可能存在的风险点。

_____

_____

步骤2：通过企业所得税贡献率横向对比分析，计算该公司20×3年企业所得税贡献率，结合同行业企业所得税贡献率预警值，分析识别该公司企业所得税可能存在的税收风险点。

_____

_____

步骤3：通过主营业务收入与主营业务成本弹性系数分析，计算该公司20×3年主营业务收入变动率、主营业务成本变动率、主营业务收入与主营业务成本变动的弹性系数，进行指标动态配比分析，分析识别该公司可能存在的税收风险点。

_____

_____

步骤4：通过工资变动、固定资产变动与主营业务收入变动配比分析，计算该公司20×3年工资变动率，结合该公司的工资制度及主营业务收入变动率、固定资产变动率，进行关联指标动态配比分析，分析识别该公司可能存在的税收风险点。

_____

_____

步骤5：通过营业外收入变动与主营业务收入、主营业务成本变动配比分析，计算该公司20×3年营业外收入变动率，结合主营业务收入和主营业务成本变动率，进行关联指标动态配比分析，分析识别该公司可能存在的税收风险点。

_____

_____

步骤6：通过销售费用、管理费用变动与主营业务收入变动配比分析，计算该公司销售费用、管理费用的变动率，结合主营业务收入变动率，进行关联指标动态配比分析，分析识别该公司可能存在的税收风险点。

_____

_____

2）学习情境2

步骤1：计算离散系数。

_____

_____

步骤2：设置预警区间。

_____

_____

步骤3：计算税负率预警下限，计算税负率预警上限。

_____

_____

步骤4：总结该地区房地产行业120户样本企业增值税税负率风险指标的预警区间。

_____

_____

评价反馈

税收风险预警指标体系与分析识别方法评价表如表5-3所示。

表 5-3　税收风险预警指标体系与分析识别方法评价表

班级：		姓名：		学号：		
任务 5.2		税收风险预警指标体系与分析识别方法				
评价项目	评价标准	分值/分	自评	互评	师评	总评
税收风险预警指标体系	正确描述税收风险预警指标体系的分类	10				
税收风险预警指标体系构建方法	正确描述税收风险预警指标体系构建方法	10				
税收风险预警指标分析识别方法	正确描述税收风险预警指标分析识别方法的概念、应用特点、应用原则	10				
税收风险预警参数	正确理解税收风险预警参数	10				
税收风险指标静态和动态分析识别方法	正确使用税收风险指标静态和动态分析识别方法	20				
税收风险分析识别方法	正确阐述税收风险分析识别方法	10				
工作态度	严谨认真、无缺勤、无迟到早退	10				
工作质量	按计划完成工作任务	10				
职业素质	具有税收风险观念、居安思危意识、遵纪守法观念	10				
合计		100				

学习情境的相关知识点

知识点 1：税收风险预警指标体系

视频：认识税收风险预警指标体系

税收风险预警指标是具体反映和描述税收风险特征的概念及量化数值，全面系统地反映和描述税收风险的数量特征、关联影响关系及变动规律。既包括名称，又包括指标数值，是两方面的综合。以增值税税负率 2.65% 为例，其中增值税税负率是税收风险预警指标名称，统计学的角度又称税收变量；2.65% 则是指标数值，又称变量值，变量和变量值两方面的综合就是增值税税负率指标。

通过税收风险预警指标，可以说明申报税额与税源的实际税收能力是否匹配，纳税人的涉税生产经营活动是否符合其生产经营规律，税源是否依法转为现实的税收收入、是否存在税收风险等。

在税收实践中，单一的税收风险预警指标往往只是从某个侧面反映问题，如纳税人的税收收入指标，但无法全面反映和说明税收收入申报、纳税情况，更不能全面系统地反映产生税收风险的成因和特征、税收风险程度等。所以，需要构建一组由若干相互关联、相互影响的税收风险预警指标组成的指标集合，系统全面地反映和说明税收风险的数量特征、关联影响关系及变化规律，这个指标集合称为税收风险预警指标体系。

知识点 2：税收风险预警指标体系的分类

1) 按照税收经济关系原理分类，税收风险预警指标体系分为三类

（1）税收经济关系指标体系：这是反映税收经济关系数量特征及规律的指标集合。如税负率、税收弹性系数、征收率等。

（2）税源经济指标体系：这是反映涉税经济活动及行为特征的指标集合。如国内生产总值、工业增加值、社会消费品零售额、企业销售收入、营业收入、主营业务利润、净资产收益率等。

（3）税收收入指标体系：这是反映税收收入总量规模、结构及增减变动的指标集合。如税收收入总量、增减变动率、增值税税收收入、欠税率、所得税占比等。

2) 按照分析的范围分类，税收风险预警指标体系分为三类

（1）宏观税收风险预警指标体系：这是反映宏观经济发展与税收之间的数量关系特征及规律的指标集合。包括宏观税源经济指标、宏观财政税收指标和宏观税收经济关系指标。如经济增长率、宏观税负、税收弹性系数、征收率等。

（2）行业税收风险预警指标体系：这是反映行业的税收增长与行业经济发展之间数量关系特征及规律的指标集合。如行业平均税负、行业增加值、利润率等。

（3）微观税收风险预警指标体系：这是反映纳税人涉税生产经营活动与税收收入之间数量关系特征及规律的指标集合。如企业的实际税负率、税收收入增减变动率、利润总额、应收账款比率、主营业务收入增减变动率等。

3) 按照分析评价的内容分类，税收风险预警指标体系分为三类

（1）税收风险分析评价指标体系：这是反映纳税人依法纳税方面的税收分析特征的指标集合。如企业实际税负、申报率、企业税收弹性系数、税收贡献率等。

（2）税务机关执法风险分析评价指标体系：这是反映税务机关征管质量和执法方面税收分析数量特征的指标集合。包括税收征管过程中的执法、绩效考核监督等指标。

（3）税收征管质效评价指标体系：即税款入库率、欠税率、欠税增减率、税负率等。

4) 按指标体系评价的方向分类，税收风险预警指标体系分为三类

（1）正向评价指标体系：也称正指标，与税收遵从度评价方向相同，与税收风险程度相反。因此，该指标数值越高，税收遵从度越高，税收风险越低。如征收率、增值税税负率、税收收入增长率、企业经营的利润率、税收贡献率等。

（2）反向评价指标体系：也称为反指标，或称逆指标，与税收遵从度评价方向相反，与税收风险程度评价相同。因此，该指标数值越高，税收遵从度越低，管理质效越低，税收风险越高。如税收流失率、企业的成本费用率、单位产品耗电量大幅度高于同行业水平等。

（3）适度指标体系：这是需要综合考量的税收风险预警指标，通常意义上，该指标数值过高或过低都会显示异常，说明税收风险程度较高；该指标数值适度、适中为合理的正常数量特征。如税收弹性系数指标等接近于1是合理的，反映税收变动与税源经济指标变动保持同步和适度协调增减变化，主营业务成本变动和主营收入保持同步和适度协调增减变化等；与第三方对比构建的指标，如纳税人申报的销售收入与第三方部门掌握的销售收入应该适度匹配等，比值接近于1是合理的，与1的偏差越大，税收风险越高。

5) 按指标体系的影响程度不同分类，税收风险预警指标体系主要分为三类

（1）一级税收风险预警指标体系（简称一级指标）：这是反映税收经济关系的关键指标

集合，是出现频率高、影响程度大的指标。如税负率、所得税贡献率、税收弹性系数等。

（2）二级税收风险预警指标体系（简称二级指标）：这是影响一级指标变动的指标集合，是关键的涉税财务指标集合和关键的税收收入指标集合，如企业的利润率、成本费用率、税收收入的增长率、税收结构比率等。

（3）三级税收风险预警指标体系（简称三级指标）：这是影响二级指标变动的指标集合，是二级指标进一步细分的涉税财务指标集合，如反映纳税人涉税生产经营的财务分析指标，例如，单项成本率、物耗指标、耗电系数、销售费用率、管理费用率、财务费用率等。根据实际分析的需要，三级指标体系根据实际分析的需要，可以细化拆分为四级指标体系。

知识拓展：税收风险预警指标体系构建方法

知识点 3：税收风险预警指标分析识别方法

税收风险预警指标（以下简称税收风险指标）分析识别方法，是通过主要的税收经济关系指标、税收收入指标、涉税财务指标关联对比，设置合理的预警区间及预警参数，通过静态和动态对比差异或异常变动，发现、判定、锁定税收风险源、风险区域、风险行业、风险纳税人及具体的税收风险点的过程和方法，又称关键风险预警指标判别法。主要的关键风险预警指标（以下简称关键风险指标）包括税费负担率、税收贡献率、税收弹性系数、计税收入变动率、利润率、成本费用率、物耗率、投入产出率、能耗率等。主要包括两种分析方法：一是风险指标静态分析识别方法，二是风险指标动态分析识别方法。

视频：税收风险识别方法、税收风险预警指标分析识别方法和预警参数

1）应用特点

税收风险指标分析识别既可以用于宏观识别，也可以用于行业与纳税人的识别；实际应用相对比较灵活，比如，可以使用税负率指标开展行业税收风险识别，也可以应用税负率指标进行微观层面纳税人的风险识别。

2）应用原则

在应用税收风险指标进行风险分析识别时，必须坚持一个重要原则，就是要保持指标在计算口径范围、计量单位、计算公式、计算方法等方面的一致性和可比性。比如，在应用增值税税负指标进行行业分析比较时，分母可以是行业企业申报的销售收入的合计，也可以用统计局公布的行业增加值。无论是销售收入还是增加值，都有其合理性，但也有其相应的欠缺，要根据分析的目的和数据获取的难易情况来确定。宏观税收风险分析，可以采用增加值，企业层面的税收风险分析，则采用纳税人的销售收入，同时也可以用统计局的第三方信息进行对比验证。但无论采取哪一种方法，都要明确统一的口径范围及相关的计算方法。

知识点 4：税收风险预警参数

税收风险指标预警值也称税收风险预警参数，又称税收风险指标阈值，是分析识别、衡量判定税收风险的临界值，即最低值或最高值。由税收风险指标最低值和最高值作为临界值确定的相对合理取值范围，为税收风险指标的合理阈值区间，纳税人的实际税收风险指标数值高于最高值或低于最低值，超出合理区间范围，则被发现识别出异常，显示风险预警。通常情况下，需要运用统计技术与方法，计算税收变异指标，进行测算、验证和设置。

知识点 5：税收风险指标静态分析识别方法

税收风险指标静态分析（简称静态分析）又称横向对比分析，是指在同一时间条件下，即时间不变，用纳税人的实际指标与同行业或同类企业风险指标的预警值进行对比分析，或与同行业纳税信用高的标杆企业指标数据进行横向对比分析，通过比对的差异，分析、识别、判断税收风险的一种分析方法。静态分析指标通常也称静态风险指标。具体建模分析步骤方法如下：

1）确定样本及样本数量

（1）选取样本，确定样本数量。按照随机抽样与分类抽样相结合的原则选取样本，通常采用 30 户以上的大样本，使样本指标具有一定的有效性；根据地区或行业纳税人规模数量及分布状况确定样本数量，如地区或行业纳税人数量大，抽取的样本单位数就多一些，税收风险大的地区和行业抽样的次数也相应多一些。

（2）对样本数据质量进行审核。采取抽样实地审核、第三方信息验证审核、指标逻辑关系审核等方法，对样本数据的真实性、合理性进行审核校验，保证样本数据具有较高的真实性。

（3）对样本数据进行观察和修匀，适当剔除极端值的影响，保证样本数据具有一定的代表性。

2）计算样本静态风险指标的平均值

关键风险指标平均值的计算可以采取算术平均数方法、中位数法、几何平均数方法。对于静态指标数据，平均值通常采用算术平均数方法。以关键风险指标税费负担率为例，计算平均税负的方法如下：

（1）行业总体平均税费负担率计算方法。总体税费负担率包括所有税种（费）总额与相应的计税收入对比计算的强度相对指标。所以，行业总体平均税费负担率的计算公式为：

$$TB_{ij} = \frac{TAX_{ij}}{CR_{ij}}$$

式中，TB_{ij} 为行业总体平均税费负担率，TAX_{ij} 为税费总额，CR_{ij} 为计税收入总额，i 为地区，j 为行业。注意，这里的 TAX 可以根据需要替换成相应税种（费）的收入，而 CR 可以替换成相应税种（费）的计税（费）收入或所得，以计算某税种（费）的平均税（费）负担率。

（2）行业税种平均税负率计算方法。以增值税为例，增值税税负是当期应纳增值税与计征增值税的货物与劳务的销售额对比计算的强度相对指标。所以，行业增值税平均税负率的计算公式为：

$$行业增值税平均税负率 = \frac{\sum 当期应纳税额}{\sum 当期按适用税率征税货物与劳务销售额} \times 100\%$$

（3）样本行业平均税负计算公式：

$$\bar{x} = \sum \frac{x_i}{n}$$

式中，$\bar{x}$ 为某个行业的平均税负水平；x_i 为测定行业税负水平时选定各样本企业的实际税负水平；n 为测定行业税负水平时选定的样本企业个数。

3）设置静态风险指标预警参数及预警阈值区间

（1）设置静态风险指标预警参数（以下简称预警参数）的原则：

①行业设置原则。按区域范围的规模和行业对纳税人分类,结合现行税收法律、政策及行业的生产经营特点,对行业做进一步细分,按行业细分的企业类型进行预警参数的测算和设置。

②数据代表性原则。参与测算预警参数的样本纳税人是正常纳税的,样本数据应较为均衡,要适度剔除极端值的影响,使样本数据离散度较低且具有一定的代表性。

③定性分析与定量分析相结合的原则。在样本数据测算的基础上,根据行业经营特点、税收风险特征及征管质量的要求综合调整预警参数,使其具有较强的科学性、客观性和可靠性。

④动态管理原则。预警参数的设定不是一劳永逸的管理,要通过纳税信用等级高的标杆企业和风险应对的数据对预警参数进行验证,同时要结合宏观经济发展、行业景气周期变化、季节影响、进出口等因素以及征管质量的要求,对预警参数不断进行修正、优化和调整,使其不断趋近于客观标准而具有较强的科学性、公正性和权威性。

(2) 预警参数设置的步骤和方法:

①计算离散指标。

在税收风险分析识别中,主要的离散指标有标准差和标准差系数。一个行业关键风险指标的标准差和离散系数越大,说明这个行业的税收征管情况越复杂,相应的税收风险也较高。行业税负离散指标的计算公式如下:

$$s = \sqrt{\frac{\sum_{i=1}^{n}(x_i - \bar{x})^2}{(n-1)}}$$

式中,s 为样本标准差,反映样本总体关键风险指标的离散程度。但在实际应用中,由于样本个体指标的差异较大,会造成标准差的实际测算值远大于或小于税负值而失去意义,为此,要根据实际情况对标准差进行修正,计算经验标准差,公式如下:

$$s = \sqrt{\frac{\sum_{i=1}^{n}(x_i - \bar{x})^2}{n}}$$

式中,s 为经过修正调整后的经验标准差,与客观的关键风险指标数值离散度存在一定的偏离,但在测定行业平均税负水平和预警参数时,如果行业指标数值分布变异较大,说明行业的税收风险相对较高,管理质量相对较低,所以要根据实际情况适度调整离散度,计算修正经验标准差,进而调整预警阈值区间,保证风险识别的有效性和精准性。

②测算和设置预警参数。

这里用经验标准差参与运算,计算的离散系数称为经验离散系数,将两者结合应用确定预警参数,更适用于目前我国税收风险分析的实际情况。

A. 计算经验离散系数。经验离散系数是经验标准差除以平均值,计算公式如下:

$$\delta = \frac{S}{\bar{x}}$$

B. 当 $\delta \leq 0.6$ 时,预警参数的合理阈值取值范围为:$\bar{x} \pm s$。

相应地,$(\bar{x}+s)$ 临界值称作预警上限,超出预警上限的样本个体税负指标实际情形可能税负过重,也可能超前征收了"过头税"。当然,也可能存在个别需要退税的企业通过高税负多获取不合理退税的风险。$(\bar{x}-s)$ 临界值称作预警下限,低于预警下限的样本个体,税

智能化税务管理

负指标实际情形则可能存在税负过低的风险,会被风险识别模型系统筛查输出,预警推送,作为风险应对重点关注排查。

C. 当 $\delta > 0.6$ 时,预警参数的合理阈值取值范围为:$\bar{x} \pm 0.6s$。

其中,0.6 是经验修正系数,由于离散系数超过 0.6,表明样本指标数据离散程度较大,纳税人的涉税风险较为复杂或税收风险较高,通过经验系数对标准差进行调整修正,以确保合理的预警阈值区间、预警参数及筛查输出的风险目标数目,进而提高行业税收风险管理质效。随着后期纳税遵从度和风险管理质效的逐步提高,当离散系数低于 0.6 时,即可采用 $\bar{x} \pm s$ 确定较为合理的预警阈值区间。

在上述公式中代入相应的税种税收收入和计税收入指标数据,即可计算相应税种税负的预警参数及预警阈值。

4)正确选用税收风险指标静态分析识别方法

(1)正指标的税收风险分析识别方法。

在通常情况下,正指标数值越高,税收遵从度越高,而实际纳税申报数据往往偏低,所以不能低于预警下限,预警参数值是下限值。正指标数据低于预警下限显示异常,存在税收风险的可能性较大。如计税收入和收益类指标、毛利率指标都是正指标,与预警区间的下限值对比差异,分析识别税收风险。

(2)反指标的税收风险分析识别方法。

在通常情况下,反指标数值越低,税收遵从度越高,而实际纳税申报数据往往偏高,所以反指标不能高于预警上限,预警参数值是上限值。反指标数据高于预警上限显示异常,存在税收风险的可能性较大。如投入类指标、成本费用率指标、单位产品物耗及能耗指标都是反指标,与预警区间的上限值对比差异,分析识别税收风险。

(3)适度指标的税收风险分析识别方法。

在通常情况下,适度指标的数值适中合理为好,过高或过低都会显示异常。例如,公路货物运输企业油耗的成本率在 30%~40% 是合理的,过高或过低都会显示异常,指向企业可能存在税收风险。理论上,企业实际税负率属于适度指标,过高或过低都会显示异常。但在税收实践中,企业实际税负率往往也是偏低的,所以在税收风险分析识别时,通常把一部分适度指标视为正指标处理,即用企业实际指标数据与预警下限值进行差异对比计算偏离幅度,低于预警下限显示异常,税收风险较高。

知识点 6:税收风险指标动态分析识别方法

动态分析又称纵向对比分析,是指用不同时间的风险指标数据进行纵向对比,计算变动率指标,反映税收风险指标数据在一定时期内发展变动的状态及发展趋势,通过相关联的税收风险指标在变动中相互影响和彼此制约的关联关系,分析识别、判断税收风险的一种分析方法。动态分析的指标通常也称动态风险指标,如计算的税负变动率、计税销售额变动率、税收弹性系数、涉税财务指标变动趋势等。动态分析法的重要特点是需要考虑时间因素对指标数据的影响,并将税收风险指标数据的变化作为一个连续的过程进行系统分析识别。具体建模分析的步骤方法如下:

1)确定样本及样本数量

此处与税收风险指标静态分析识别方法相同。

2)计算动态风险指标

以关键风险指标税负为例,计算动态分析指标,计算公式如下:

$$税负变动率 = (本期税负 - 基期税负)/基期税负 \times 100\%$$

$$税负 = 应纳税额/应税收入 \times 100\%$$

3）设置动态风险指标的预警参数及预警阈值区间

变动率预警参数的计算方法如下：

在很多情况下，需要对行业不同纳税人的变动率指标测算预警参数，如税负率、利润率、成本费用率、流动比率等。通常是将个体纳税人的关键指标变动率与行业纳税人平均变动率进行比较，步骤如下：

（1）计算变动率指标的加权平均值，计算公式如下：

$$\bar{x} = \frac{\sum \left(\frac{x' - x}{x}\right) f}{\sum f}$$

式中，$\left(\frac{x' - x}{x}\right)$ 表示上年度同行业纳税人样本个体指标变动率数据，f 表示各样本个体的权数，$\sum f$ 表示样本总数。

（2）计算变动率的标准差，计算公式如下：

$$s = \sqrt{\frac{\sum (x_i - \bar{x})^2 f}{\sum f}}$$

（3）设置预警参数的合理阈值取值范围。

同样，如果测算的标准差数值过大，需要计算修正经验标准差，用修正经验标准差除以变动率的平均值计算经验标准差系数，根据标准差计算结果是否大于或小于 0.6，对经验标准差进行调整设置，以确保合理的预警阈值区间、预警参数及筛查输出的风险目标数目，进而提高行业的税收风险管理质效。

①当 $\delta \leq 0.6$ 时，预警参数的合理阈值取值范围为：$\bar{x} \pm s$。

相应的，$(\bar{x} + s)$ 临界值称作预警上限，超出预警上限的样本个体税负指标实际情形可能税负过重，也可能超前征收了"过头税"。当然，也可能存在个别需要退税的企业通过高税负多获取不合理退税的风险。$(\bar{x} - s)$ 临界值称作预警下限，低于预警下限的样本个体税负指标实际情形则可能存在税负过低的风险，会被风险识别模型系统筛查输出，预警推送，作为风险应对重点关注排查。

②当 $\delta > 0.6$ 时，预警参数的合理阈值取值范围为：$\bar{x} \pm 0.6s$。

其中，0.6 是经验修正系数，由于离散系数超过 0.6，表明样本指标数据离散程度较大，纳税人的涉税风险较为复杂或税收风险较高，通过经验系数对标准差进行调整修正，以确保合理的预警阈值区间、预警参数及筛查输出的风险目标数目，进而提高行业的税收风险管理质效。随着后期纳税遵从度和风险管理质效的逐步提高，当离散系数低于 0.6 时，即可采用 $\bar{x} \pm s$ 确定较为合理的预警阈值区间。

4）正确选用税收风险指标动态分析识别方法

（1）正指标变动率税收风险分析识别方法。

在通常情况下，正指标变动率数值越高，税收风险越低，税收遵从度越高，而实际纳税申报数据往往偏低，所以不能低于预警下

知识拓展：根据时间序列计算变动率趋势预警参数和税收弹性系数预警参数

限，预警参数值是下限值。正指标变动率数据低于预警下限显示异常，存在税收风险的可能性较大。如计税收入变动率、利润率变动率指标、税收收入增长率指标都是正指标，与预警区间的下限值对比变动的差异，分析识别税收风险。

（2）反指标变动率税收风险分析识别方法。

在通常情况下，反指标变动率越低，税收风险越低，税收遵从度越高。而实际纳税申报数据往往偏高，所以反指标变动率不能高于预警上限，预警参数值是上限值。反指标变动率数据高于预警上限显示异常，存在税收风险的可能性较大。如原材料上涨幅度、成本费用率上涨幅度、单位产品物耗变动率、能耗变动率等都是反指标，与预警区间的上限值对比变动差异，分析识别税收风险。

（3）适度指标变动率税收风险分析识别方法。

①在通常情况下，适度指标的数值适中合理为好，过高或过低都会显示异常。理论上，企业实际税负变动率属于适度指标，过高或过低都会显示异常。但在税收实践中，往往也是偏低的，所以在税收风险分析识别时，通常把一部分适度指标视为正指标处理，即用风险指标变动率数据与预警下限值进行差异对比，计算偏离幅度，低于预警下限显示异常，税收风险较高。

②弹性系数指标数值接近 1 是合理的，阈值区间介于 0.8～1.2 相对正常合理，过高或过低都会显示异常。税收弹性系数这类指标数据在税收实践中，往往也是偏低的，所以在税收风险分析识别时通常也把这部分适度指标视为正指标处理，即用企业实际指标数据与预警下限值进行对比，计算偏离幅度，低于预警下限显示异常，存在较高税收风险。

知识点7：税收风险分析识别方法

1）关键税收风险指标分析识别法

关键税收风险指标分析识别法，简称关键指标判别法，是国际国内开展税收风险分析识别通用的重要方法，是通过关键税收风险指标的异常变动，分析识别税收风险的方法。具体是通过运用主要的税收经济关系指标、税收收入指标、涉税财务指标等关联对比，设置合理的预警区间及预警参数，通过静态和动态对比差异或异常变动，发现、判定、锁定税收风险源、风险区域、风险行业、风险纳税人及具体的税收风险点的过程和方法。

2）德尔菲法

德尔菲法又称专家调查法，是一种比较简单、容易操作又很实用的风险分析识别方法，是 20 世纪 40 年代由赫尔姆和达尔克首创，经过戈尔登和兰德公司进一步发展而成的一种有效的分析预测方法。它是采用背对背的通信方式征询专家小组成员的分析预测意见，通过整理、归纳、统计，匿名反馈给各专家再次征求意见，然后集中反馈，直至得到一致的意见。经过几轮征询和评估，使专家小组的预测意见趋于集中，最后作出符合未来发展趋势的分析预判结论。德尔菲法偏向于定性分析法，被广泛应用到各种风险预测和决策管理中。

3）故障树分析法

故障树分析法又称事故树分析法，是以故障树作为模型对税收风险系统进行分析识别的一种方法。它的基本原理是，首先，利用图解的形式将较大故障的税收风险系统自上而下逐层展开，分解成若干细小的税收风险子系统。其次，通过对子系统的分析，对引起税收风险的各种原因进行层层分解识别，逐级深化细化，如此便可以抽丝剥茧、层层分析，找出产生税收风险事件发生的全部直接因素（即具体的税收风险点），直至分析到不必深究的基本事件（底事件）为止，进而把握总体税收风险系统的数量特征及成因。再次，用相应的符号代表一级风险事件、二级风险事件、三级风险事件直至基本风险事件，确定产生税收风险的原因、影响和发生的概率。最后，用适当的逻辑把这些风险事件联结成树形图。故这种方法称为故障树分析法。

4）蒙特·卡罗方法

大数据、云计算、人工智能等现代信息技术的发展，促进了蒙特·卡罗方法在最近十年的快速发展和应用。蒙特·卡罗方法（Monte Carlo Method，MCM），也称统计模型模拟分析方法，是20世纪40年代中期，由于科学技术发展和电子计算机技术的应用，而被提出的一种以概率数理统计理论为指导的非常重要的数据计算分析方法，是采用样本随机数来分析识别和解决总体风险的一种方法。

5）典型案例分析识别法

典型案例分析识别法是通过选择具有典型意义的税收风险分析识别与应对的案例进行深入剖析，对经营性质、经营方式、交易对象、核算方式、财务数据等方面的税收风险特征进行总结提炼，对指标数据进行测算整理，运用数理统计学的相关方法进行论证、推断和提炼，分析案例中所反映的典型税收风险特征，包括风险易发行业、风险易发环节等，进而形成行业税收风险分析识别和应对的管理经验和管理方法。

任务5.3 企业生产经营风险预警指标与分析识别

知识目标：

掌握企业税收经济关系指标与风险分析识别方法。

掌握财务报表类财务指标涉税风险分析识别方法。

掌握资金管理类财务指标涉税风险分析识别方法。

掌握企业税收指标风险分析识别方法。

技能目标：

能够计算各类主要的生产经营风险预警指标。

能够进行各类生产经营风险预警指标的分析识别。

素质目标：

形成税收风险观念，培养居安思危意识。

具有自觉纳税意识和税收风险预警防控意识。

智能化税务管理

 学习情境

学习情境1

某企业20×2年主营业务收入600万元，主营业务利润50万元；20×1年主营业务收入500万元，主营业务利润48万元。根据企业的财务指标数据，可以采取以下［任务要求］中4个步骤开展风险分析识别。

学习情境2

某企业20×2年主营业务收入600万元，主营业务成本500万元，20×1年主营业务收入500万元，主营业务利润380万元。根据企业的财务指标数据，可以采取以下［任务要求］中4个步骤开展风险分析识别。

 任务要求

1）学习情境1
（1）计算企业主营业务收入变动率。
（2）计算企业主营业务利润变动率。
（3）计算企业主营业务收入变动率与主营业务利润变动率弹性系数。
（4）进行风险分析识别。

2）学习情境2
（1）计算企业主营业务收入变动率。
（2）计算企业主营业务成本变动率。
（3）计算企业主营业务收入变动率与主营业务成本变动率弹性系数。
（4）进行风险分析识别。

 获取信息

观察学习情境，阅读任务要求，根据课程网站学习资料和国家税务总局网站相关信息，思考问题。

引导问题1：企业税收经济关系指标有哪些？如何进行风险识别？

> 小提示 从微观角度。

引导问题2：财务报表类财务指标涉税风险指标有哪些？如何计算？如何分析识别？

> 小提示 从微观角度。

项目 ❺ 税收风险管理

引导问题 3：资金管理类财务指标涉税风险指标有哪些？如何计算？如何分析识别？

💡 **小提示** 从微观角度。

引导问题 4：企业税收指标风险有哪些？如何分析识别？

💡 **小提示** 生产经营常用。

📅 工作实施

1）学习情境 1

步骤 1：计算企业主营业务收入变动率。

步骤 2：计算企业主营业务利润变动率。

步骤 3：计算企业主营业务收入变动率与主营业务利润变动率弹性系数。

步骤 4：进行风险分析识别。

2）学习情境 2

步骤 1：计算企业主营业务收入变动率。

步骤 2：计算企业主营业务成本变动率。

步骤 3：计算企业主营业务收入变动率与主营业务成本变动率弹性系数。

步骤 4：进行风险分析识别。

评价反馈

企业生产经营风险预警指标与分析识别评价表如表5-4所示。

表5-4 企业生产经营风险预警指标与分析识别评价表

班级：		姓名：		学号：		
任务5.3		企业生产经营风险预警指标与分析识别				
评价项目	评价标准	分值/分	自评	互评	师评	总评
企业税收经济关系指标与风险分析识别方法	能够正确进行风险指标的描述、计算和风险识别	20				
财务报表类财务指标涉税风险分析识别方法	能够正确进行风险指标的描述、计算和风险识别	20				
资金管理类财务指标涉税风险分析识别方法	能够正确进行风险指标的描述、计算和风险识别	20				
企业税收指标风险分析识别方法	能够正确进行风险指标的描述、计算和风险识别	10				
工作态度	严谨认真、无缺勤、无迟到早退	10				
工作质量	按计划完成工作任务	10				
职业素质	具有税收风险观念、居安思危意识和遵纪守法观念	10				
合计		100				

学习情境的相关知识点

知识点1：企业生产经营税收风险预警指标的概念

企业生产经营税收风险预警指标，是指以纳税人涉税经济财务指标为基础，汇总计算得出的指标。（本任务主要介绍企业税收经济关系指标与风险分析识别方法、企业财务指标涉税风险分析识别方法、企业税收指标风险分析识别方法。）

视频：分析识别企业税收经济关系指标与风险

知识点2：企业税收经济关系指标与风险分析识别方法

1）企业总体税费负担率异常风险指标

（1）风险指标描述。

企业总体税费负担率，是企业当期所有税种税（费）总额与相应时期的营业收入对比计算的强度相对指标。反映企业税费的实现程度和税务机关的税费征收力度，同时也反映企业在一定税制下的实际税费负担水平。

（2）计算公式。

$$企业总体税费负担率 = \frac{风险期企业税费总额}{风险期营业收入} \times 100\%$$

(3) 风险分析识别方法。

如果企业总体税费负担率低于设定的预警下限值，风险指向企业可能存在少计营业收入、虚增进项、多抵扣进项税额、虚列成本费用所造成的少缴税费风险。低于预警值的幅度越大，企业的税收风险程度越高。

2）增值税税收负担率异常风险指标

(1) 风险指标描述。

增值税税收负担率是企业风险期的增值税与相应时期的计税销售收入对比计算的强度相对指标。反映企业增值税税收的实现程度和税务机关的增值税征收力度，同时也反映企业在现有增值税税制下的实际税收负担水平。

(2) 计算公式。

$$增值税税收负担率 = \frac{风险期应纳增值税总额}{风险期销售收入} \times 100\%$$

(3) 风险分析识别方法。

根据纳税人增值税申报数据计算的税负明显低于同行业、同类型企业的税负预警值，风险指向企业可能存在隐瞒、少计收入、少计销项税额和多抵扣、虚抵进项税额所造成的少缴增值税的税收风险。低于设定预警值的幅度越大，税收风险程度越高。

(4) 风险应对步骤。

①建立税收分析预警监控系统，自动监控税负偏低的纳税人涉税信息。

②根据往年纳税人申报纳税等情况，结合纳税风险评估、稽查反馈信息，调整修正行业增值税税负预警值，使预警值更加科学合理，提高税收风险分析识别的准确性。

③对预警企业开展案头分析，结合企业相关财务指标数据和第三方涉税数据，运用电耗、水耗等增值税发票信息做进一步深入分析。

3）增值税弹性系数异常风险指标

(1) 风险指标描述。

增值税弹性系数是企业增值税应纳税额变动率与计税销售收入变动率对比计算的相对指标，通常用系数表示。

(2) 计算公式。

$$增值税弹性系数 = \frac{增值税应纳税额变动率}{销售收入变动率} \times 100\%$$

(3) 风险分析识别方法。

①初步分析识别：正常情况下，销售收入变动率与增值税应纳税额变动率应保持同方向、同幅度增减变化，两者的配比指标又称为弹性系数，比值趋近于1是合理的，与1的偏离幅度越大，税收风险越高。风险指向可能存在少计销售收入、虚抵、违规多抵进项税额等情况，造成少缴增值税的税收风险。

②深入分析识别：

当二者都为正时，比值<1，且与1相差较大，可能存在虚增进项、少缴增值税风险，应重点分析监控。

当二者都为负时，比值>1，且与1相差较大，可能存在虚增进项、少缴增值税风险。应重点分析监控。

当比值为负数，且前者为负、后者为正时，可能存在虚增进项、少缴增值税风险，应重点分析监控。

剔除价格指数变化、税收优惠政策调整因素，针对销售收入和有关进项明细进行进一步深入分析核实。

4）进项税额与销项税额弹性系数异常风险指标

（1）风险指标描述。

进项税额与销项税额弹性系数是企业增值税的进项税额变动率与销项税额变动率对比计算的相对指标，通常用系数表示。

（2）计算公式。

$$进项税额与销项税额弹性系数 = \frac{风险期进项税额变动率}{风险期销项税额变动率} \times 100\%$$

（3）风险分析识别方法。

指标值处于0.8~1.2是相对合理的，偏离合理区间的幅度越大，税收风险越高。指标值大于1.2，风险指向可能存在虚抵、多抵进项税额，少计收入、少计销项税额的税收风险；指标值小于0.8，则可能存在对外虚开发票的税收风险。

5）企业所得税贡献率异常风险指标

（1）风险指标描述。

企业所得税贡献率是指在正常业务情况下（不包括特殊业务），企业所得税贡献率与地区同行业、同类型企业所得税贡献率预警值对比明显偏低，显示风险预警。

（2）计算公式。

$$企业所得税贡献率 = \frac{报告期企业缴纳的所得税}{报告期企业的营业收入} \times 100\%$$

（3）风险分析识别方法。

企业的实际指标值低于同行业、同类型企业的企业所得税贡献率预警值，风险指向企业可能存在少计收入、多计成本费用、扩大税前扣除范围的税收风险，或者可能存在非正常情况的亏损等。低于预警值的幅度越大，税收风险程度越高。

（4）风险应对步骤。

①根据往年纳税人申报纳税等情况，结合评估、稽查反馈信息，调整修正行业所得税贡献率预警值，使预警值更加科学合理，提高税收风险分析识别的准确性。

②对预警企业开展案头分析，结合企业相关财务指标数据和第三方信息，运用物耗、电耗、水耗等涉税大数据，针对所得税的应纳税所得额及有关营业收入、成本费用及税前扣除项目等进行进一步深入分析核实。

6）所得税贡献率变动率异常风险指标

（1）风险指标描述。企业所得税贡献率变动率与地区同行业、同类型企业所得税贡献率变动率指标预警值对比明显偏低，显示风险预警。风险指向企业可能存在少计收入、多计成本费用、扩大税前扣除范围的涉税风险问题，或者可能存在非正常情况的亏损等。

（2）计算公式。

$$所得税贡献率变动率 = \frac{报告期所得税贡献率 - 基期所得税贡献率}{基期所得税贡献率} \times 100\%$$

（3）风险分析识别方法。

企业所得税贡献率变动率小于行业预警值，显示风险预警。企业所得税贡献率变动率低于预警值的幅度越大，税收风险越高。

（4）风险应对步骤。

①对应纳税所得额及有关收入确认、成本费用及税前扣除项目进一步深入分析核实；分析排查是否存在少计应税收入、扩大税前扣除范围、非正常情况亏损等税收风险。

②对预警企业开展案头分析，结合企业相关财务信息和第三方信息，运用物耗、电耗、水耗等涉税大数据，针对所得税应纳税所得额及有关营业收入、成本费用及税前扣除项目等进行进一步深入分析核实。

7）企业所得税税收负担率异常风险指标

（1）风险指标描述。

企业所得税税收负担率是指在正常业务情况下（不包括特殊业务），纳税人企业所得税申报税负与地区同行业、同类型企业税负指标预警值对比明显偏低，显示风险预警。

（2）计算公式。

$$企业所得税税收负担率 = \frac{报告期企业缴纳的所得税}{报告期企业利润总额} \times 100\% < 预警值$$

（3）风险分析识别方法。

企业的所得税税收负担率小于行业预警值，显示风险预警。企业所得税税收负担率低于预警值的幅度越大，税收风险越高。风险指向企业可能存在少计收入、多计成本费用、扩大税前扣除范围的涉税风险，或者可能存在非正常情况的亏损等。

（4）风险应对步骤。

①根据往年纳税人申报纳税等情况，结合评估、稽查反馈信息，调整修正行业所得税负预警值，使预警值更加科学合理，提高税收风险分析识别的准确性。

②对预警企业开展案头分析，结合企业相关财务信息和第三方信息，运用物耗、电耗、水耗等涉税大数据，针对所得税应纳税所得额及有关营业收入、成本费用及税前扣除项目等进行进一步深入分析核实。

8）所得税弹性系数异常风险指标

（1）风险指标描述。

企业主营业务收入变动率与所得税应纳税额变动率应保持同方向、同幅度增减变化，两者的配比指标称为所得税弹性系数。弹性系数趋近于1是合理的，反映企业主营业务收入变动与所得税应纳税额变动之间是配比合理、协调一致的。

（2）计算公式。

$$所得税弹性系数 = \frac{报告期应纳税额变动率}{主营业务收入变动率} \times 100\%$$

（3）风险分析识别方法。

企业的所得税弹性系数指标值趋近于1是合理的，介于0.8~1.2是相对合理区间，偏离合理区间的幅度越大，税收风险越高。实际业务中，该指标值通常是小于1，若低于0.8，可能存在少计收入、多计成本费用、扩大税前扣除范围，或者可能存在非正常情况亏损等所造成的少缴企业所得税的税收风险。低于0.8的幅度越大，税收风险越高。

（4）风险应对步骤。

①剔除税收优惠政策的影响。

②审核分析企业所得税纳税申报数据与相关财务报表数据。

③考虑其他影响应纳税额的因素，与期初数据、平均库存水平、生产能力、生产周期、行业平均价格等涉税大数据进行综合对比分析。

④对预警企业开展案头分析，结合企业相关财务信息和第三方信息，运用物耗、电耗、水耗等涉税大数据，针对所得税应纳税所得额及有关营业收入、成本费用及税前扣除项目等进行进一步深入分析核实。

9）应纳税所得额变动率与总资产变动率弹性系数异常风险指标

（1）风险指标描述。该指标属于所得税弹性系数的指标范畴。在正常情况下，纳税人应纳税所得额变动率与总资产变动率应保持同方向、同幅度增减变化，其比值近于1是合理的。

（2）计算公式。

$$应纳税所得额变动率 = \frac{报告期应纳税额 - 基期应纳税所得额}{基期应纳税所得额}$$

$$总资产变动率 = \frac{报告期平均总资产 - 基期平均总资产}{基期平均总资产}$$

$$应纳税所得额变动率与总资产变动率弹性系数 = \frac{应纳税所得额变动率}{总资产变动率}$$

（3）风险分析识别方法。

应纳税所得额变动率与总资产变动弹性系数指标值趋近于1是合理的，介于0.8~1.2是相对合理区间，偏离合理区间的幅度越大，税收风险越高。实际业务中，该指标值通常是小于1，若低于0.8，可能存在少计收入、多计成本费用、扩大税前扣除范围或可能存在非正常情况亏损等所造成的少缴企业所得税的税收风险。

（4）风险应对步骤。

①进一步深入分析。

当二者都为正时，比值<1，且与1相差较大，企业可能存在多计成本费用、扩大税前扣除范围所造成的少缴所得税的税收风险，应重点分析监控。

当二者都为负时，比值>1，且与1相差较大，企业可能存在多计成本费用、扩大税前扣除范围所造成的少缴所得税的税收风险，应重点分析监控。

当比值为负数，且前者为负、后者为正时，企业可能存在多计成本费用、扩大税前扣除范围所造成的少缴所得税的税收风险，应重点分析监控。

②审核分析企业所得税纳税申报数据与相关财务报表数据。

③考虑其他影响应纳税所得额的因素，与期初数据、平均库存水平、生产能力、生产周期、行业平均价格等涉税信息进行综合对比分析。

④对预警企业开展案头分析，结合企业相关财务信息和第三方信息，运用物耗、电耗、水耗等涉税大数据，针对所得税应纳税所得额及有关资产状况、营业收入、成本费用及税前扣除项目等进行进一步深入分析核实。

知识点3：企业财务指标涉税风险分析识别方法（财务报表类财务指标涉税风险分析识别方法）

微观税源经济指标，主要是指纳税人涉税生产经营活动过程中的财务核算指标与财务分析指标，包括财务报表类、资金管理类、采购业务类、资产管理类、生产管理类、销售业务类。（本任务重点

视频：分析识别财务报表类财务指标涉税风险

介绍财务报表类和资金管理类指标。)

1) 销售毛利率异常风险指标

(1) 风险指标描述。

企业销售毛利率低于同行业、同类型企业销售毛利率指标的预警值。

(2) 计算公式。

$$销售毛利率 = \frac{销售收入 - 销售成本}{销售收入} \times 100\% < 预警值$$

(3) 风险分析识别。

企业的销售毛利率小于行业预警值,显示风险预警。销售毛利率低于预警值的幅度越大,税收风险越高。风险指向企业可能存在销售价格偏低、少计收入、多计成本费用的税收风险;或者存在关联交易转移利润,少缴企业所得税的税收风险。

(4) 风险应对步骤。

对预警企业开展案头分析,结合企业相关财务信息和第三方信息,对销售收入和成本费用项目明细进行进一步深入分析核实;运用物耗、电耗、水耗等涉税大数据,针对所得税应纳税所得额及有关资产状况、营业收入、成本费用及税前扣除项目等进行进一步深入分析核实。

2) 主营业务利润率异常风险指标

(1) 风险指标描述。

企业主营业务利润变动率低于地区同行业、同类型企业主营业务利润变动率指标的预警值。

(2) 计算公式。

$$主营业务利润变动率 = \frac{报告期主营业务利润 - 基期主营业务利润}{基期主营业务利润} \times 100\% < 预警值$$

(3) 风险分析识别。

企业主营业务利润变动率小于行业预警值,显示风险预警。主营业务利润变动率低于预警值的偏离幅度越大,税收风险越高。风险指向企业可能存在少计收入或多计成本费用、扩大税前扣除范围,造成少缴企业所得税的税收风险。

(4) 风险应对步骤。

对预警企业开展案头分析,结合企业相关财务信息和第三方信息,对销售收入和成本费用项目明细进行进一步深入分析核实;运用物耗、电耗、水耗等涉税大数据,针对所得税应纳税所得额及有关资产状况、营业收入、成本费用及税前扣除项目等进行进一步深入分析核实。

3) 收入费用率异常风险指标

(1) 风险指标描述。

企业收入费用率高于地区同行业、同类型企业收入费用率指标的预警值。

(2) 计算公式。

$$收入费用率 = \frac{报告期期间费用额}{报告期营业收入额} \times 100\% \geq 预警值$$

(3) 风险分析识别。

企业收入费用率大于等于行业预警值,显示风险预警。高于预警值的偏离幅度越大,税收风险越高。风险指向企业可能存在多计期间费用或少计收入的情况，造成少缴企业所得税的税收风险。

（4）风险应对步骤。

深入核实分析企业实际的期间费用明细及主营业务收入情况，进一步审核分析具体的三项费用率指标，如管理费用率、财务费用率、销售费用率等的异常情况。

4）主营业务收入变动率与主营业务利润变动率弹性系数（配比）异常风险指标

（1）风险指标描述。

在正常情况下，企业主营业务收入变动率与主营业务利润变动率应保持同方向、同幅度增长变化，比值应接近于1。当两者比值与1的偏离幅度较大时，表现为较高的税收风险特征。

（2）计算公式。

$$\text{主营业务收入变动率与主营业务利润变动率弹性系数} = \frac{\text{主营业务收入变动率}}{\text{主营业务利润变动率}}$$

（3）风险分析识别。

企业主营业务收入与主营业务利润弹性系数指标值趋近于1是合理的，0.8~1.2是相对合理区间，1.2是预警的上限值。偏离合理区间的幅度越大，税收风险越高。实际业务中，该指标的实际值大于1.2，风险指向企业可能存在少计收入、多计成本费用、扩大税前扣除范围或者可能存在非正常情况的亏损等情况，从而造成少缴企业所得税的税收风险。主营业务收入变动率与主管业务利润变动率弹性系数指标值高于上限值1.2的幅度越大，税收风险程度越高。

（4）风险应对步骤。

对企业开展案头分析，结合企业相关财务指标数据，对主营业务收入和成本费用项目进行案头分析核实；运用物耗、电耗、水耗等涉税大数据，针对所得税应纳税所得额及有关资产状况、营业收入、成本费用及税前扣除项目等进行进一步深入分析核实，锁定具体的风险点，提醒并辅导企业开展风险自查。

5）主营业务收入变动率与主营业务成本变动率弹性系数（配比）异常风险指标

（1）风险指标描述。

企业主营业务收入变动率与主营业务成本变动率在正常情况下是同方向、同幅度增减变化，比值应接近于1。当两者比值与1的偏离幅度较大时，表现为较高的税收风险特征。

（2）计算公式。

$$\text{主营业务收入变动率与主营业务成本变动率弹性系数} = \frac{\text{主营业务收入变动率}}{\text{主营业务成本变动率}}$$

（3）风险分析识别。

弹性系数趋近于1是合理的，0.8~1.2是相对合理区间，0.8是预警的下限值。偏离合理区间的幅度越大，税收风险越高。实际业务中，该指标的实际值小于0.8，风险指向企业可能存在少计收入、多计成本费用、扩大税前扣除范围或者可能存在非正常情况的亏损等情况，从而造成少缴企业所得税的税收风险。低于下限值0.8的幅度越大，税收风险越高。

（4）风险应对步骤。

①进一步深入分析。

当二者都为正时，比值<1，且相差较大，表明企业可能存在少计收入、多计成本费用、

扩大税前扣除范围等税收风险。

当二者都为负时，比值＞1，且相差较大，表明企业可能存在少计收入、多计成本费用、扩大税前扣除范围等税收风险。

当比值为负数，且前者为负、后者为正时，表明企业可能存在少计收入、多计成本费用、扩大税前扣除范围等税收风险。

②进一步针对企业主营业务收入与主营业务成本明细作深入分析核实。

6）主营业务成本变动率与主营业务利润变动率弹性系数（配比）异常风险指标

（1）风险指标描述。

正常情况下，企业主营业务成本变动率与主营业务利润变动率应保持同方向、同幅度增长变化，比值应接近于1，当两者比值与1的偏离幅度较大时，表现为较高的税收风险特征。

（2）计算公式。

$$主营业务成本变动率与主营业务利润变动率弹性系数 = \frac{主营业务成本变动率}{主营业务利润变动率}$$

（3）风险分析识别。

指标值趋近于1是合理的，0.8～1.2是相对合理区间，1.2是预警上限，实际业务中，该指标的实际值通常是大于1.2，风险指向可能存在少计收入、多计成本费用、扩大税前扣除范围或者可能存在非正常情况的亏损等情况，从而造成少缴企业所得税的税收风险。高于上限值1.2的幅度越大，税收风险越高。

（4）风险应对步骤。

①进一步深入分析。

当二者都为正时，比值＞1，且相差较大，表明企业可能存在少计收入、多计成本费用、扩大税前扣除范围等税收风险。

当二者都为负时，比值＜1，且相差较大，表明企业可能存在少计收入、多计成本费用、扩大税前扣除范围等税收风险。

当比值为负数，且前者为正、后者为负时，表明企业可能存在少计收入、多计成本费用、扩大税前扣除范围等税收风险。

②进一步对企业主营业务收入和主营业务成本明细科目及相关指标作深入分析核实。

7）应付账款比率异常风险指标

（1）风险指标描述。

应付账款比率大于地区同行业、同类型企业应付账款比率指标预警值，表现为异常的税收风险特征，风险指向企业可能存在少计或延迟确认收入的税收风险。

（2）计算公式。

$$应付账款比率 = \frac{报告期应付账款平均余额}{报告期销售（营业）收入} \times 100\% > 预警值$$

（3）风险分析识别。

风险指向企业可能存在将销售收入挂应付账款科目，逃避缴纳货物和劳务税、企业所得税的税收风险。高于预警值的幅度越大，税收风险越高。

（4）风险应对步骤。

对应付账款的真实性作进一步深入分析核实。

8）应付账款变动率异常风险指标

（1）风险指标描述。

企业应付账款变动率大于地区同行业、同类型企业应付账款变动率指标的预警值，表现为异常的税收风险特征，风险指向企业可能存在少计或延迟确认收入所造成的税收风险。

（2）计算公式。

$$应付账款变动率 = \frac{报告期应付账款 - 基期应付账款}{基期应付账款} \times 100\% > 预警值$$

（3）风险分析识别。

风险指向企业可能存在隐瞒收入所造成的少缴货物和劳务税、企业所得税的税收风险。高于预警值的幅度越大，税收风险越高。

（4）风险应对步骤。

针对应付账款变动率过高的原因作进一步深入分析核实。

9）应收账款比率异常风险指标

（1）风险指标描述。

企业应收账款比率大于地区同行业、同类型企业应收账款比率指标预警值，表现为异常的税收风险特征，风险指向企业可能存在少计或延迟确认收入所造成的税收风险。

（2）计算公式。

$$应收账款比率 = \frac{应收账款平均余额}{销售收入（营业收入）} \times 100\% > 预警值$$

（3）风险分析识别。

风险指向企业可能存在将销售收入挂应收账款科目，没有及时确认收入，造成少缴货物和劳务税、企业所得税的税收风险。高于预警值的幅度越大，税收风险越高。

（4）风险应对步骤。

针对应收账款的真实性作进一步深入审核分析。

10）应收账款变动率异常风险指标

（1）风险指标描述。

企业应收账款变动率大于地区同行业、同类型企业应收账款变动率指标预警值，表现为异常的税收风险特征，风险指向企业可能存在少计或延迟确认收入所造成的税收风险。

（2）计算公式。

$$应收账款变动率 = \frac{报告期应收账款 - 基期应收账款}{基期应收账款} \times 100\% > 预警值$$

（3）风险分析识别。

风险指向企业可能存在因隐瞒收入，造成少缴货物和劳务税、企业所得税的税收风险。高于预警值的偏离幅度越大，税收风险越高。

（4）风险应对步骤。

对报告期应收账款的真实性作进一步深入分析核实。

11）预收账款变动率与销售收入变动率差异率异常风险指标

（1）风险指标描述。

当企业预收账款变动率数值减去销售收入变动率数值大于0时，表现为异常变动的税收风险特征。

(2) 计算公式。

预收账款变动率与销售收入变动率差异率 = 预收账款变动率 − 销售收入变动率

(3) 风险分析识别。

企业预收账款变动率、销售收入变动率应同方向、同幅度变化，无明显变动差异是正常的。当预收账款变动率大于销售收入变动率时，风险指向企业可能存在拖延结转预收账款、少计收入、拖延申报纳税所造成的税收风险。差异率越大，税收风险越高。

(4) 风险应对步骤。

对预收账款变动情况作进一步深入分析核实。

知识点4：企业财务指标涉税风险分析识别方法（资金管理类财务指标涉税风险分析识别方法）

1）财务费用变动率异常风险指标

(1) 风险指标描述。

纳税人本年的财务费用和上年相比，存在上涨幅度过大的异常变动情况。风险指向企业可能存在多列或虚列利息支出的问题，进而影响当期利润，造成少缴或不缴企业所得税的税收风险。

(2) 计算公式。

$$财务费用变动率 = \frac{本年财务费用率 - 上年财务费用率}{上年财务费用率} > 预警值$$

(3) 风险分析识别。

根据本地区同行业企业的实际情况来测算和设定财务费用变动率的预警参数。若企业的财务费用上涨幅度超过预警值，风险指向企业可能存在多列或虚列利息支出的问题，进而影响当期的利润，造成少缴或不缴企业所得税的税收风险。超过预警值的幅度越大，税收风险越高。

(4) 风险应对步骤。

重点审核分析企业财务费用，特别是利息支出列支是否合理准确，是否存在应资本化的利息支出在税前一次性列支的风险点，提醒并辅导企业开展风险自查。

2）财务费用率异常风险指标

(1) 风险指标描述。

纳税人的财务费用率高于地区同行业相近规模企业的财务费用率的预警值，表现为异常的税收风险特征。

(2) 计算公式。

$$财务费用率 = \frac{财务费用}{主营业务收入} \times 100\% \geqslant 预警值$$

(3) 风险分析识别。

当企业的财务费用率高于地区同行业相近规模企业的财务费用率的预警值时，风险指向企业可能存在多列或虚列利息支出的问题，进而影响当期利润，造成少缴或不缴企业所得税的风险。超过预警值的幅度越大，税收风险越高。

(4) 风险应对步骤。

重点审核分析纳税人的收入、往来科目和财务费用科目，分析有无将利息收入挂在往来科目或直接冲减财务费用的问题，特别是要关注利息支出列支是否合理准确，是否存在应资本化的利息支出在税前一次性列支的风险点,提醒并辅导企业开展风险自查。

3)借款资本化的利息支出在税前列支风险指标

(1)风险指标描述。

纳税人为购置和建造固定资产、无形资产及经过12个月以上的建造才能达到预定可销售状态的存货,发生借款利息支出,一次性在税前列支。

(2)风险分析识别。

风险指向企业可能存在多列利息支出的问题以及应资本化的利息支出在税前一次性列支的风险点,进而影响当期利润,造成少缴或不缴企业所得税的风险。

(3)风险应对步骤。

①查看纳税人的《通用资产负债表》《企业所得税年度纳税申报表》或长期借款、短期借款科目,确定是否有借款行为发生。

②查阅纳税人借款合同及相关资料,审核借款的实际用途。

③查看纳税人财务费用科目,确认是否存在资本化借款的利息支出列入当期财务费用、一次性税前扣除所产生的少缴企业所得税的风险点,提醒并辅导企业开展风险自查。

4)筹资账户资金情况异常风险指标

(1)风险指标描述。

纳税人的资金账户(包括投资账户、资产账户及货币资金账户等)的资金情况发生重大变化,而财务报表却没有反映相应收益或费用的变化。

(2)风险分析识别。

风险指向企业可能存在未及时确认收益,造成少缴企业所得税的风险。

(3)风险应对步骤。

①核实纳税人的资金账户、财务报表的相应收益或费用内容之间是否符合逻辑。

②结合企业《现金流量表》中"经营活动产生的现金流量""投资活动产生的现金流量""筹资活动产生的现金流量"栏目进行分析,并审核企业《通用资产负债表》中的长期投资和所有者权益、《利润表》中的投资收益和财务费用等栏的变化,分析判断企业是否及时确认收益并申报纳税。

拓展知识:企业税收指标风险分析识别方法及应用

任务5.4 税收风险预警评估和税收风险应对

学习目标

知识目标:
掌握税收风险预警评估的概念。
掌握税收风险预警评估的流程。

理解税收风险等级划分与风险等级排序。
理解税收风险预警信息发布。
掌握税收风险应对内容。
技能目标：
能够准确划分税收风险等级。
能够正确选用税收风险应对策略。
素质目标：
形成税收风险观念，培养居安思危意识。
具有自觉纳税意识和税收风险预警防控意识。

学习情境

某市某年餐饮业风险识别的样本企业为所有查账征收企业，共计580户。按照收入规模分为四档，收入大于1亿元的企业为10户，收入在1 000万~10 000万元的企业为120户，收入在500万~1 000万元的企业为230户，收入小于500万元的企业为220户。

1）选取风险指标

在开展企业所得税风险识别及等级排序时，选取所得税税负率、销售毛利率、主营业务收入费用率三项风险指标。

（1）所得税税负率指标评分＝该指标风险分值×企业所得税税负率指标的偏差率。

（2）销售毛利率指标评分＝该指标风险分值×企业销售毛利率指标的偏差率。

（3）主营业务收入费用率指标评分＝该指标风险分值×企业收入费用率指标的偏差率。

（4）总税收遵从风险分值评分＝所得税税负率指标评分＋销售毛利率指标评分＋主营业务收入费用率指标评分。

某市某年餐饮业税收遵从风险指标预警参数如表5－5所示。

表5－5 某市某年餐饮业税收遵从风险指标预警参数

规模类型	户数/户	所得税税负率/%		销售毛利率/%		收入费用率/%	
		平均值	预警值	平均值	预警值	平均值	预警值
收入大于1亿元	10	3	2	64.32	53	48.2	50
收入在1 000万~10 000万元	120	0.9	0.6	52.37	45	47.74	55
收入在500万~1 000万元	230	0.3	0.25	49.97	43	46.4	53
收入小于500万元	220	0.25	0.2	51	45	50.48	55

2）风险等级排序

以风险指标与行业预警值的差距为主要评定因素，根据各指标权重计算企业综合风险分值。根据企业税收综合风险指数的大小，将企业的风险程度划分为不同的风险区间，即为5个风险预警等级，级别越高，反映该企业存在的税收遵从风险越大。

（1）收入大于1亿元的餐饮企业风险等级排序如表5－6所示。

智能化税务管理

表 5-6 收入大于 1 亿元的餐饮企业风险等级排序

分值区间/分	预警级别	企业数量/户
81~100	5 级预警	1
61~80	4 级预警	1
41~60	3 级预警	2
21~40	2 级预警	1
0~20	1 级预警	3
分值为 0	未预警	2

(2) 收入在 1 000 万~10 000 万元的餐饮企业风险等级排序如表 5-7 所示。

表 5-7 收入在 1 000 万~10 000 万元的餐饮企业风险等级排序

分值区间/分	预警级别	企业数量/户
81~100	5 级预警	6
61~80	4 级预警	23
41~60	3 级预警	29
21~40	2 级预警	32
0~20	1 级预警	29
分值为 0	未预警	11

(3) 收入在 500 万~1 000 万元的餐饮企业风险等级排序如表 5-8 所示。

表 5-8 收入在 500 万~1 000 万元的餐饮企业风险等级排序

分值区间/分	预警级别	企业数量/户
81~100	5 级预警	10
61~80	4 级预警	39
41~60	3 级预警	43
21~40	2 级预警	60
0~20	1 级预警	53
分值为 0	未预警	25

(4) 收入小于 500 万元的餐饮企业风险等级排序如表 5-9 所示。

表 5-9 收入小于 500 万元的餐饮企业风险等级排序

分值区间/分	预警级别	企业数量/户
81~100	5 级预警	7
61~80	4 级预警	36

续表

分值区间/分	预警级别	企业数量/户
41~60	3级预警	45
21~40	2级预警	56
0~20	1级预警	51
分值为0	未预警	25

（节选自李晓曼《大数据税收风险管理及应用案例》）

任务要求

（1）查阅资料，总结税收风险预警评估流程，判断该案例处在哪个流程。
（2）思考税收风险程度测算应考虑的因素。
（3）分析该市餐饮业风险预警指标情况，分析其如何进行风险等级排序。
（4）总结税收风险等级划分和等级排序的注意事项。
（5）分析如何发布税收风险预警信息。
（6）总结税收风险应对策略和建议。

获取信息

观察学习情境，阅读任务要求，根据课程网站学习资料和国家税务总局网站相关信息，思考问题。

引导问题1： 什么是税收风险预警评估，它的流程是什么？

 小提示 6个步骤。

引导问题2： 影响税收风险程度的因素是什么？

 小提示 税收风险事件发生的概率、税收风险事件发生造成税收流失后果的严重程度。

引导问题3： 如何划分税收风险等级？税收风险等级如何排序？

 小提示 5个级别。

引导问题4： 发布不同级别的税收风险预警信息对应的预警信号有何不同？

智能化税务管理

> 💡 **小提示** 绿色、蓝色、黄色、橙色、红色。

引导问题 5：怎样应对税收风险？

> 💡 **小提示** 分级分类管理。

📅 工作实施

步骤 1：查阅资料，总结税收风险预警评估流程，判断该案例处在哪个流程。

步骤 2：思考税收风险程度测算应考虑的因素。

步骤 3：分析该市餐饮业风险预警指标情况，分析其如何进行风险等级排序。

步骤 4：总结税收风险等级划分和等级排序的注意事项。

步骤 5：分析如何发布税收风险预警信息。

步骤 6：总结税收风险应对策略和建议。

☆≡ 评价反馈

税收风险预警评估和税收风险应对评价表如表 5-10 所示。

表 5-10 税收风险预警评估和税收风险应对评价表

班级：		姓名：		学号：		
任务 5.4		税收风险预警评估和税收风险应对				
评价项目	评价标准	分值/分	自评	互评	师评	总评
税收风险预警评估	明确税收风险预警评估的概念和流程	10				
税收风险程度测算的方法	正确测算税收风险程度	20				
税收风险等级划分和等级排序	正确进行税收风险等级划分和等级排序	20				
税收风险预警信息发布机制	正确判断税收风险预警级别	10				
税收风险应对	明确税收风险应对流程，正确采用税收风险应对策略	10				
工作态度	严谨认真、无缺勤、无迟到早退	10				
工作质量	按计划完成工作任务	10				
职业素质	具有税收风险观念、居安思危意识和遵纪守法观念	10				
合计		100				

学习情境的相关知识点

视频：税收风险预警评估的概念和流程

知识点1：税收风险预警评估的概念

1）税收风险预警评估的概念

税收风险预警评估是指在风险识别和估测的基础上，结合相关因素的定性分析及综合考量，运用一系列科学方法，对潜在的税收风险区域、行业及纳税人进行分类分析、测算，对风险发生的可能性和风险损失程度进行分析、判断和评定估价，对风险等级进行高低组合排序，在此基础上提出具有针对性的应对处理建议和措施，并发布预警信息及推送风险应对任务的工作。

2）税收风险预警评估的内容

（1）评价税收风险在一定时间内发生的可能性及损失的严重性，即风险概率大小和税收流失损失后果的严重程度。

（2）根据测算某一特定税收风险指标的风险发生概率和损失程度，综合估计和评价总体风险概率及损失程度。

（3）根据税收风险概率的评价结果，估计和预测可能产生的税收流失后果，为综合评估确定该风险指标的权重系数提供依据。

（4）将达到一定相关度的税收风险指标体系综合起来，进行总体税收风险程度的综合评价。

（5）根据风险评价结果，确定税收风险程度，进行风险等级排序，发布税收风险预警信息，提出分级分类风险应对建议方案，为风险应对提供有效的决策依据。

知识点 2：税收风险预警评估的流程

税收风险预警评估是在税收风险分析识别的基础上，按照一定的步骤和方法对税收风险进行综合评价，完成对税收风险程度的量化过程，从而确定税收风险等级并进行风险等级排序，为应对税收风险提供科学有效的决策依据。其基本流程和具体实施步骤如下：

（1）根据构建的税收风险指标体系及有关参数，按照纳税人的具体风险属性及有关涉税风险状况，进行风险分析识别。

（2）对税收风险监控信息技术平台中的有关风险指标的信息数据进行加工处理，测算相关安全的基准值和识别参数，比对、测算偏差并进行分类。

（3）按照定性、定量分析方法，估计税收风险指标在一定时间内发生的概率及税收流失风险的损失程度。

（4）根据估计和测算的税收风险指标的税收风险概率及风险程度，综合评估总体的税收流失风险程度及损失后果，赋予税收风险分值。

（5）根据某单项税收风险指标的税收风险概率及对总体税收风险的影响程度，设定风险权重，明确某单项税收风险指标在风险综合评价体系中的权重系数，确定权重系数体系。

（6）根据税收风险指标分析识别后的实际偏差状况，采取打分评价的方法，并根据综合风险分值的高低确定风险程度，同时结合各种管理资源的实际配置状况，确定税收风险等级并进行排序；发布预警信息，提出税收风险应对的建议和方案，为税收风险应对控制提供科学依据。

知识点 3：税收风险程度测算的方法

1）明确影响税收风险程度的两个因素

一般来讲，税收风险程度与税收风险事件（以下简称税收风险）发生的概率（可能性）、税收风险发生造成税收流失的严重性这两个因素有关。也就是说，税收风险程度的高低取决于两个方面：一是税收风险发生的概率，二是税收风险发生造成税收流失后果的严重程度（以下简称税收风险损失程度）。

视频：税收风险程度测算的方法、等级划分排序、预警信息发布

2）税收风险程度测算方法

通常情况下，税收风险程度通过税收风险分值反映，综合了两个方面的因素，就是税收风险发生的概率与税收流失后果严重程度的乘积。其计算公式如下：

$$R = S \times P$$

式中，R 表示税收风险程度，由税收风险损失除以单位时间得出；S 代表税收流失后果严重程度，由税收风险损失额除以税收风险次数得出；P 表示税收风险发生的概率，由税收风险次数除以单位时间得出。

此方法是先求出税收风险项目系统中各单项风险指标所代表的税收风险发生的概率及税收流失后果严重程度的风险分值，评定单项风险指标反映的税收风险发生的可能性及税收风险发生所产生的税收流失后果的严重性，在此基础上，综合测算和确定总体税收风险分值，以总的风险分值的多少确定税收风险程度的高低，进而评定税收风险等级。

知识点 4：税收风险等级划分

一般来说，税收风险等级可分为 1～5 个等级，级别越高，税收风险程度越高。如果税

收风险发生的概率可以分为 5 种：不会发生、几乎不会发生、不太可能发生、偶尔发生和经常发生，则对应的税收风险损失程度也可以分为 5 种：无损失、轻微损失、中等损失、重大损失和特大损失。因此，税收风险等级对应地也划分为 5 个等级。随着税收风险发生的概率加大、税收风险损失严重程度的提高，税收风险分值也随之增加，则表明税收风险等级逐级加大，分别可以表示为：无风险等级（1 级）、低风险等级（2 级）、中等风险等级（3 级）、较高风险等级（4 级）、高风险等级（5 级）。

知识点 5：税收风险等级排序

综合税收风险发生概率与税收风险损失金额两方面，根据税收风险评分分值的高低，评价税收风险程度及相应的风险等级。随着现代信息技术的发展，采用定性与定量相结合的方式，在结合专家法等人工技术和经验的基础上，用定量评价的现代信息技术手段，评价税收风险程度，进行税收风险等级排序，这是未来税收风险管理的发展趋势。

具体应用步骤和方法如下：

1) 应用步骤

根据税收总风险评价分值的高低，结合各种因素及管理资源的实际配置状况，确定税收风险等级并排序。

2) 应用方法

按照国际惯例，税收总风险评价分值通常采用封闭式确定，满分为 100 分，税收风险等级划分为 5 级，每差值 20 分划分为一个风险等级，遵循上组限不在本组内原则。1 级风险分值最低，5 级风险分值最高。税收风险总评价分值越高的企业，税收风险等级越高。税收风险分值划分与税收风险等级排序如表 5 – 11 所示。

表 5 – 11　税收风险分值划分与税收风险等级排序

税收总风险评估分值/分	风险等级
81 ~ 100	5 级
61 ~ 80	4 级
41 ~ 60	3 级
21 ~ 40	2 级
0 ~ 20	1 级

应用此方法时，要注意根据总赋分情况确定实际风险等级划分。如果指标变量较多，总赋分满分是 200 分，则要相应调整实际差值得分，将 40 分划分为一个风险等级，则得分区间分别为 0 ~ 40 分、41 ~ 80 分、81 ~ 120 分、121 ~ 160 分、161 ~ 200 分，对应生成税收风险等级依次为 1 级、2 级、3 级、4 级和 5 级，以此类推。

知识点 6：税收风险预警信息发布机制

1) 税收风险预警（以下简称预警）分类

（1）宏观预警。

如果地区税负、弹性等指标低于全国平均水平或全省平均水平一定幅度，则显示预警。偏离的幅度越大，预警级别越高，分别以不同颜色的信号进行预警提示和关注。

（2）行业预警。

如果行业税负、弹性等指标低于全国同行业指标预警值一定幅度，则显示预警，偏离的幅度越大，预警级别越高，分别以不同颜色的信号进行预警提示和关注。

（3）微观预警。

主要是对纳税人生产经营涉税专项风险指标进行预警识别，纳税人预警的风险级别根据风险指标权重由系统自动测算，即对不同税收风险指标设定不同的风险分值，根据纳税人指标与标准参数偏离的情况，计算税收风险总分值，进而反映纳税人税收风险等级。选择税收风险等级较高的纳税人并通过预警系统发布预警信息，予以重点关注和风险排查。

2）确定税收风险预警级别

税收风险预警系统中的预警信息发布，通常根据行业或重点事项的税收风险情况实行5级或3级预警机制。为了更有效地对税收风险较高的行业或事项加强风险控管，应该实行5级预警监控机制，而对税收风险较低的行业，则可以采取4级预警监控机制。

3）发布税收风险预警信息

对于税收风险较高的行业或事项实行5级预警信息发布机制，发布预警信息根据税收风险等级由低到高分别用5种不同颜色的预警信号加以提示。

（1）绿色信号提示无风险；

（2）蓝色信号提示较低税收风险预警，通常是2级风险等级；

（3）黄色信号提示中度税收风险预警，通常是3级风险等级；

（4）橙色信号提示较高税收风险预警，通常是4级风险等级；

（5）红色信号提示高税收风险预警，通常是5级风险等级。

对于税收风险较低的行业和事项可以实行4级预警机制，用绿色、蓝色、黄色和红色信号分别提示无、较低、中度和较高的税收风险预警级别。

知识点7：税收风险应对概念

视频：税收风险应对

税收风险应对，也称税收风险应对处理或处置，是指在对税收风险进行分析、识别、评价、排序后，根据确定的税收风险来源、税收风险等级及税收风险点，采取差别化的应对策略、措施和方法，以实施有效的应对、处理和控制的管理活动，从而实现防范、控制和降低税收风险的管理目标。

税收风险应对在税收风险管理流程中处于非常重要的阶段，税收风险应对决定是否需要采取有效的处理行动，以及采取什么样的策略与方法对税收风险进行应对处理。其核心目标是选择差别化的应对处理策略与方法，有效地应对、控制税收风险，排除、化解税收风险。

知识点8：税收风险应对策略和建议

按照国际惯例和经验，通常将处在1级税收风险等级的纳税人界定为自愿遵从类型，税收遵从度最高，基本上处于无风险区域，通常是不应对、不打扰，同时给予最便捷、最优的纳税服务和遵从激励等；将处在2级税收风险等级的纳税人界定为低风险，提出的应对策略主要是通过及时开展税收风险提示提醒、辅导式服务，促进纳税人自我遵从；将处在3级税收风险等级的纳税人界定为尝试遵从型，税收遵从度一般，存在中等程度的税收风险，提出的应对策略主要是通过及时开展税收风险提示提醒，提供人性化的教育、案头分析、约谈核实、辅导帮助等管理手段纠正其错误，帮助其遵从；将处在4级税收风险等级的纳税人界定为不想遵从型，税收遵从度较低，税收风险等级较高，提出的应对策略是给予足够的关注，加强监管，通过约谈、实地调查核实、税务审计、反避税调查等管理方式促使其遵从；将处在 5 级税收风险等级的纳税人界定为恶意不遵从型，税收遵从度最低，税收风险程度最高，提出的应对策略是重点关注，充分利用法律的权威严格执法，加大执法管控的刚性和力度，从严查处，打击震慑，强制其遵从，由此推动建立差别化、递进式的税收风险分级分类应对控制体系。

拓展知识：税收风险
应对流程

视频：计算税务大数据行业指标
（平台模块操作）

视频：税务风险预警和分析
（平台模块操作）

项目5 同步训练与测试

一、单选题

1. 下列关于税收风险管理基本流程的排序，正确的是（　　）。
A. 收集涉税信息→开展风险识别→确定等级排序→组织风险应对
B. 收集涉税信息→确定等级排序→开展风险识别→组织风险应对
C. 开展风险识别→收集涉税信息→确定等级排序→组织风险应对
D. 制定目标规划→开展风险识别→收集涉税信息→组织风险应对

2. 按指标体系评价的方向分类，下列各指标中属于正向评价指标体系的是（　　）。
A. 企业成本费用率
B. 增值税税负率
C. 主营业务成本变动率与主营业务收入变动率弹性系数
D. 税收流失率

3. 根据税收风险等级的高低，对低风险纳税人采取的应对策略是（　　）。
A. 避免不当打扰　　B. 风险提示提醒　　C. 纳税评估　　D. 税务稽查

4. 根据税收风险等级的高低，对中风险纳税人采取的应对策略是（　　）。
A. 避免不当打扰　　B. 风险提示提醒　　C. 纳税评估　　D. 税务稽查

5. 对于税收风险较高的行业或事项实行 5 级预警信息发布机制，发布预警信息根据税收风险等级由低到高分别用 5 种不同颜色的预警信号加以提示。橙色信号提示（　　），通常是（　　）等级。
A. 无风险　0 级风险
B. 较低税收风险预警　2 级风险
C. 中度税收风险预警　3 级风险
D. 较高税收风险预警　4 级风险

二、多选题

1. 税收风险程度的高低取决于（　　）。
A. 税收风险发生的概率
B. 税收风险发生造成税收流失后果的严重程度
C. 税收风险等级

D. 税收风险排序

2. 正指标与税收遵从度评价方向相同，与税收风险程度相反。因此，指标数值越高，税收遵从度越高，税收风险越低。以下属于正指标的是（　　）。

A. 增值税税负率　　B. 税收收入增长率　C. 税收贡献率　　D. 成本费用率

3. 以下关于根据税收风险等级的高低采取的应对策略，阐述正确的是（　　）。

A. 对无风险纳税人避免不当打扰

B. 对低风险纳税人进行风险提示提醒

C. 对中风险纳税人实施纳税评估（或税务审计、反避税调查）

D. 对涉嫌偷税（逃避缴纳税款）、逃避追缴欠税、骗税、抗税、虚开发票等税收违法行为的高风险纳税人实施税务稽查

4. 以下属于税收风险管理内容的有（　　）。

A. 风险识别　　　　　　　　　　B. 风险分析及任务统筹

C. 风险应对　　　　　　　　　　D. 风险监控

5. 税收风险管理具有（　　）的特点。

A. 管理流程闭环运行　　　　　　B. 风险管理全面覆盖

C. 递进开展风险应对　　　　　　D. 管理流程开放运行

三、简答题

1. 阐述税收风险管理的基本流程。
2. 税收风险预警指标体系的分类依据有哪些？具体可分为哪些类型？
3. 阐述税收风险预警评估流程。
4. 如何应对税收风险？

四、案例分析

M企业20×2年、20×3年财务指标涉税关联变动配比分析数据如表5-12所示。

表5-12　M企业20×2年、20×3年财务指标涉税关联变动配比分析数据

项目	20×2年	20×3年
主营业务利润/元	278 745.67	200 447.25
主营业务利润变动率/%	28	-28
销售（营业）收入/元	2 552 279 111	3 400 918 606
主营业务收入变动率/%	34	33
销售（营业）成本/元	25 140 403.50	33 752 446.79
主营业务成本变动率/%	33	34
主营业务费用/元	656 197.06	713 815.99
主营业务费用变动率/%	30	8
存货/元	10 508 919.04	21 677 275.41
存货变动率/%	28	58
预收账款/元	1 577 216 807	1 502 588 372
预收账款变动率/%	14.10	-4.73

要求根据数据分析：
(1) 主营业务收入变动率、主营业务成本变动率与主营业务利润变动率配比情况。
(2) 主营业务收入变动率、主营业务成本变动率与主营业务费用变动率配比情况。
(3) 企业预收账款变化和存在的风险。

项目 6

税务稽查管理

任务 6.1 税务稽查概述

学习目标

知识目标：
掌握税务稽查的概念。
掌握税务稽查的权限范围。
掌握税务稽查的程序。
能力目标：
能正确选择并运用税务稽查方法。
素质目标：
形成遵纪守法意识。
遵循公平原则和效率原则。

某市税务局接到群众举报，称该市某酒店有偷税行为。为获取有关信息，该税务局派税务人员王某等四人扮作客人，到该酒店就餐。餐后索要发票，服务人员开具了一张内部收据，当税务人员问是否可以打折时，对方称如果不开发票，则可以打折。第二天，王某等四人又来到该酒店，称自己是市税务局的，有人举报你们有偷税行为，并出示税务稽查证件和税务检查通知书，依法对酒店进行税务检查。检查中，该酒店老板不予配合，检查人员出示了前一天的就餐发票，并趁老板不注意时直接打开吧台抽屉，从中搜出大量该酒店自制的收据和数本商业零售发票。经核实，该酒店擅自印制收据并非法使用商业零售发票，偷逃税款。

与此同时，税务机关在审查该酒店上一年度会计报表时，发现利润表中"营业成本"项目本期金额与上期金额相比有异常变化。

任务要求

（1）思考该税务机关的稽查行为是否存在不妥之处。
（2）查阅《税收征管法》，总结税务稽查的权限范围。
（3）查阅资料，总结税务稽查的程序并作出税务稽查程序图。

获取信息

观察学习情境，阅读任务要求，根据课程网站学习资料和国家税务总局网站相关信息，思考问题。

引导问题1：税务稽查的权限范围有哪些？

小提示　《税收征管法》第54条，共6项。

引导问题2：实施税务稽查时，税务人员不得少于几人？

小提示　2名。

引导问题3：税务处理文书有哪些送达方式？

小提示　直接送达、邮寄送达、公告送达、委托送达。

引导问题4：对于不同的税务稽查情况，应分别作出怎样的审理结果？

小提示　4种情况。

工作实施

步骤1：思考该税务机关的稽查行为是否存在不妥之处。

步骤2：查阅《税收征管法》，总结税务稽查的权限范围。

步骤3：查阅资料，总结税务稽查的程序并作出税务稽查程序图。

智能化税务管理

评价反馈

税务稽查概述评价表如表6-1所示。

表6-1 税务稽查概述评价表

班级：		姓名：			学号：	
任务6.1		税务稽查概述				
评价项目	评价标准	分值/分	自评	互评	师评	总评
税务稽查的概念	能正确描述税务稽查的概念	10				
税务稽查的权限范围	能明确税务稽查的权限范围	20				
税务稽查的程序	能明确税务稽查的程序	40				
工作态度	严谨认真、无缺勤、无迟到早退	10				
工作质量	按计划完成工作任务	10				
职业素质	遵纪守法、公平公正、效率优先	10				
	合计	100				

学习情境的相关知识点

知识点1：税务稽查的定义

税务稽查（以下简称稽查），是指由税务稽查部门依法对纳税人、扣缴义务人和其他涉税当事人履行纳税义务、扣缴义务情况及涉税事项进行检查处理的一项活动。税务稽查的主要对象是涉及偷税、逃税、抗税、骗税的企业或纳税行为。

视频：税务稽查的概念、权限范围和程序

知识点2：税务稽查的权限范围

根据《税收征管法》第54条等条款规定，税务稽查的权限范围如下：

（1）检查纳税人的账簿、记账凭证、报表和有关资料，检查扣缴义务人代扣代缴、代收代缴税款的账簿、记账凭证和有关资料。

知识拓展：税务稽查的作用

账簿、凭证、报表和有关资料，是记录和反映纳税人、扣缴义务人生产经营情况的凭据，也是税务机关检查纳税人、扣缴义务人履行纳税义务的依据之一。通过对账簿、凭证和报表等有关资料的检查,可以了解其业务经营活动是否合法,账务记载是否真实,核算是否正确,费用开支、成本列支是否符合规定的范围和标准,从而监督纳税人和扣缴义务人认真遵守财务制度,严肃财经纪律。

(2) 到纳税人的生产经营场所和货物存放地检查纳税人应纳税的商品、货物或者其他财产,检查扣缴义务人与代扣代缴、代收代缴税款有关的经营情况。

对商品、产品的生产经营和货物存放地的检查,是税务稽查的一个必要环节。通过实地检查了解,可以掌握纳税人、扣缴义务人的实际生产经营情况是否与账务处理、记录以及纳税人的申报资料相符,从中掌握规律,发现问题,促进纳税人和扣缴义务人如实申报。对商品、产品的生产经营和货物存放地的检查是查账的延续与补充。对于不设置账簿经营的纳税人,场地检查是一种独立的检查活动,因此,场地检查是税务机关对无照经营和小规模营业人经常进行的一种检查活动。

(3) 责成纳税人、扣缴义务人提供与纳税或者代扣代缴、代收代缴税款有关的文件、证明材料和有关资料。

纳税人、扣缴义务人提供的与纳税或者代扣代缴、代收代缴税款有关的文件、证明材料,是税务机关了解和掌握税收征管情况的直接依据。因此,要求提供资料者必须遵循及时、准确、全面和合法的原则。

(4) 询问纳税人、扣缴义务人与纳税或者代扣代缴、代收代缴税款有关的问题和情况。

税务机关在行使这一权利时,通常是根据查账已经掌握的线索或收集到的检举揭发材料进行的。此时,通过行使询问权,可以多方面验证事实的真伪,掌握大量账外活动情况,从而发现和证实问题。税务机关在行使询问权时要做好记录,必要时还要由当事人、证人写出书面材料。

(5) 到车站、码头、机场、邮政企业及其分支机构检查纳税人托运、邮寄应纳税商品、货物或者其他财产的有关单据、凭证和有关资料。

交通要道和邮政企业及其分支机构是商品流通与商品交易比较集中的地方,但流动性大,不易监管,因而税收流失问题比较严重。这种检查方法目前是我国税务机关经常采用的税务稽查方法,对于查处各种偷税和漏税行为、强化源泉控管、宣传税收政策、维护经济秩序、促进经济健康发展起着重要作用。

(6) 经县级以上税务局(分局)局长批准,凭全国统一格式的检查存款账户许可证明,查询从事生产、经营的纳税人、扣缴义务人在银行或者其他金融机构的存款账户。税务机关在调查税收违法案件时,经设区的市、自治州以上税务局(分局)局长批准,可以查询案件涉嫌人员的储蓄存款。税务机关查询所获得的资料不得用于税收以外的用途。

在经济领域中,大多数经营活动的支付与收取是通过银行往来账户实现的,也有相当一部分是现金交易,许多个体工商户、私营企业主将在经营活动中取得的收入以个人储蓄的名义存入银行。允许税务机关到银行检查纳税人的账户和存款,主要是为了税务机关在查处偷税案件过程中及时了解纳税人、扣缴义务人往来账户的情况,掌握偷税的证据,并防止偷税人将存款转移。

知识点3:税务稽查的程序

税务稽查的程序包括随机抽查选案、检查、审理、执行四个环节。

1) 随机抽查选案

(1) 随机抽查机制。

根据国家税务总局《推进税务稽查随机抽查实施方案》的规定，税务稽查选案采取随机抽查机制。

税务稽查随机抽查主体是各级税务稽查部门。国家税务总局稽查局负责组织、协调全国税务稽查随机抽查工作，根据工作需要从全国重点税源企业中随机抽取待查对象，组织或督促相关地区税务稽查部门实施稽查。省、市税务局稽查局负责组织、协调、实施辖区内税务稽查随机抽查工作。县税务局稽查局负责实施辖区内税务稽查随机抽查工作。

税务稽查对象指纳税人、扣缴义务人和其他涉税当事人。所有待查对象，除线索明显涉嫌偷税、逃税、骗税、抗税和虚开发票等税收违法行为直接立案查处的外，均须通过摇号等方式，从税务稽查对象分类名录库和税务稽查异常对象名录库中随机抽取。各级税务局建立税务稽查对象分类名录库，实施动态管理。国家税务总局名录库包括全国重点税源企业，相关信息由税务稽查对象所在省税务局提供。省税务局名录库包括辖区内的全国、省、市重点税源企业。市、县税务局名录库包括辖区内的所有税务稽查对象。各级名录库应录入税务稽查对象税务登记基本信息和前三个年度经营规模、纳税数额以及税务检查、税务处理处罚、涉税刑事追究等情况。省、市、县税务局在收集各类税务稽查案源信息的基础上，建立税务稽查异常对象名录库，实施动态管理。税务稽查异常对象名录库应包括长期纳税申报异常企业、税收高风险企业、纳税信用级别低的企业、多次被检举有税收违法行为的企业、相关部门列明违法失信联合惩戒企业等，并录入税务登记基本信息以及涉嫌税收违法等异常线索情况。

（2）随机抽查方式。

随机抽查分为定向抽查和不定向抽查。

①定向抽查是指按照税务稽查对象的类型、行业、性质、隶属关系、组织架构、经营规模、收入规模、纳税数额、成本利润率、税负率、地理区域、税收风险等级、纳税信用级别等特定条件，通过摇号等方式，随机抽取确定待查对象名单，对其纳税等情况进行稽查。

②不定向抽查是指不设定条件，通过摇号等方式，随机抽取确定待查对象名单，对其纳税等情况进行稽查。定向抽查与不定向抽查应结合应用，兼施并举。

对随机抽查对象，税务稽查部门可以直接检查，也可以要求其先行自查，再实施重点检查，或自查与重点检查同时进行。对自查如实报告税收违法行为，主动配合税务稽查部门检查，主动补缴税款和缴纳滞纳金的，依法从轻、减轻或不予行政处罚；税务稽查部门重点检查发现存在重大税收违法行为或故意隐瞒税收违法行为的，应依法从严处罚；涉嫌犯罪的，应依法移送公安机关处理。

（3）随机抽查比例和频次。

需分类确定随机抽查比例和频次。

①对全国、省、市重点税源企业，采取定向抽查与不定向抽查相结合的方式，每年抽查比例为20%左右，原则上每5年检查一轮。

②对非重点税源企业，采取以定向抽查为主、以不定向抽查为辅的方式，每年抽查比例不超过3%。

③对非企业纳税人，主要采取不定向抽查方式，每年抽查比例不超过1%。

④对列入税务稽查异常对象名录库的企业，要加大抽查力度，提高抽查比例和频次。

⑤3年内已被随机抽查的税务稽查对象，不列入随机抽查范围。

（4）执法检查人员的选择。

各级税务局建立税务稽查执法检查人员分类名录库，实施动态管理。该名录库应录入执法检查人员基本信息及其专长、业绩等情况，并按照执法检查人员擅长检查的行业、领域、税种、案件等进行分类。实施抽查的执法检查人员，通过摇号方式，从税务稽查执法检查人员分类名录库中随机选派，也可以采取竞标等方式选派。执法检查人员应根据抽查内容，结合其专长选派。在一定周期内对同一抽查对象不得由同一执法检查人员实施检查。对同一抽查对象实施检查，选派执法检查人员不得少于两人。执法检查人员与抽查对象有利害关系的，应依法回避。

2）检查

税务稽查对象确定后，下一步要做的工作就是实施税务稽查。实施税务稽查，是指税务稽查人员按照税务稽查方案所确定的方式、方法，依据税收法律、法规、规章以及税务部门的权限，有目标、有步骤地进行税务稽查活动。这一步是税务稽查的中心环节，大量的查询、核对计算、调查核实的工作都在这一阶段进行。纳税人和扣缴义务人有无违反税收政策法规、违反财经纪律、偷逃税款等问题，都要在这一阶段基本查清。

实施税务稽查前应当向纳税人发出书面稽查通知，告知其检查时间、准备的资料等。预先通知有碍检查的除外。

实施税务稽查应当两人及以上，并向被稽查人出示税务稽查证和税务检查通知书。否则，被检查人有权拒绝稽查。税务机关可根据法定程序和实际工作需要，在实施税务稽查时采用调账检查、询问、查询存款账户或者储蓄存款、实地检查和异地协查等方式。

《税务稽查工作底稿》是对稽查中发现的问题及所涉及的账户、记账凭证、金额等细节所进行的逐笔记录，以全面反映此项稽查工作的内容。稽查人员应认真填写《税务稽查工作底稿》，并交由被查对象有关负责人逐栏核对认可，以此作为处理依据。

税务稽查结束后，稽查人员应当认真整理税务稽查资料，归集相关证据，分析税务稽查结果，提出处理意见，编制《税务稽查报告》，连同《税务稽查工作底稿》及其他证据提交审理部门审理。

经检查没有发现税收违法事实的，应当在《税务稽查报告》中说明检查内容、过程、事实情况。

3）审理

稽查审理是指税务机关的专门机构按照规定的职责和程序，对稽查终结的涉税案件依法进行审核和作出处理决定的过程。稽查审理是税务稽查必不可少的环节，对于保证稽查局依法行使职权，保证税收违法案件的查处质量，确保对各类税收违法案件处理的公平、公正，保护公民、法人和其他组织的合法权益等都有十分重要的作用。审理的终结工作应视具体情况而定，可以补充稽查，也可以另行安排稽查，还可以重新编制《税务稽查报告》。对大案、要案、疑难案件定案有困难的，应报经上级机关审理后定案；对构成犯罪的，应制作《涉嫌犯罪案件移送书》，移送司法机关。

审理部门区分下列情形分别作出处理：

（1）认为有税收违法行为，应当进行税务处理的，拟制《税务处理决定书》；

（2）认为有税收违法行为，应当进行行政处罚的，拟制《税务行政处罚决定书》；

（3）认为税收违法行为轻微，依法可以不予税务行政处罚的，拟制《不予税务行政处罚决定书》；

(4) 认为没有税收违法行为的，拟制《税务稽查结论》。

4）执行

税务稽查的执行是指税务机关依照法定程序和权限，督促检查对象履行税务处理（罚）决定的过程。稽查执行是案件查处必不可少的重要环节，对维护税收法律法规的严肃性、增强打击税收违法活动的力度、挽回国家税款的损失、保护当事人的合法权益、保证税务稽查成果的真正实现都有非常重要的作用。税务稽查机构应指定专人负责税务处理决定的执行。

税务执行人员接到批准的《税务处理决定书》《税务行政处罚决定书》《不予税务行政处罚决定书》《税务稽查结论》等税务文书后，应当依法及时送达被执行人。

如果税务文书不能直接送达，税务机关可采取邮寄送达、公告送达、委托送达等方式。税务处理决定的执行包括两种情况：自动执行和强制执行。

(1) 自动执行是指纳税人在接到税务机关的《税务处理决定书》及《税务行政处罚决定书》后，自动到征收部门缴纳税款、滞纳金和罚款。

(2) 强制执行分为税务强制执行和司法强制执行。

被执行人未按照《税务处理决定书》确定的期限缴纳或者解缴税款、滞纳金的，稽查局经所属税务局局长批准，可以依法采取强制执行措施，或者依法申请人民法院强制执行。

税务执行人员在各项事项执行完毕后，应当编制《税务稽查执行报告》移交审理部门整理归档。

任务6.2 税务稽查方法、错账更正及纳税调整

学习目标

知识目标：

掌握税务稽查方法。

掌握错账更正方法。

掌握纳税调整方法。

能力目标：

能正确选择税务稽查方法并更正错账。

素质目标：

具备遵纪守法意识。

遵循公平原则和效率原则。

项目 6 税务稽查管理

 学 习 情 境

学习情境 1

税务机关在审查上海市某电器公司上一年度会计报表时,发现利润表中"营业成本"项目本期金额与上期金额相比有异常变化。

学习情境 2

A 企业 5 月份将一笔应记入"其他业务收入"科目的款项误记入"营业外收入"科目,财务人员于当月发现了这一问题,错记金额为 9 000 元。

学习情境 3

B 企业采用托收承付方式销售一批产品,不含税价格为 30 000 元,当日已办妥托收手续。账务处理如下:

借:应收账款　　　　　　　　　　　　　　　　　　　　　　　　　3 390
　　贷:主营业务收入　　　　　　　　　　　　　　　　　　　　　　3 000
　　　　应交税费——应交增值税(销项税额)　　　　　　　　　　　　390

学习情境 4

C 企业将职工福利耗用的外购原材料列入管理费用 6 000 元。企业账务处理如下:

借:管理费用　　　　　　　　　　　　　　　　　　　　　　　　　6 000
　　贷:原材料　　　　　　　　　　　　　　　　　　　　　　　　　6 000

 任务要求

(1)思考学习情境 1 中"营业成本"项目同上期相比的异常变化,为税务人员选择适当的稽查方式,并说明理由。

(2)对于学习情境 2 中的错账问题,请为 A 企业提出适当的账务调整方法,并说明理由。

(3)判断学习情境 3 中 B 企业的会计处理是否有问题;若有问题,请为 B 企业选择恰当的账务调整方法,并说明理由。

(4)判断学习情境 4 中 C 企业的会计处理是否有问题;若有问题,请为 C 企业选择恰当的账务调整方法,并说明理由。

获取信息

观察学习情境,阅读任务要求,根据课程网站学习资料和国家税务总局网站相关信息,思考问题。

智能化税务管理

引导问题 1：按照检查的内容、范围、数量和查账详略的不同要求，税务稽查方法可分为哪两种？

💡 **小提示** 详查法和抽查法。

引导问题 2：顺查法要注意掌握哪些关系？

💡 **小提示** 核对会计科目的对应关系；核对经济业务与会计核算的关系；核对账证、账账、账表、账实之间的关系。

引导问题 3：逆查法的查账要点有哪些？

💡 **小提示** 审阅会计报表各有关项目之间的勾稽关系，注意观察是否存在异常数字，如果发现某一数字有异常变化，可将其列为查账重点；根据查账重点，审查相关会计账簿；根据相关会计账簿提供的线索，审查会计凭证。

引导问题 4：常见的错账类型有哪些？

💡 **小提示** 会计分录错误；未作纳税调整。

引导问题 5：账务调整的原则有哪些？

💡 **小提示** 一致性；科学性；从实际出发，简便易行。

📅 工作实施

步骤 1：思考学习情境 1 中"营业成本"项目同上期相比的异常变化，为税务人员选择适当的稽查方式，并说明理由。

步骤 2：对于学习情境 2 中的错账问题，请为 A 企业提出适当的账务调整方法，并说明理由。

步骤 3：判断学习情境 3 中 B 企业的会计处理是否有问题；若有问题，请为 B 企业选择恰当的账务调整方法，并说明理由。

步骤 4：判断学习情境 4 中 C 企业的会计处理是否有问题；若有问题，请为 C 企业选择恰当的账务调整方法，并说明理由。

评价反馈

税务稽查方法、错账更正及纳税调整评价表如表 6-2 所示。

表 6-2 税务稽查方法、错账更正及纳税调整评价表

班级：		姓名：		学号：		
任务 6.2		税务稽查方法、错账更正及纳税调整				
评价项目	评价标准	分值/分	自评	互评	师评	总评
税务稽查方法	能正确描述税务稽查方法	30				
错账更正方法	能正确使用错账更正方法	20				
纳税调整	能正确使用纳税调整方法	20				
工作态度	严谨认真、无缺勤、无迟到早退	10				
工作质量	按计划完成工作任务	10				
职业素质	遵纪守法、公平公正、效率优先	10				
合计		100				

学习情境的相关知识点

视频：税务稽查方法

知识点 1：税务稽查方法

税务稽查方法，是指税务稽查人员在稽查工作中为达到税务稽查目的、完成税务稽查任务采取的重要手段。在税务稽查工作中，采用何种方法，应视稽查对象、稽查目的以及被查对象的生产经营特点、财务管理水平和会计核算水平等具体情况而定。

1）详查法和抽查法

按照检查的内容、范围、数量和查账详略的不同要求，税务稽查方法可分为详查法和抽查法两种。

（1）详查法。

详查法又称全查法或详细审查法，是指对稽查对象在检查期内的所有经济活动、涉及的经济业务和财务管理的部门及其经济信息资料，采取严密的审查程序，进行周详的审核检查。

详查法适用于规模较小、经济业务较少、会计核算简单、核算对象比较单一的企业，或者为了揭露重大问题而进行的专案检查，以及在整个检查过程中对某些（某类）特定项目、事项所进行的检查。因此，详查法对于管理混乱、业务复杂的企业，以及税务稽查的重点项目和事项的检查十分适用，通常都能取得较为满意的效果。详查法也适用于对歇业、停业清算企业的检查，在立案侦查经济案件时也会采用。

详查法的优点在于稽查比较全面彻底，可以发现企业在整个生产经营过程中的问题，稽查结果相对比较符合实际；缺点是工作量大，需要耗费大量的时间、人力、物力，容易受时间、人力等因素的制约。

（2）抽查法。

抽查法也称选查法，是指税务机关对被查纳税人一定时期的会计凭证、账簿、报表及有关纳税资料有针对性地抽取一部分进行稽查的一种方法。

该方法的优点是针对性强，稽查重点突出，效率较高，稽查效果较明显；缺点是由于抽查的范围有限，未查部分容易漏掉问题，而且以抽样结果推断总体的结论，会有一定的误差。

抽查法通常在分析报表或通过其他途径取得了一定稽查线索的前提下采用，一般适用于规模比较大、会计核算比较健全的纳税人。

抽查法效果的好坏，关键在于抽查对象确定的准确程度。在选择抽查对象方面，抽查法具体又分为两种：一是重点抽查法，即根据检查目的、要求或事先掌握的纳税人的有关纳税情况，有目的地选择一部分会计资料或存货重点检查；二是随机抽查法，即以随机方法选择纳税人某一特定时期或某一特定范围的会计资料或存货检查。

2）顺查法和逆查法

按照查账的顺序不同，税务稽查方法可分为顺查法和逆查法。

（1）顺查法。

顺查法又称正查法，是指税务机关对被查纳税人实施稽查时，按照其会计核算的顺序，从审查会计凭证开始，依次稽查账簿、报表，并将其相互核对的一种稽查方法。即以凭证核对账簿，再以账簿核对报表。采用这种检查方法，优点是全面、系统、精确，不至遗漏问题，可以了解企业整个核算过程；缺点是工作量大，往往难以抓住问题的中心，费时费力。这种方法一般适用于那些审查范围小、凭证资料少，尤其是会计核算制度不健全、财务管理混乱、问题较多的纳税单位。

运用顺查法时要注意掌握下列关系：

①核对会计科目的对应关系。

无论是工业企业还是商业企业，它们所使用的会计科目、名称及其使用范围、核算内容与对应科目，各种会计制度均有明确规定。如果科目对应关系出现异常，通常就会发生偷逃税的问题。因此，检查会计科目的对应关系是否正常，及其与发生的经济业务是否相符，是查核偷逃税问题的一种有效手段。

②核对经济业务与会计核算的关系。

会计核算应当按照制度规定如实反映企业的经济业务。为了有效监督企业的经济活动，应对企业发生的各项收入、成本费用、往来结算和财务分配等业务，明确规定它们应当在哪些科目核算，哪些可以开支和开支多少，哪些则不能开支。

③核对账证、账账、账表、账实之间的关系。

账证、账账、账表、账实之间有着内在的相互制约关系。通常而言，它们的数据应当是一致的，如果发生异常，则往往与税收和利润有关，必须查实调整，做到一致。

（2）逆查法。

逆查法又称倒查法，是指税务机关在稽查时，逆着会计核算的顺序，依次稽查会计报表、账簿、凭证，并将其相互核对的一种稽查方法。通常与抽查法结合使用。运用这种方法时，先审阅会计报表，从中发现问题和线索，然后有针对性地审查账簿记录，再有重点、有目的地审查记账凭证和原始凭证。这种方法便于抓住重点，省时省力，检查效果较为显著。缺点是稽查面窄，如果稽查人员业务技术和分析判断能力差，一些在报表上反映不了、反映不出的问题和违法记录通常无法检查出来。因此，这种方法通常适用于会计核算制度和财务管理比较健全的纳税单位。

3）分析法

在税务稽查中，通常需要对获得的材料进行整理和分析以发现问题。分析法就是对被稽查单位的会计报表、账簿、凭证等纳税资料进行审查分析，以查证落实或确定进一步稽查线索的一种稽查方法。

分析法主要包括下列三种：

（1）控制计算法。

控制计算法，是指运用可靠的或科学测定的数据，利用数学等式原理来推测、证实账面资料是否正确，从而发现问题的一种检查方法。常用的方法有以产核销、以耗计产，其中，以产核销是指按照稽查期产品生产数量，加上期初库存，减去期末库存来证实销售数量是否正确；以耗计产是指根据稽查期产品的单位原料消耗量，来稽查原材料应消耗的数量与实际消耗数量是否相符。根据控制计算法所得到的数据，与企业实际数据进行比较而出现的差异，需要通过进一步检查和核实才能确定是否对税收构成实际影响。

（2）比较分析法。

比较分析法，是指根据企业的会计报表与账面数据，同企业的有关计划指标、历史资料或同类企业的相关数据进行动态和静态对比的一种分析方式。

①按照参照物的不同，比较分析法可分为纵向比较和横向比较。纵向比较是指将稽查期有关指标的实际完成数与本企业其他年份的相同指标进行比较，从而分析在纳税方面存在的问题。横向比较是指将稽查期有关指标的实际完成数与计划、与同类型企业的相同指标进行比较，寻找在纳税方面存在的问题。

②按照比较指标的形式不同，比较分析法又可分为绝对数比较分析和相对数比较分析。绝对数比较分析是直接以同一指标的绝对数对比，如本期商品销售收入额、利润额与同期指标的本期计划数或历史同期数对比。相对数比较分析是计算出同一指标中的一对相关数值进行对比，从相对值的变动，结合客观因素，分析发现异常现象。

运用比较分析法，要注意指标的可比性、对比口径的一致性，否则，比较的结果不能说明问题。还应注意的是，对比分析的结果只能为检查提供线索，并不意味着经济活动的分析可以替代实际检查，更不能以对比分析的结果作为定案的依据。

（3）相关分析法。

相关分析法，是指对存在关联关系的被查项目进行对比，揭示其中的差异，并且判明经济业务可能存在问题的一种分析方法。对于稽查对象而言，一项经济业务的发生，必然会引起一连串相关活动的变动，这既是由经济活动的相关性决定的，又是由经济活动的规律决定的。

4）查账法、查询法和外调法

按照信息来源的途径不同，税务稽查方法可分为查账法、查询法和外调法。

(1) 查账法。

查账法是指税务机关通过直接稽查企业账簿发现问题，并确定纳税人是否正确履行纳税义务的方法。

(2) 查询法。

查询法是指税务机关根据审查过程中发现的疑点和问题，通过直接询问或调查的方式，取得必要的证据资料或证实有关问题的方法。根据查询方式的不同，查询法分为面询法和函询法。其中，面询法是由稽查人员向有关人员当面了解、核实情况的一种检查方法；函询法是根据检查需要，将需要询证的问题、事项制成规定格式的函件，寄给有关单位和人员，根据对方的回函获取有关资料，以查实问题的一种检查方法。

(3) 外调法。

外调法是指对纳税人被怀疑的或已掌握一定线索的经济事项，通过向与其有经济联系的单位或个人进行调查，予以查证核实的一种方法。外调法主要用于对外来凭证和往来款项进行调查，包括函调和派人外调。函调应文字简练，派出的外调人员应熟悉案情。

拓展知识：联系查法、侧面查法、盘存法

知识点 2：错账更正及纳税调整

在对纳税人的纳税情况进行全面审查后，对于有错漏问题的会计账目，按照财务会计制度进行账务调整，使账账、账证、账实相符。正确、及时地调整账务，既可以防止明补暗退，又可避免重复征税，能使税务机关的征收管理资料与纳税人的会计核算资料保持一致。如果只查补税款而不调整账务，除影响会计核算资料的真实性外，还可能给今后的征收管理造成混乱，下次查账时还可能出现重复劳动。

1）错账类型

错账类型主要有两种情况：

(1) 会计分录错误，即既不符合会计制度又违反税法规定。

(2) 未作纳税调整，即虽然符合会计制度，但不符合税法规定而未作相应调整，多见于企业所得税。

2）账务调整原则

(1) 一致性原则。

账务处理的调整要与现行财务会计制度一致，要与税法的有关会计核算规定一致。账务处理的调整首先要符合现行税法的有关规定。对税法规定与财务会计制度规定相冲突的地方，要按税法的要求调整，要与税法的有关会计核算规定一致。

(2) 科学性原则。

新的账务处理业务必须符合会计原理和核算程序，反映错账的来龙去脉，清晰表达调账的思路；还要做到核算准确、可靠，正确反映企业的账务状况和生产经营情况，并使会计期间上下期保持连续性和整体性；同时坚持平行调整，在调整总账的同时调整其所属的明细账户。

(3) 从实际出发，简便易行。

既要做到账实一致，反映查账的结果，又要坚持从简调整的原则。在账务调整方法的运用上，能用补充调整法（补充登记法）的，则不用冲销调整法（红字冲销法），尽量从简。

3）账务调整方法

由于企业所处的行业不同，执行的会计制度也有差异，各企业的错误更是千差万别，因此具体的账务调整方法也各不相同。账务调整方法根据错账所处时段的不同可分为年度内调账方法和跨年度调账方法两种。

（1）年度内调账方法。

在一个会计年度结账前，查出纳税人的错账或漏账，可以在当期的有关账户直接进行调整。调整方法主要有以下三种：

①红字冲销法。

红字冲销法是指采取先用红字冲销原错误会计分录，再用蓝字编制正确的会计分录的错账更正方法。这种方法适用于会计科目用错，或会计科目虽未错，但实际记账金额大于应记金额的错误账项。

②补充登记法。

补充登记法是指通过编制转账分录，将调整金额直接入账，以更正错账。它主要适用于漏记，或错账所涉及的会计科目没有错误，而实际记账金额小于应记金额的情况。

③综合调账法。

综合调账法是指将红字冲销法与补充登记法加以综合运用，它一般适用于错用会计科目的情况，而且主要用于所得税纳税审查后的账务调整，如果涉及会计所得，可以直接调整"本年利润"账户。综合调账法一般运用于会计分录的借贷方中，有一方会计科目用错，而另一方会计科目没用错的情况。正确的一方不调整，错误的一方用原科目转账，同时使用正确的科目调整。

（2）跨年度调账方法。

①对上一年度错账且对上一年度税收产生影响的，分以下两种情况处理：

A. 如果是在编制上一年度决算报表前发现的，可直接调整上年度账项，这样可以应用上述几种方法加以调整，对于影响利润的错误金额，需一并调整"本年利润"账户核算的内容。

B. 如果是在编制上一年度决算报表之后发现的，一般不能应用上述方法，而应按正常的会计核算对有关账户进行——调整，这时需区别不同情况，以简便实用的原则进行调整。对于不影响上年利润的项目，可以直接进行调整；对于影响上年利润的项目，由于企业在会计年度内已结账，所有的损益账户在当期都结转至"本年利润"账户，凡涉及调整会计利润的，不能用正常的核算程序对"本年利润"进行调整，而应通过"以前年度损益调整"账户进行调整。

②对上一年度错账且不影响上一年度税收，但与本年度核算和税收有关的，可以根据上一年度账项的错漏金额影响本年度税收的情况，相应调整本年度有关账项。

项目6 同步训练与测试

一、单选题

1. 经县级以上税务局（分局）局长批准，税务机关可以查询（　　）在银行或其他金融机构的存款账户。

A. 纳税人 B. 从事生产、经营的纳税人
C. 从事临时经营的纳税人 D. 从事生产、经营的纳税人和扣缴义务人

2. 实施税务稽查时，税务人员不得少于（　　）名。

A. 1 B. 2 C. 3 D. 4

3. 运用可靠的或科学测定的数据，利用数学等式原理来推测、证实账面资料是否正确，从而发现问题的一种检查方法是（　　）。

A. 控制计算法 B. 比较分析法 C. 相关分析法 D. 查询法

4. 税务机关在稽查时，逆着会计核算的顺序，依次稽查会计报表、账簿、凭证，并将其相互核对的一种稽查方法是（　　）。

A. 详查法 B. 抽查法 C. 逆查法 D. 顺查法

二、多选题

1. 按照检查的范围和内容，税务稽查方法可分为（　　）。

A. 详查法 B. 逆查法 C. 抽查法 D. 调查法

2. 税务处理文书可采用（　　）送达方式。

A. 直接送达 B. 邮寄送达 C. 公告送达 D. 委托送达

3. 在一个会计年度结账前，查出纳税人的错账或漏账，可以在当期的有关账户直接进行调整。调整方法主要有（　　）。

A. 红字冲销法 B. 补充登记法 C. 综合调账法 D. 跨年调账法

三、简答题

1. 简述税务稽查的程序。
2. 税务稽查的权限范围有哪些？
3. 税务稽查根据具体情况可以采取哪些方法？

四、案例分析

1. 某公司在盘点存货时发现，2024年6月5日盘点库存某材料为2 000千克，6月1—5日，该批材料购进入库800千克，发出领用500千克，公司5月31日账面库存数1 000千克，则5月份报告期账实差额的数量是多少？

2. 某企业将接受的捐赠收入2 000元记入"资本公积"账户，检查期是在年终结账后进行的。请做相应的调整会计分录。

项目 7

纳税服务管理

任务 7.1 纳税服务概述

学习目标

知识目标：
掌握纳税服务的概念。
了解纳税服务的发展历程。
能力目标：
能区分广义的纳税服务和狭义的纳税服务。
素质目标：
具有服务大众、为民便民的理念。
具有聚财为国、执法为民的理念。

"只要一有新的政策出台，税务干部很快就会送政策上门。'民营企业税费服务站'（以下简称服务站）的服务很暖心，使我们扎根济南、服务济南的信心越来越足。"济南闽商之家餐饮有限公司总经理陈建珠说。

陈建珠提到的"民营企业税费服务站"，是国家税务总局济南市税务局成立的驻山东省福建总商会"民营企业税费服务站"，也是济南税务部门与闽商民企之间的桥梁纽带。该服务站借助商会"以点带面"的辐射力量，宣传税费政策，优化办税缴费服务，更好地支持民营经济发展壮大。

"民营企业税费服务站"成立一年多来，山东省福建总商会驻地税务机关济南市市中区税务局主动对接山东省福建总商会 5 次，开展"问需纳税人、解难办实事"大走访大调研活动，征集闽商民企意见建议 12 条，建立工作台账，逐一对标落实到位，并建立常态化税企联络机制，邀请闽商民企代表担任"税收营商环境体验师"，组织开展各类交流体验活动10次，精准回应经营主体涉税诉求。

济南市市中区税务局还充分发挥税收大数据作用，分行业、分业务、分性质为闽商民企立体"画像"，梳理形成不同经营主体的差异化政策推送清单，为闽商民企提供直达式"政策找人"宣传辅导，提供"量体裁衣式"办税缴费服务。

（选自中国税务报《济南"民营企业税费服务站"搭起税企桥梁》）

任务要求

（1）阅读资料，总结纳税服务的含义。
（2）查找学习情境中体现的纳税服务。
（3）思考做好纳税服务的意义。

获取信息

观察学习情境，阅读任务要求，根据课程网站学习资料和国家税务总局网站相关信息，思考问题。

引导问题1：什么是纳税服务？

 小提示 广义和狭义的角度。

引导问题2：我国税务服务发展经历了几个阶段？

 小提示 注意关注1993年、1997年、2001年、2002年、2014年、2018年、2019年、2021年相关政策文件。

工作实施

步骤1：阅读资料，总结纳税服务的含义。

步骤2：查找学习情境中体现的纳税服务。

步骤3：思考做好纳税服务的意义。

评价反馈

纳税服务概述评价表如表7-1所示。

项目 7 纳税服务管理

表 7-1 纳税服务概述评价表

班级：		姓名：		学号：		
任务 7.1		纳税服务概述				
评价项目	评价标准	分值/分	自评	互评	师评	总评
纳税服务的概念和内容	能正确区分广义和狭义的纳税服务	40				
纳税服务的发展历程	能正确理解纳税服务的发展历程	30				
工作态度	严谨认真、无缺勤、无迟到早退	10				
工作质量	按计划完成工作任务	10				
职业素质	服务大众、为民便民、聚财为国、执法为民	10				
	合计	100				

学习情境的相关知识点

知识点 1：纳税服务的概念

视频：纳税服务的概念

目前，对于纳税服务的定义，有两种不同的理解。一种是广义的理解，即纳税服务是指在纳税人依法履行纳税义务和行使权利的过程中所获得的各类服务措施，既包括政府各个部门和志愿服务组织提供的无偿服务，也包括社会中介组织提供的有偿服务，这些服务措施大到税制设计、税收政策制定，小到便民措施的设置、税收宣传咨询途径设计等细节。一种是狭义的理解，即纳税服务是指税务机关依据税收法律、行政法规的规定，在税收征收、管理、检查和实施税收法律救济过程中，向纳税人提供的服务事项和措施。

因为税务机关是直面纳税人的部门，提供纳税服务的主体就是税务机关，其他机构和组织只能起到辅助作用，所以一般人们所称的纳税服务，都指狭义的纳税服务，《税收征管法》中有关纳税服务的条款，也是针对税务机关而言的。

纳税服务是税务机关行政行为的组成部分，是促进纳税人依法诚信纳税和税务机关依法诚信征税的基础性工作。纳税服务以聚财为国、执法为民为宗旨，坚持依法、无偿、公平、公正的原则，促进纳税遵从，提高税收征管质量和效率，保护纳税人合法权益。

知识点 2：纳税服务的发展历程

1993 年，全国税制改革会议召开，会议中首次提出了"纳税服务"的概念，这是我国纳税服务开始的标志。

1997 年，为进一步推进和深化税收征管改革，国务院办公厅发布《国务院关于转发国家税务总局深化税收征管改革方案的通知》（以下简称《方案》）（国办发〔1997〕1 号），该《方案》提出"建立以申报纳税和优化服务为基础，以计算机网络为依托，集中征收、重点稽查的新的征管模式"，首次将纳税服务明确为税收征管的基础工作。

知识拓展：纳税服务的意义

2001 年，全国人大常委会修订并重新颁布了《中华人民共和国税收征收管理法》，规定纳税服务是税务机关的法定职责。

> 智能化税务管理

2002年，国家税务总局适应转变政府职能的需要，在征收管理司内成立纳税服务处，专门负责全国税务系统纳税服务行政管理工作。

2014年，国家税务总局制定发布了《全国县级税务机关纳税服务规范（1.0版）》，2015年则进一步制定发布了覆盖省、市、县三级的《全国税务机关纳税服务规范（2.0版）》，我国纳税服务工作逐步走向规范化。

2018年，国家税务总局发布《全国税务系统深化"放管服"改革五年工作方案（2018—2022年）》（税总发〔2018〕199号），要求"坚持以纳税人和缴费人为中心的服务理念，吸纳国际先进经验，对标国际先进水平，结合国内营商环境评价要求，以推进国税地税征管体制改革为契机，不断深化办税（缴费）便利化改革，引导和促进纳税人、缴费人自愿遵从，充分发挥税收职能作用，全面提升税收治理能力，努力打造国际一流的税收营商环境"，指明了我国纳税服务工作未来的发展方向。

2019年，国家税务总局重新修订并发布《全国税务机关纳税服务规范（3.0版）》，并于2019年11月1日正式实行，进一步推动全国范围内税费业务办理的统一化、规范化、标准化，从"互联网＋""大数据"等信息化视角出发，统一业务标准，简化征管流程，更好地促进办税缴费提速减负。

2021年，中共中央办公厅、国务院办公厅印发《关于进一步深化税收征管改革的意见》，提出"到2022年，在税务执法规范性、税费服务便捷性、税务监管精准性上取得重要进展；到2023年，基本建成'线下服务无死角、线上服务不打烊、定制服务广覆盖'的税费服务新体系，实现从无差别服务向精细化、智能化、个性化服务转变；到2025年，深化税收征管制度改革取得显著成效，全方位提高税务服务能力"的主要目标。

任务7.2　纳税服务体系

学习目标

> **知识目标：**
> 掌握纳税服务体系包含的内容。
> 掌握纳税人的权利和义务。
> **能力目标：**
> 能够区分纳税宣传包含的不同内容。
> 能够区分12366提供的不同纳税服务内容。
> **素质目标：**
> 具有服务大众、为民便民的理念。
> 具有法律意识，依法保护纳税人合法权益。

项目 7　纳税服务管理

学习情境

得天独厚的地理优势、开放前沿的历史传统、政策叠加的释放深度，绘就了江苏通达全球、货畅四海的外贸版图。为促外贸、添动能，促进经济高质量发展，国家税务总局江苏省税务局在持续落实好国家税务总局等十部门推出的 15 条出口退税支持政策基础上，健全出口退税服务监管新机制，多措并举，护航企业"出海路"。

江苏省税务部门坚持将服务之"桥"、走访之"路"搭到各企业、搭到第一线。2024 年第一季度，江苏税务部门紧跟纳税人关切，依托"纳税人学堂"共开展线上及线下出口退税专场培训 35 场次，共 1.2 万人次参与学习，对企业进行靠前辅导。全省 12366 纳税缴费服务热线出口相关咨询量为 2.7 万条。

江苏税务微信公众号开设"出口退税专栏"，针对热点问题，制作发布《出口退税业务电子税务局操作指南和热点问题都在这里啦》《出口企业看过来，这里有你关心的热点问题》《12366 热点问题极速递》等出口退税轻松办系列视频；推出系列政策辅导、操作指引、提升服务效能、优化办税体检等推文 41 篇。税务部门还通过短信提醒、微服务、电子税务局等多渠道向江苏省 6.79 万户出口退税企业，精准推送商务部、国家税务总局发布的出口退税专题辅导产品。

（节选自国家税务总局江苏省税务局《江苏：税惠赋能，护航企业"出海路"》http://www.chinatax.gov.cn）

任务要求

（1）阅读资料，梳理江苏省税务局提供的纳税服务。
（2）结合实际情况，分析江苏省税务局集中税务宣传的可行途径。
（3）总结纳税服务体系包含的内容。

获取信息

观察学习情境，阅读任务要求，根据课程网站学习资料和国家税务总局网站相关信息，思考问题。

引导问题 1：纳税宣传包含哪些内容？

小提示　日常宣传、集中宣传。

引导问题 2：税务机关的纳税咨询是否收费？提供的纳税咨询方式有哪些？

小提示　《税收征管法》第 7 条。

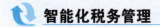

引导问题 3：12366 纳税服务包含哪些内容？

> 💡 **小提示** 集 6 项功能于一体。

工作实施

步骤 1：阅读资料，梳理江苏省税务局提供的纳税服务。

步骤 2：结合实际情况，分析江苏省税务局集中税务宣传的可行途径。

步骤 3：总结纳税服务体系包含的内容。

评价反馈

纳税服务体系评价表如表 7-2 所示。

表 7-2 纳税服务体系评价表

班级：		姓名：			学号：	
任务 7.2		纳税服务体系				
评价项目	评价标准	分值/分	自评	互评	师评	总评
税收宣传	能正确描述税收宣传的内容	20				
纳税咨询	掌握三种纳税咨询方式	20				
12366 纳税服务	能正确描述 12366 纳税服务的内容	10				
工作态度	严谨认真、无缺勤、无迟到早退	10				
工作质量	按计划完成工作任务	20				
职业素质	服务大众、为民便民	20				
合计		100				

学习情境的相关知识点

视频：税收宣传、咨询及 12366 纳税服务

知识点 1：税收宣传

税收宣传是纳税服务的重要内容，税务机关广泛、及时、准确、有针对性地向纳税人宣传税收法律、法规和政策，普及纳税知识，是增强全社会依法诚信纳税意识，提高纳税人税法遵从度的重要措施。《税收征管法》第 7 条规定："税务机关应当

广泛宣传税收法律、行政法规，普及纳税知识，无偿地为纳税人提供纳税咨询服务。"

国家税务总局设立了税收宣传中心，专门负责税收宣传工作。

1）日常税收宣传

税务机关的日常税收宣传工作主要是关于税收政策和办税流程的。

（1）税收政策宣传。

税务机关应对税收政策和解读进行宣传。税收政策包括税收法律、行政法规、税务部门规章、税收规范性文件等；税务机关对税收政策的解读则主要针对税收政策的出台背景、政策目的、执行口径、执行方法等，作出纳税人关切的解释性说明。

国家税务总局，省、市税务机关通过税务网站，县税务机关通过办税服务厅公告栏、电子显示屏等渠道发布税收政策文件及其解读并及时更新维护。国家税务总局，省、市税务机关纳税服务部门根据实际情况制作税收政策文件宣传资料，并及时通过办税服务厅等渠道将制作的宣传材料发放给纳税人。

（2）办税流程宣传。

办税流程宣传是指税务机关对涉税事项的办理渠道、报送资料、办理程序、办理方法等进行宣传。

国家税务总局，省、市税务机关通过税务网站，县税务机关通过办税服务厅公告栏、电子显示屏等渠道发布税收政策文件及其解读并及时更新维护。国家税务总局，省、市税务机关纳税服务部门根据实际情况制作办税流程宣传资料，并及时通过办税服务厅等渠道将制作的宣传材料发放给纳税人。

2）集中宣传

（1）税收宣传月宣传。

税收宣传月宣传是指每年 4 月份的税收宣传月期间，税务机关通过多种渠道、多种形式对社会公众进行的普及性税收宣传活动。我国自 1992 年起开始开展税收宣传月活动，税务机关制定实施方案，根据税收宣传月主题，明确时间、任务、方式、渠道等事项。国家税务总局，省、市税务机关根据实际情况制作税收宣传月宣传资料，并通过办税服务厅等渠道发放。

（2）纳税人学堂。

纳税人学堂是由税务机关主办的、有组织有计划地为纳税人提供税收法律法规及相关政策规定培训辅导的网络平台和实体场所。开设纳税人学堂，旨在建立规范持久的税法宣传和纳税辅导机制，增强税法宣传和纳税辅导的长效性、针对性和实用性，有效解决服务纳税人"最后一公里"问题，提高纳税人的满意度和税法遵从度。

纳税人学堂采用实体教学和网络教学相结合的方式。实体教学通过教学讲座、座谈讨论等形式集中组织纳税人开展学习培训和互动交流；网络教学通过税务机关网络教学平台开展在线学习交流。网络教学平台的主要模块包括在线学习、课件下载、互动问答、课程计划、预约报名、教学评估等。网络纳税人学堂原则上每个季度都应更新教学内容，实体纳税人学堂每个季度都应至少开展一次教学活动。

知识点 2：纳税咨询

纳税咨询是指税务机关依据税收法律法规及相关规定，通过多种渠道为纳税（缴费）人和社会公众提供的税收政策、办税（缴费）流程等咨询服务。为纳税人提供纳税咨询是税务机关的职责,《税收征管法》第 7 条明确规定,税务机关应当"无偿地为纳税人提供纳税咨询服务"。税务机关主要提供的三种咨询方式是电话咨询、网络咨询、面对面咨询。

知识点 3:12366 纳税服务

12366 纳税服务是以"国内领先、国际一流"为目标,以国家级中心和省级中心两级支撑为基础,优化"纳税人需求、税收知识库、专业化团队"三类管理,推出"热线系统升级、网站建设、移动互联应用、国家级中心建设"四项举措,围绕"涉税咨询的重要平台、宣传政策的重要阵地、办税服务的重要载体、锻炼干部的重要基地、展示形象的重要窗口"五个定位,建成集纳税咨询、税法宣传、办税服务、投诉受理、需求管理、纳税人满意度调查六项功能于一体的综合性、品牌化纳税服务平台,是"能问、能查、能看、能听、能约、能办"的"六能"平台。

12366 纳税服务平台包含热线、网线、无线端。其中热线端为 12366 纳税服务热线,网线端为 12366 纳税服务网站,无线端包括 12366 纳税服务 APP、WAP(手机浏览器无线应用协议)和微信、支付宝 12366 智能咨询小程序,包含纳税咨询、涉税查询、纳税辅导、办税服务、在线互动、涉税专业服务等功能版块。

知识点 4:纳税人权益保护

纳税人权益保护是指纳税人在依法履行纳税义务时,由法律确认、保障与尊重的权利。

1)纳税人的权利

纳税人的权利共 14 项,包括知情权、保密权、税收监督权、纳税申报方式选择权、申请延期申报权、申请延期缴纳税款权、申请退还多缴税款权、依法享受税收优惠权、委托税务代理权、陈述与申辩权、对未出示税务检查证和税务检查通知书的拒绝检查权、税收法律救济权、依法要求听证的权利和索取有关税收凭证的权利。

2)纳税人的义务

纳税人的义务共 10 项,包括依法进行税务登记的义务,依法设置账簿、保管账簿和有关资料以及依法开具、使用、取得和保管发票的义务,财务会计制度和会计核算软件备案的义务,按照规定安装、使用税控装置的义务,按时、如实申报的义务,按时缴纳税款的义务,代扣、代收税款的义务,接受依法检查的义务,及时提供信息的义务,报告其他涉税信息的义务。

知识拓展:纳税人权益保护的基本措施

任务 7.3 办税服务厅文明服务

学习目标

> **知识目标:**
> 掌握办税服务厅工作内容。
> 掌握办税服务厅服务制度。

了解纳税服务文明礼仪规范。
能力目标：
能够在办税服务厅文明服务。
素质目标：
具备遵纪守法、自觉纳税的观念。
具有服务大众、为民便民的理念。

学习情境

20××年7月15日，在工作时间内，纳税人张某到税务机关办税服务厅咨询转让二手房涉税政策，因为办理业务人数不多，张某发现有部分窗口未开放，自助办税终端服务时间与办税服务厅工作时间一致，未实现24小时对外服务。

张某在导税人员的引导下来到1号窗口，着便装并佩戴工作牌的工作人员小王热情地为张某解答相关咨询问题。在这期间，小王工位上的电话突然响铃，小王接听后为打电话的咨询人提供短暂的电话咨询服务后，继续解答张某咨询的问题。张某向小王询问为什么窗口工作人员较少、部分窗口未开放，得知部分工作人员因办税服务厅实行弹性工作制，正在轮休。小王告诉张某，可下载安装该局的办税手机APP，在网上办税服务厅办理业务。张某离开后，小王感觉不舒服，去后台找其他岗位人员替岗，并未摆放"暂停服务"标识牌。

任务要求

（1）依据《办税服务厅管理办法》，总结办税服务厅的工作内容。
（2）依据《办税服务厅管理办法》，总结办税服务厅的服务制度。
（3）分析学习情境中税务机关及工作人员在提供纳税服务时有哪些不妥之处。

获取信息

观察学习情境，阅读任务要求，根据课程网站学习资料和国家税务总局网站相关信息，思考问题。

引导问题1： 办税服务厅的主要工作内容有哪些？

小提示

（1）办理纳税缴费事项；
（2）引导、辅导纳税人办理税费事项；
（3）宣传税收法律法规和政策；
（4）收集纳税人意见和建议；
（5）依照职责办理税务违法行为简易处罚事项；
（6）办理其他相关事项。

智能化税务管理

引导问题 2：我国办税服务制度有哪些？

_____

> 💡 **小提示**
>
> （1）首问责任制度；
> （2）限时办结制度；
> （3）预约服务制度；
> （4）延时服务制度；
> （5）一次性告知制度。

📅 工作实施

步骤 1：依据《办税服务厅管理办法》，总结办税服务厅的工作内容。

_____

步骤 2：依据《办税服务厅管理办法》，总结办税服务厅的服务制度。

_____

步骤 3：分析学习情境中税务机关及工作人员在提供纳税服务时有哪些不妥之处。

_____

⭐ 评价反馈

办税服务厅文明服务评价表如表 7-3 所示。

表 7-3 办税服务厅文明服务评价表

班级：		姓名：			学号：	
任务 7.3		办税服务厅文明服务				
评价项目	评价标准	分值/分	自评	互评	师评	总评
办税服务厅管理	能准确描述办税服务厅的工作内容	25				
办税服务制度	能准确描述办税服务制度	25				
纳税服务文明礼貌规范	掌握纳税服务文明礼貌规范	20				
工作态度	严谨认真、无缺勤、无迟到早退	10				
工作质量	按计划完成工作任务	10				
职业素质	为民服务、便民利民	10				
	合计	100				

学习情境的相关知识点

视频：办税服务厅
管理和服务

知识点 1：办税服务厅管理

办税服务厅，是指税务机关依职责为纳税人、缴费人、扣缴义务人（以下统称纳税人）集中办理涉税事项以及社会保险费和非税收入缴纳事项，提供服务的场所。办税服务厅的工作内容主要有以下几项：

（1）办理纳税缴费事项（以下简称税费事项）；
（2）引导、辅导纳税人办理税费事项；
（3）宣传税费法律法规和政策；
（4）收集纳税人意见建议；
（5）依照职责办理税务违法行为简易处罚事项；
（6）办理其他相关事项。

知识点 2：导税服务和窗口服务

1）导税服务

办税服务厅应当设立导税岗位，导税服务内容包括引导纳税人在相关的服务区域或窗口办理税费事项、辅导纳税人填写资料和自助办理税费事项、协助纳税人核对资料和表单填写的完整性、解答纳税人办理税费事项咨询、宣传税费法律法规政策、维护办税服务厅秩序。

设立办税服务厅的税务机关应当结合纳税人流量和业务量等因素，合理配置办税服务厅导税服务人员。

导税服务人员应当熟悉税费法律法规政策和管理制度、窗口职能、税费办理流程以及自助设备操作方法，具备较强的沟通协调能力。

导税服务人员应当积极响应进厅纳税人的税费办理需求，利用网上平台、自助终端、服务窗口等渠道，合理有效分流人员，减少纳税人排队等候时间。

2）窗口服务

办税服务厅应当以便利纳税人和服务高效为原则设置窗口，合理配备窗口服务人员。

办税服务厅应根据实际情况，动态调整窗口数量和职能，合理调配窗口资源，防止出现忙闲不均，并为应对窗口拥堵等现象做好应急准备。

办税服务厅应当按照国家税务总局统一标准设置窗口标识，窗口名称应当简明、准确。窗口标识和名称可采用电子显示。

窗口人员应当核对纳税人提交的资料是否齐全、是否符合法定形式、填写内容是否完整。符合的，按时办结，并应当确认录入系统的数据与纳税人提交资料内容一致，且符合相应数据填报标准；不符合的，当场一次性提示应补正资料或不予受理原因。

知识点 3：办税服务制度

办税服务厅应当实行以下服务制度：

1）首问责任制度

首问责任制度，是指纳税人到办税服务厅办理税费事项或寻求涉及税费事项帮助时，首位接洽的工作人员为纳税人办理或有效指引纳税人完成办理税费事项的制度。

2）限时办结制度

限时办结制度，是指办税服务厅对纳税人发起的非即办事项应当在规定的时限内办结或答复的制度。

3）预约服务制度

预约服务制度，是指办税服务厅与纳税人约定在适当的工作时间办理税费事项的制度。

4）延时服务制度

延时服务制度，是指办税服务厅对已到下班时间正在办理税费事项或已在办税服务场所等候办理税费事项的纳税人，提供延时服务的制度。

5）一次性告知制度

一次性告知制度，是指办税服务厅在受理纳税人税费事项时，对资料不符合规定或前置事项未办结的，工作人员应一次性告知的制度；对不予办理的税费事项要说明理由、依据等。

知识点4：纳税服务文明礼仪规范

文明办税是对税务机关和税务干部行使职权时应具有的一种职业道德和文化素质的要求。文明办税的主要内容是：树立全心全意为人民服务的观念，工作上高标准、严要求，做到尽职尽力；执行公务时要平等待人，执行任务严肃认真，工作态度和气谦逊；处理问题要依理服人，要示之以法、晓之以理；对待纳税人要语言文明，举止文明，有礼有节，不卑不亢；要注意仪表文明，着装整洁、朴素、大方。

纳税服务文明礼仪规范包括着装规范、仪容仪表规范、语言规范、岗前准备规范、接待规范、服务纪律规范等。

任务7.4　涉税专业服务

知识目标：
掌握涉税专业服务的内容。
掌握一般税务咨询服务的内容及方式。
了解其他税务事项代理的内容。

能力目标：
能够判断涉税专业服务的类型。

素质目标：
具有诚实守信、正直自律、勤勉尽责、廉洁从业的品质。
遵循独立、客观、公正、规范原则。

项目 7 纳税服务管理

 学习情境

学习情境 1

因税收政策变化较快且经济活动日益复杂,企业运营过程中难免遇到各种各样的税务问题,若不及时解决,可能产生负面影响,因此,很多企业需要能随时随地为其提供税务咨询的服务。

中汇税务是中国规模最大的税务专业服务机构之一,是经市场监管部门核准设立的一家全国性的大型税务专业服务机构,具有税务部门批准的从事专业税务顾问、税收策划、涉税鉴证、纳税情况审查等税务服务资格。中汇税务发展历史悠久,能深刻理解税收政策的来龙去脉,并牢牢把握税务发展前沿,拥有资深的税务专业团队,能够准确判断企业所面临的税务问题,并为其提供行之有效的处理方案,为企业消除税收隐患。主要服务范围包括但不限于专项税务咨询、常年税务顾问、日常税务顾问。

学习情境 2

某机械设备生产企业销售一批机械设备并开具增值税专用发票。因产品质量原因,3个月后经与购货方协商,购货方以 9 折的价格购进这批机械设备。企业会计人员向税务师事务所咨询,对于这部分销售折让应如何进行会计处理,销售折让部分是否可以冲减销售额。

税务师事务所根据企业实际情况给出了咨询答复:对于已售出机械设备发生的销售折让,在增值税处理时,购货方在增值税发票管理系统填开并上传"开具红字增值税专用发票信息表",机械设备生产企业凭税务机关系统校验通过的"开具红字增值税专用发票信息表"开具红字增值税专用发票,退还给购货方的增值税额,可从发生销售折让当期的销项税额中扣减;在企业所得税处理时,可在发生销售折让当期冲减当期销售商品收入。

 任务要求

(1) 思考学习情境 1 中中汇税务提供的税务服务与税务机关提供的税务服务的异同。
(2) 查阅资料,明确涉税专业服务的概念。
(3) 梳理中汇税务提供的涉税专业服务类型,总结我国涉税专业服务范围。
(4) 思考除了税务师事务所,能提供涉税专业服务的机构还有哪些。
(5) 查阅相关文件,总结一般税务咨询的内容。
(6) 阅读学习情境 2,判断该税务师事务所提供的涉税专业服务的类型。

 获取信息

观察学习情境,阅读任务要求,根据课程网站学习资料和国家税务总局网站相关信息,思考问题。

智能化税务管理

引导问题1：什么是涉税专业服务？

⚡ **小提示**　涉税专业服务，是指涉税专业服务机构接受委托，利用专业知识和技能，就涉税事项向委托人提供的税务代理等服务。

引导问题2：常见的涉税专业服务机构有哪些？

⚡ **小提示**　涉税专业服务机构，是指税务师事务所和从事涉税专业服务的会计师事务所、律师事务所、代理记账机构、税务代理公司、财税类咨询公司等机构。

引导问题3：涉税专业服务的范围有哪些？

⚡ **小提示**　共8项。

引导问题4：一般税务咨询的内容有哪些？

⚡ **小提示**　共5项。

引导问题5：一般税务咨询的方式有哪些？

⚡ **小提示**　书面、电话、晤谈、网络。

📅 工作实施

步骤1：思考学习情境1中中汇税务提供的税务服务与税务机关提供的税务服务的异同。

步骤2：查阅资料，明确涉税专业服务的概念。

步骤3：梳理中汇税务提供的涉税专业服务类型，总结我国涉税专业服务范围。

步骤4：思考除了税务师事务所，能提供涉税专业服务的机构还有哪些。

步骤5：查阅相关文件，总结一般税务咨询的内容。

步骤6：阅读学习情境2，判断该税务师事务所提供的涉税专业服务的类型。

评价反馈

涉税专业服务评价表如表7-4所示。

表7-4 涉税专业服务评价表

班级：		姓名：			学号：	
任务7.4		涉税专业服务				
评价项目	评价标准	分值/分	自评	互评	师评	总评
涉税专业服务	能准确描述涉税专业服务的概念	10				
涉税专业服务机构	能明确涉税专业服务机构的概念	10				
涉税专业服务的范围	掌握涉税专业服务的范围	20				
一般税务咨询	能理解一般税务咨询服务的内容及方式	20				
其他税务事项代理	了解其他税务事项代理的内容	10				
工作态度	严谨认真、无缺勤、无迟到早退	10				
工作质量	按计划完成工作任务	10				
职业素质	诚实守信、正直自律、勤勉尽责，遵循独立、客观、公正、规范原则	10				
合计		100				

学习情境的相关知识点

知识点1：涉税专业服务的概念

涉税专业服务，是指涉税专业服务机构接受委托，利用专业知识和技能，就涉税事项向委托人提供的税务代理等服务。

知识点2：涉税专业服务机构

涉税专业服务机构，是指税务师事务所和从事涉税专业服务的会计师事务所、律师事务所、代理记账机构、税务代理公司、财税类咨询公司等机构。

知识点3：涉税专业服务的范围

涉税专业服务的范围主要包括纳税申报代理、一般税务咨询、专业税务顾问、税收策划、涉税鉴证、纳税情况审查、其他税务事项代理和其他涉税服务。

视频：涉税专业服务的内容

1）纳税申报代理

纳税申报代理，是指涉税专业服务机构及其涉税服务人员接受纳税人、扣缴义务人、缴

智能化税务管理

费人（以下简称委托人）委托，双方确立代理关系，指派本机构涉税服务人员对委托人提供的资料进行收集和专业判断，代理委托人进行纳税申报、缴费申报准备和签署纳税申报表、扣缴税款报告表、缴费申报表以及相关文件，并完成纳税申报的服务行为。

纳税申报代理包括代理增值税纳税申报、代理消费税纳税申报、代理企业所得税纳税申报、代理个人所得税纳税申报、代理土地增值税纳税申报、代理房产税纳税申报、代理城镇土地使用税纳税申报以及代理其他税费缴纳申报。

2）一般税务咨询

一般税务咨询，是指涉税专业服务机构及其涉税服务人员接受委托人的委托，对委托人日常办税事项提供咨询的服务行为。

一般税务咨询包括纳税申报咨询、税务信息提供、税务政策解答、税务事项办理辅导等业务。

3）专业税务顾问

（1）专业税务顾问的概念。

专业税务顾问（即专业税务顾问服务），是指涉税专业服务机构及其涉税服务人员对纳税人、扣缴义务人就委托的特定涉税事项提供的专项税务咨询服务或者为委托人提供的长期税务顾问服务。专业税务顾问通常需要进行专业调查，并针对客户需求出具专门报告或建议。

专业税务顾问包括专项税务咨询服务和长期税务顾问服务。专项税务咨询服务包括涉税尽职审慎性调查、纳税风险评估、资本市场特殊税务处理、合规性审核以及与特别纳税调整事项有关的服务等。

（2）专业税务顾问的特点。

相比于一般税务咨询，专业税务顾问具有如下特点：

①时间上的连续性。

专业税务顾问通过在协议约定期限内指派涉税服务人员担任委托人的长期税务顾问，负责完成委托协议约定涉税事项的服务内容。除特定事项提供专项税务咨询另行约定期限外，常见的提供长期顾问服务的专业税务顾问协议有效期通常在1年以上，在协议有效期内涉税服务人员提供的服务是连续的、不间断的，通常情况下，指派的涉税服务人员在协议有效期内相对稳定，确实有需要变更涉税服务人员，委托双方应沟通一致，涉税服务人员间应进行充分交接，确保专业税务顾问服务的延续和服务质量不受影响。

②内容上的综合性。

提供长期税务顾问服务时，涉税服务人员提供的服务内容根据委托协议约定。通常情况下，委托人寻求长期税务顾问服务，不会只是解决简单的、临时的和常规的涉税事项，而是寻求全面的涉税事项咨询、指导甚至管理建议，因此，长期税务顾问服务是综合的，除了提供常年性、全过程、多角度的相关涉税事项咨询服务外，委托人出于提升税法遵从度、规避涉税风险、加强内部管理或者提升税收效率等考虑，还可能约定更加宽泛的服务内容和服务方式，诸如具体办税流程和办税方法的评估和修正、经营活动相关合同的涉税条款补充、税收政策或税收管理办法变动前后的应对、经营模式调整的税务管理流程等。

③方式上的多样性。

专业税务顾问的内容综合性和委托方需求个性化，也决定了常年税务顾问服务方式的多样性，除了常规的各种方式咨询服务外，还提供多种对象、内容和层次的涉税培训；对专题问题的研讨和解剖；提示经营活动的涉税风险；提供税收、税负的测算等服务。

知识拓展：专业税务顾问服务的基本内容

知识拓展：专业税务顾问服务的基本方式

4）税收策划

税收策划，是指涉税专业服务机构及其涉税服务人员依据国家税收政策及其他相关法律、法规和规定，为满足委托人特定目标提供税收策划方案和纳税计划的服务行为。

税收策划包括配合委托人的战略发展和重大经营调整重要事项、适应委托人日常事项经营模式变化的特定交易事项、委托人重组及投融资事项、委托人其他拟开展的业务或实施的特定交易事项。

5）涉税鉴证

涉税鉴证，是指鉴证人接受委托，按照税收法律法规以及相关规定，对被鉴证人涉税事项的合法性、合理性进行鉴定和证明，并出具书面专业意见。

涉税鉴证包括企业注销登记鉴证、土地增值税清算鉴证、企业资产损失税前扣除鉴证、研发费用税前加计扣除鉴证、高新技术企业专项认定鉴证、涉税交易事项鉴证、涉税会计事项鉴证、税收权利义务事项鉴证和其他涉税事项鉴证。

6）纳税情况审查

纳税情况审查，是指涉税专业服务机构及其涉税服务人员接受行政机关、司法机关委托，指派有资质的涉税服务人员，依法对纳税人、扣缴义务人的纳税和扣缴情况进行审查并作出专业结论的服务行为。

纳税情况审查包括海关委托保税核查、海关委托稽查、企业信息公示委托纳税情况审查、税务机关委托纳税情况审查、司法机关委托纳税情况审查等。

7）其他税务事项代理

其他税务事项代理，是指涉税专业服务机构及其涉税服务人员接受委托人委托，在其权限内，以委托人的名义代为办理纳税事项的服务行为。

其他税务事项代理包括代为办理信息报告、发票办理、优惠办理、证明办理、社会保险费及非税收入业务、出口退（免）税、国际税收、税务注销、涉税争议、建账记账等。

8）其他涉税服务

其他涉税服务，是指涉税专业服务机构及其涉税服务人员接受纳税人、扣缴义务人的委托，提供对上述七类服务以外的涉税服务，如涉税培训、涉税信息技术服务等。

上述第3~6项涉税业务，应当由具有税务师事务所、会计师事务所、律师事务所资质的涉税专业服务机构从事，相关文书应当由税务师、注册会计师或律师签字并承担相应的责任。

知识点4：涉税专业服务业务信息的采集

税务机关应当建立业务信息采集制度，利用现有的信息化平台分类采集业务信息，加强内部信息共享，提高分析利用水平。

拓展知识：涉税专业服务机构行政登记管理和实名制管理

1）四项业务报告采集

税务师事务所、会计师事务所、律师事务所应当于完成专业税务顾问、税收策划、涉税鉴证、纳税情况审查业务的次年3月31日前，向主管税务机关报送"专项业务报告要素信息采集表"。实名信息包括统一社会信用代码、机构名称、委托人统一社会信用代码、委托人名称、委托协议采集编号、业务完成时间、服务项目、业务报告签署人、业务收入金额等。

2）其他业务的报送

除上述四项涉税服务之外，涉税专业服务机构可以于完成涉税服务之后，向主管税务机关报送服务信息。

3）年度报告的报送

涉税专业服务机构应当于每年3月31日前，以年度报告形式，向税务机关报送"年度涉税专业服务总体情况表"，报送从事涉税专业服务的总体情况。实名信息包括统一社会信用代码、机构名称、法定代表人或执行事务合伙人、联系电话、从事涉税服务人员数（包括从事涉税服务外籍人员数、税务师人数、律师人数、注册会计师人数）、受到行政处罚情况和行业协会奖惩情况、服务项目及其户数、业务收入金额和涉及委托人税款金额等。

知识点5：涉税专业服务规范

涉税专业服务规范，是指涉税专业服务机构及其涉税服务人员从事涉税专业服务过程中应当遵守的执业和道德标准，包括《涉税专业服务基本准则（试行）》《涉税专业服务职业道德守则（试行）》等。

1）基本准则

（1）基本遵循。

涉税专业服务机构及其涉税服务人员应当拥护中国共产党领导，坚持正确政治方向，按照法律、行政法规、部门规章及规范性文件从事涉税专业服务，接受税务机关行政监管和相关行业协会自律监管。

涉税专业服务机构应当按照规定向税务机关报送其机构基本信息及其涉税服务人员的身份信息和执业资质信息，以真实身份开展涉税专业服务，诚实守信、正直自律、勤勉尽责，遵守职业道德，维护行业形象。从事涉税专业服务应当遵循独立、客观、公正、规范原则，建立质量管理制度和风险控制机制，保障执业质量，降低执业风险。

（2）基本程序。

①业务承接。

涉税专业服务机构承接业务，一般包括业务环境评估、承接条件判断、服务协议签订、业务人员确定等程序。在承接业务时，涉税专业服务机构应当根据委托事项了解委托人的基本情况，委托事项涉及第三方的，应当延伸了解第三方的基本情况。涉税专业服务机构应当通过专业判断确定是否承接业务；应当与委托方签订服务协议，根据承接业务内容委派具备专业胜任能力的人员执行业务，根据业务需要可以聘请外部专家。

②业务实施。

涉税专业服务机构业务实施，主要包括业务计划编制、资料收集评估、法律法规适用、业务成果形成、业务成果复核、业务成果交付、业务记录形成、业务档案归集等程序。

在开展业务时，涉税专业服务机构应当根据服务协议约定编制业务计划并根据业务执行情况适时调整；根据执业需要充分、适当地取得并归集相关资料，依据业务事实进行专业判断，确定适用的法律法规；根据服务协议约定以及质量管理要求，执行必要的业务程序，形成业务成果；根据质量管理要求建立业务成果复核制度，其中，专业税务顾问、税收策划、涉税鉴证、纳税情况审查应当实施两级以上复核。

涉税专业服务机构应当按照协议约定交付业务成果，其中，专业税务顾问、税收策划、涉税鉴证和纳税情况审查四类业务成果应当由承办业务的税务师、注册会计师或者律师签章。涉税专业服务机构应当建立业务记录制度，记录执业过程并形成工作底稿；整理业务协议、业务成果、工作底稿等相关资料，于业务完成后60日内形成电子或纸质的业务档案，并保证档案的真实、完整；建立档案管理制度，保障电子或纸质档案安全，按照法律法规规定合理确定档案保管期限，最低不少于10年。除特殊情况外，未经委托人同意，涉税专业服务机构不得向任何第三方提供业务档案。

2）职业道德守则

（1）基本要求。

涉税专业服务机构及其涉税服务人员从事涉税专业服务应当诚实守信、正直自律、勤勉尽责，遵守法律、行政法规、部门规章及规范性文件的要求，履行服务协议约定，自觉维护职业形象，廉洁从业。

（2）执业纪律。

从事涉税专业服务应当秉持专业精神和职业操守，从事涉税鉴证、纳税情况审查服务，不得与被鉴证人、被审查人存在影响独立性的利益关系。对委托事项存在涉及税收违法违规风险的，应当提醒委托人排除，并审慎评估对业务开展的影响。不得采取隐瞒、欺诈、贿赂、串通、回扣、不当承诺、恶意低价和虚假宣传等不正当手段承揽业务，不得歪曲解读税收政策，不得诱导、帮助委托人实施涉税违法违规活动。

涉税服务人员应当通过继续教育、业务培训等途径持续掌握和更新法律法规、办税实务和信息技术等方面的专业知识和技能，保持专业胜任能力。涉税专业服务机构及其涉税服务人员应当依照法律法规规定和协议约定，对涉税专业服务过程中知悉的国家安全信息、个人隐私和个人信息、商业秘密予以保密；应当有效保护和合法合规使用涉税专业服务过程中知悉的涉税数据，不得利用涉税数据谋取不正当利益。

知识拓展：涉税专业服务
机构的信用评价

知识点6：一般税务咨询的内容

一般税务咨询，是指通常因委托人在日常经营活动中涉及税务处理或办理涉税事项向涉税服务人员寻求专业支持，涉税服务人员需要给予答疑解惑或指导办理涉税事项。一般税务咨询因委托人需求不同，所有涉税相关事项都可能成为税务咨询服务的内容，因此，一般税务咨询的服务内容较为宽泛，概括起来，一般税务咨询的主要内容有如下五个方面：

视频：一般税务咨询
和其他税务事项代理

智能化税务管理

1）适用税收实体法方面的税务咨询

为发挥税收的职能和作用，我国实行多种税、多层次的税收实体法体系，税收法律规定有《税法》或《暂行条例》、《实施条例》或《实施细则》、行政法规、部门规章等多种表现形式，纳税人具体经营活动适用相应的税收实体法及具体条款，专业性强、要求高，是一般税务咨询服务最重要的内容。适用税收实体法方面的税务咨询内容，包括但不限于以下内容：

（1）纳税人或扣缴义务人从事的经营活动或其他行为（以下简称涉税行为）涉及的应缴纳或扣缴的税费；

（2）不同经济性质的纳税人适用的所得税；

（3）涉税行为相应税种的征税范围界定；

（4）涉税行为所涉及的具体征税项目或税目；

（5）涉税行为适用的计税方法或征收方法；

（6）涉税行为所适用的税率、征收率、预征率、应税所得率、代征率等；

（7）涉税行为的计税依据，包括销售额、计税数量、扣除项目及金额、扣除率等；

（8）涉税行为的税额抵扣或抵减，包括可抵扣或抵减的项目、可抵扣或抵减的条件、可抵扣或抵减的税额等；

（9）涉税行为的税收优惠，包括可享受税收优惠的项目、税收优惠的条件、税收优惠的报送、备案或留存的资料等；

（10）涉税行为误用税收法律后的纠错方法；

（11）税前未扣除、项目未扣除、优惠未享受等合法权益补救措施；

（12）税收政策变动前后相关涉税行为的适用；

（13）其他涉税行为适用实体法的问题。

2）适用税收程序法方面的税收咨询

纳税人和扣缴义务人应按照《税收征收管理法》《税收征收管理法实施细则》及国务院、财政部、国家税务总局发布税收征收管理的法规、规章和规范性文件办理涉税事宜。为准确、高效地办理涉税事宜，适用税收程序法方面的税收咨询也是一般税务咨询服务的主要内容。适用税收程序法方面的税务咨询内容，包括以下内容：

（1）办理各类涉税登记、变更或注销的时间，报送（报备或留存）的资料，涉税登记包括税务登记、一般纳税人资格登记、出口退（免）税资格认定申请表填写、税种登记等。

（2）办理各类报告、备案、备查的时间，报送（报备或留存）的资料。为规范税收管理，在办理涉税事项时，需要纳税人或扣缴义务人在规定的期限内向税务机关报告、备案或备查，主要的报告、备案或备查项目有：开立或变更的全部银行账户、财务会计制度或者财务会计处理办法和会计核算软件、增值税选择简易计税方法、资产损失税前扣除、固定资产或无形资产选择快速折旧或摊销、享受税收减免或退税优惠、对外付汇税务备案等。

（3）发票的票种核定、最高开票限额审批、增值税税控系统专用设备初始发行、发票领用、发票开具和发票保存等。

（4）各税种的纳税申报期限、申报方式、申报表及附列资料、延期申报的申请、核准和申报等。

（5）纳税信用评价及修复。

（6）税收风险管理及应对。

（7）税款征收方式及完税。

（8）加收滞纳金。

（9）多缴或少缴税的追征或退回。

（10）核定征收方式及适用。

（11）关联企业纳税调整、税收保全措施、税收强制措施、清税离境、税收优先、税务代位权或撤销权、欠税公告等税收征收措施。

（12）税收信息报告。

（13）税务稽查的配合和应对。

（14）税收违法、违规的法律责任。

（15）其他适用税收程序法方面的问题。

3）解决税收分歧方面的咨询

纳税人、扣缴义务人对税务机关作出的行政行为或处罚行为存在异议，寻求专业化的解决方案，维护其合法权益，向涉税服务人员咨询解决税收分歧的方法、途径，也是一般税务咨询服务的一类内容。解决税收分歧方面的咨询主要包括以下几项：

（1）陈述、申辩权的运用；

（2）对行政处罚的听证；

（3）提起税务行政复议；

（4）提起税务行政诉讼；

（5）申请行政赔偿；

（6）对税务机关及工作人员的各种不法行为进行揭露、检举和控告。

4）涉税会计处理的咨询

税收与会计紧密相关，大多数税收处理以会计核算为基础，企业各项税收的计税、缴税或减免税都会反映在会计核算上，但是有些税收处理又与会计核算存在一定差异，因此，涉税会计处理的咨询也是一般涉税咨询服务的内容。涉税会计处理的咨询主要包括以下几项：

（1）各税种的涉税会计处理；

（2）相关税种或业务的税法与会计差异处理；

（3）企业所得税年终汇算清缴后的账务调整；

（4）企业自查、税务机关风险评估或税务稽查后的错账调整及查补税款、加收滞纳金或所处罚款的会计处理。

5）税务动态方面的咨询

随着纳税人、扣缴义务人在日常经营活动中对税收重视程度的提升和纳税意识的加强，纳税人、扣缴义务人除了关心直接影响税款缴纳或涉税事宜办理的现行财税政策外，税务动态也成为他们关注的内容。纳税人、扣缴义务人通过关注动态，适应税收形势变化，降低纳税风险。税务动态方面的咨询主要包括以下几项：

（1）税收法律或政策法规调整的趋势和步骤；

（2）税收征管措施或办税制度的重大调整及内容；

（3）风险管理、税务稽查或大企业辅导的重点行业或重点关注问题；

（4）税务机关的机构设置、职责分工、人员配备甚至办公场所等情况及其调整变动情况。

除上述内容外，税收基础知识、税收协定知识和内容以及外国税制规定，都可能是税务咨询的内容。

知识点7：一般税务咨询的服务方式

1）书面咨询

书面咨询是较为正式、规范的一般税务咨询服务方式。通常适用于专业性较强、涉及内容较多和相对复杂的涉税事项咨询。由委托方以书面方式提出咨询或者涉税服务人员就委托方提出咨询以书面方式记录，经委托方确认后，以书面的方式解答咨询问题。涉税服务人员以书面方式提供一般税务咨询时，应做到问题明确、解答清楚、证据充分，引用的税收法律、法规准确。书面咨询根据双方约定，可以采取专门的税务咨询报告，也可以用简易的书面税务咨询材料。书面咨询可使税务咨询有明确服务成果的载体，较易考量咨询服务质量，便于双方传递、备查和明确责任，也有助于一般税务咨询服务的规范化。

2）电话咨询

电话咨询是以电话通话方式提供口头的一般税务咨询服务。主要适用于比较简单明了的涉税事项咨询服务，涉税服务人员通过与委托人电话通话，就其提出的问题或描述的涉税事项，给予简要的答复或给出指导性意见。涉税服务人员通过电话方式提供咨询服务时，应做到充分明确所咨询的问题和描述的情形，给出明确的答复。电话咨询的方式虽然简便快捷，但是如果没有借助录音或者书面记录，没有明确的服务成果的载体，较难考量咨询服务质量，不便于双方备查和明确责任，有时还会因表述、理解等差异产生咨询服务结果的误解。

3）晤谈

晤谈是涉税服务人员与委托人见面洽谈，当面解答委托人提出的税务咨询问题的一种咨询服务方式。情况较为复杂、内容较多、难度较大的涉税事项，通常需用晤谈方式提供税务咨询服务。通过双方洽谈研讨，了解涉税事项实质，通过深入剖析，涉税服务人员就相关涉税事项给予有针对性的解答或指导。晤谈方式能够深入了解咨询的涉税事项，避免理解或表述等方面的误解，给出更为明确的咨询服务答复。但晤谈仍然是一种口头的咨询服务，服务成果应辅之以工作记录、晤谈纪要、备忘录或者专门的咨询服务报告等书面方式。

4）网络咨询

网络咨询是一种新兴的税务咨询形式，是以网络为载体，通过咨询窗口（或专栏）、论坛、QQ、微信或E-mail等方式，提供的一般税务咨询服务方式。涉税服务人员既可以在线即时解答，也可以延时留言答复，并将咨询的涉税事项及解答通过网络传递和保存，是一种特殊的书面咨询方式。除具有书面咨询的基本特点外，还因其不受时空限制、可以随时存取查阅等便捷的优势，越来越多地被运用于一般税务咨询服务中。

知识点8：一般税务咨询的基本实施步骤

一般税务咨询的实施，应执行以下基本步骤：

（1）与委托人签订一般税务咨询业务委托协议；

（2）获取或接收委托人咨询的涉税事项和相关资料；

（3）对咨询的涉税事项和资料进行专业判断；

（4）对咨询的涉税事项作答复前的准备；

（5）根据税务咨询方式或委托协议的约定，以适当方式进行税务咨询回复；

（6）税务咨询成果的确认和签署或回执；

（7）根据委托协议约定，税务咨询事项具体实施情况的跟踪或反馈。

项目7 同步训练与测试

一、单选题

1. 关于纳税服务，下列说法错误的是（   ）。
A. 优化纳税服务是税务部门的重要职责
B. 纳税服务和税收征管是税收工作的核心业务
C. 纳税服务是税务机关行政行为的组成部分，是促进纳税人依法诚信纳税和税务机关依法诚信征税的基础性工作
D. 对自愿遵从的纳税人，税务机关要提供优质的纳税服务，对不遵从的纳税人，税务机关不提供纳税服务

2. 关于税法宣传和纳税咨询，下列说法错误的是（   ）。
A. 丰富、规范税法宣传的内容
B. 优化税法宣传的渠道
C. 税务机关为满足个性化需求，可以有偿为纳税人提供专家咨询辅导服务
D. 注重分类税法宣传

3. 办税服务厅对非即办事项实行限时办结制度，下列说法错误的是（   ）。
A. 办税服务厅对非即办事项应在规定的时限内办结或答复
B. 税务机关应通过税务网站、办税服务厅电子显示屏或者触摸屏、公告栏等渠道公开相关事项的办理时限
C. 税务人员在受理非即办事项时，应告知纳税人办理时限
D. 因客观原因，不能按期办结需要延期的事项，应当由纳税服务部门领导批准后，在办理时限到期之前告知纳税人，并明确延期办理时限

4. 纳税人咨询、办理的事项不属于办税服务厅职责范围的，应按照以下（   ）制度转办或告知。
A. 一窗式服务　　　　　　　　B. 一站式办理
C. 首问责任制　　　　　　　　D. 导税服务

二、多选题

1. 下列关于办税服务厅文明服务的说法，正确的有（   ）。
A. 办税服务厅应设置公告栏，及时发布税收政策法规、办税指南等信息
B. 办税服务厅工作人员应统一着装，佩戴工作牌，提供规范服务
C. 办税服务厅应提供咨询辅导服务，解答纳税人疑问，提供办税指导
D. 办税服务厅应实行领导值班制，及时处理纳税人投诉和突发情况

2. 一般税务咨询的服务方式包括（   ）。
A. 书面咨询　　B. 电话咨询　　C. 晤谈　　D. 网络咨询

三、简答题

1. 纳税服务的意义是什么？

智能化税务管理

2. 税收宣传的形式和内容是什么？
3. 纳税咨询的渠道有哪些？
4. 涉税专业服务的范围有哪些？

四、案例分析

小李作为一家企业（政策颁布前为小规模纳税人）的新进财务人员，在阅读政策文件后，对企业目前的销售额是否达到必须认定为增值税一般纳税人的标准存在疑问。在这种情况下，小李可以通过哪些方式向税务机关提出问题并获得相应的纳税服务？

项目 8

税务行政处罚

任务 8.1 税务行政处罚概述

> **知识目标：**
> 掌握税务行政处罚的概念与特点。
> 掌握税务行政处罚的原则。
> 掌握税务行政处罚的主体与管辖。
> **能力目标：**
> 能准确判断税务行政处罚的主体。
> **素质目标：**
> 形成遵纪守法意识。
> 遵循公平公正原则。

甲公司是一家生产成品油的公司，该公司在开展相关专项整治工作期间，经税务部门督促辅导后，仍通过将消费税应税产品变名为非应税产品销售、进行虚假申报等违法手段，少缴消费税等税费 1.54 亿元，税务稽查部门依据《中华人民共和国行政处罚法》《中华人民共和国税收征收管理法》《中华人民共和国消费税暂行条例》等相关规定，依法追缴该公司少缴税费，加收滞纳金并处罚款，共计 2.52 亿元。

（节选自国家税务总局山东省税务局 税务新闻
山东省税务局稽查局依《法查处一起成品油生产企业偷税案件》chinatax.gov.cn）

任务要求

（1）查阅资料，判断学习情境中涉及的税务行政处罚的主体和对象。

智能化税务管理

（2）查阅资料，总结税务行政处罚的原则。

📖 获取信息

观察学习情境，阅读任务要求，根据课程网站学习资料和国家税务总局网站相关信息，思考问题。

引导问题1：税务行政处罚的主体是什么？

_____

💡 **小提示** 税务行政处罚的主体是依据法定权限所确定的税务机关。

引导问题2：税务行政处罚的对象是什么？

_____

💡 **小提示** 税务行政处罚的对象是违反了税收法律规范但尚未构成犯罪的当事人。

引导问题3：税务行政处罚应当遵循的原则有哪些？

_____

💡 **小提示** 合法、合理、公平公正、公开、程序正当、信赖保护、处罚与教育相结合。

📅 工作实施

步骤1：判断学习情境中涉及的税务行政处罚的主体和对象。

_____

步骤2：查阅资料，总结税务行政处罚的原则。

_____

✩ 评价反馈

税务行政处罚概述评价表如表8-1所示。

表8-1 税务行政处罚概述评价表

班级：		姓名：			学号：	
任务8.1		税务行政处罚概述				
评价项目	评价标准	分值/分	自评	互评	师评	总评
税务行政处罚的主体及对象	能正确判断税务行政处罚的主体及对象	30				
税务行政处罚的原则	能正确理解税务行政处罚的原则	40				
工作态度	严谨认真、无缺勤、无迟到早退	10				

续表

评价项目	评价标准	分值/分	自评	互评	师评	总评
工作质量	按计划完成工作任务	10				
职业素质	遵纪守法、公平公正	10				
	合计	100				

 学习情境的相关知识点

知识点1：税务行政处罚的概念

税务行政处罚，是指自然人、法人或其他组织有违反税收征收管理秩序的违法行为，尚未构成犯罪，依法应当承担行政法律责任，由税务机关给予的行政处罚。

税务行政处罚是行政处罚的重要组成部分，其基本法律依据为《中华人民共和国行政处罚法》（以下简称《行政处罚法》）和《税收征管法》。

视频：税务行政处罚的基本认知

知识点2：税务行政处罚的原则

税务行政处罚的原则，是指针对税务行政处罚一系列活动的有关法规的准则。根据《行政处罚法》和《税收征管法》的规定，税务行政处罚要遵循以下具有普遍规律性、指导性的原则。

知识拓展：税务行政处罚的基本特点

1）合法原则

在法律、法规、规章规定的种类和幅度内，依照法定权限，遵守法定程序，保障当事人合法权益。

2）合理原则

符合立法目的，考虑相关事实因素和法律因素，作出的行政处罚决定与违法行为的事实、性质、情节、社会危害程度相当，与本地的经济社会发展水平相适应。

3）公平公正原则

对事实、性质、情节及社会危害程度等因素基本相同的税收违法行为，所适用的行政处罚种类和幅度应当基本相同。

4）公开原则

按规定公开行政处罚依据和行政处罚信息。

5）程序正当原则

依法保障当事人的知情权、参与权和救济权等各项法定权利。

6）信赖保护原则

非因法定事由并经法定程序，不得随意改变已经生效的行政行为。

7）处罚与教育相结合原则

预防和纠正涉税违法行为，引导当事人自觉守法。

知识点3：税务行政处罚的主体

《行政处罚法》规定，行政处罚由具有行政处罚权的行政机关在法定职权范围内实施。税务行政处罚的实施机关是县以上税务机关，包括国家税务总局，省、自治区、直辖市

智能化税务管理

税务局，地（市、州、盟）税务局，县（市、旗）税务局四级。各级税务机关的内设机构、派出机构不具有税务行政处罚机关资格，不能以自己的名义实施税务行政处罚。但是，根据《税收征管法》，税务所可以实施罚款在2 000元以下的税务行政处罚。

税务机关依照法律、法规或者规章的规定，可以在其法定权限内委托符合法律规定条件的组织实施行政处罚。税务机关对受委托的组织实施行政处罚的行为应当负责监督，并对该行为的后果承担法律责任。

受委托组织在委托范围内，以委托税务机关名义实施行政处罚；受委托组织不得再委托其他任何组织或者个人实施行政处罚。

受委托组织必须符合以下条件：

（1）依法成立并具有管理公共事务的职能；

（2）有熟悉有关法律、法规、规章和业务并取得行政执法资格的工作人员；

（3）需要进行技术检查或者技术鉴定的，应当组织进行相应的技术检查或者技术鉴定。

知识点4：税务行政处罚的管辖

税务行政处罚的管辖，是指税务机关之间在处罚公民、法人或其他组织违反税收征收管理秩序的行为时，所作的分工和权限划分。我国税务行政处罚管辖的种类主要有职能管辖、级别管辖、地域管辖、指定管辖、移送管辖。

知识拓展：税务行政处罚的管辖具体内容

任务8.2 税务行政处罚的种类及设定

学习目标

知识目标：
掌握税务行政处罚的种类。
理解税务行政处罚的设定。
掌握税务行政处罚的时效。

能力目标：
能准确判断税务行政处罚的种类。
能准确判断税务行政处罚的时效。

素质目标：
形成遵纪守法意识。
遵循公平公正原则、效率优先原则。

学习情境

某市税务局接到举报，该市辖区内某房地产开发企业A存在偷税行为。经查，举报属实。A 企业三年前采取在账簿上多列支出或少列、不列收入的方式偷逃税款 100 万元。因此，某市税务局决定对 A 企业追征其所偷逃的税款和滞纳金，并向 A 企业送达了"税务行政处罚通知书"，拟对 A 企业的偷税行为处以其所偷逃税款 1 倍的罚款。A 企业收到"税务行政处罚通知书"后，在限期内提出了听证申请。在听证过程中，A 企业提出，根据《行政处罚法》第 36 条："违法行为在二年内未被发现的，不再给予行政处罚。"市税务局可以追征三年前少缴的税款和加收滞纳金，但不应进行行政处罚。而税务局则认为，根据《税收征管法》，税务行政处罚的时效为五年，税务机关有权对 A 企业三年前的偷税行为给予行政处罚。

任务要求

（1）梳理学习情境中涉及的税务行政处罚类型。

（2）查找有关税务行政处罚时效的规定，判断税务机关是否有权对 A 企业三年前的偷税行为给予行政处罚。

获取信息

观察学习情境，阅读任务要求，根据课程网站学习资料和国家税务总局网站相关信息，思考问题。

引导问题 1：税务行政处罚的类型有哪些？

_____

 小提示

（1）罚款；
（2）没收违法所得、没收非法财物；
（3）停止出口退税权；
（4）法律、法规和规章规定的其他行政处罚。

引导问题 2：我国对税务行政处罚的时效有什么规定？

_____

小提示　关注《行政处罚法》和《税收征管法》的规定。

 工作实施

步骤 1：梳理学习情境中涉及的税务行政处罚类型。

_____

步骤 2：查找有关税务行政处罚时效的规定，判断税务机关是否有权对 A 企业三年前的偷税行为给予行政处罚。

评价反馈

税务行政处罚的种类及设定评价表如表 8-2 所示。

表 8-2 税务行政处罚的种类及设定评价表

班级：		姓名：			学号：	
任务 8.2		税务行政处罚的种类及设定				
评价项目	评价标准	分值/分	自评	互评	师评	总评
税务行政处罚的种类	能准确判断行政处罚的种类	30				
税务行政处罚的设定	能准确理解税务行政处罚的设定	20				
税务行政处罚的时效	能准确判断税务行政处罚的时效	20				
工作态度	严谨认真、无缺勤、无迟到早退	10				
工作质量	按计划完成工作任务	10				
职业素质	遵纪守法、诚实守信、公平公正	10				
	合计	100				

学习情境的相关知识点

视频：税务行政处罚的种类、设定与时效

知识点 1：税务行政处罚的种类

税务行政处罚是税务机关依照法律、法规和规章的规定，对纳税主体违反税务行政管理秩序的税务违法行为，以减损权益或者增加义务的方式予以惩戒。

1）《行政处罚法》规定的处罚种类

（1）警告、通报批评；

（2）罚款、没收违法所得、没收非法财物；

（3）暂扣许可证件、降低资质等级、吊销许可证件；

（4）限制开展生产经营活动、责令停产停业、责令关闭、限制从业；

（5）行政拘留；

（6）法律、行政法规规定的其他行政处罚。

2）税务行政处罚的种类

（1）罚款；

（2）没收违法所得、没收非法财物；

（3）停止出口退税权；

（4）法律、法规和规章规定的其他行政处罚。

知识点 2：税务行政处罚的设定

行政处罚的设定，是指特定的国家机关依照职权和实际需要，在有关法律、法规或者规章中，创造或设立行政处罚的权力。行政处罚关系到公民、法人或者其他组织的权利和利益，对其设定必须加以必要的限制。

1)《行政处罚法》有关行政处罚的设定

法律可以设定各种行政处罚。限制人身自由的行政处罚，只能由法律设定。

行政法规可以设定除限制人身自由以外的行政处罚。

地方性法规可以设定除限制人身自由、吊销营业执照以外的行政处罚。

国务院部门规章可以在法律、行政法规规定的给予行政处罚的行为、种类和幅度的范围内作出具体规定。

地方政府规章可以在法律、法规规定的给予行政处罚的行为、种类和幅度的范围内作出具体规定。尚未制定法律、法规的，地方政府规章对违反行政管理秩序的行为，可以设定警告、通报批评或者一定数额罚款的行政处罚。罚款的限额由省、自治区、直辖市人民代表大会常务委员会规定。

除法律、法规、规章外，其他规范性文件不得设定行政处罚。

2）税务行政处罚的设定

税务行政处罚的设定是指由特定的国家机关通过一定形式首次独立规定公民、法人或者其他组织的行为规范，并规定违反该行为规范的行政制裁措施。

（1）全国人民代表大会及其常务委员会可以通过法律的形式设定各种税务行政处罚。

（2）国务院可以通过行政法规的形式设定除限制人身自由以外的税务行政处罚。

（3）国家税务总局可以通过规章的形式设定警告和罚款。税务行政规章对非经营活动中的违法行为设定罚款不得超过 1 000 元；对经营活动中的违法行为，有违法所得的，设定罚款不得超过违法所得的 3 倍，且最高不得超过 3 万元；没有违法所得的，设定罚款不得超过 1 万元；超过限额的，应当报国务院批准。

省、自治区、直辖市和计划单列市税务局及其以下各级税务机关制定的规范性文件，在税收法律、法规、规章规定给予行政处罚的行为、种类和幅度的范围内作出具体规定，是一种执行税收法律、法规、规章的行为，不是对税务行政处罚的设定。因此，这类规范性文件与《行政处罚法》规定的处罚设定原则并不矛盾，是有效的、可以执行的。

知识点 3：不予行政处罚的情形

当事人有下列情形之一的，不予行政处罚：

（1）违法行为轻微并及时纠正，没有造成危害后果的；

（2）不满 14 周岁的人有违法行为的；

（3）精神病人在不能辨认或者不能控制自己行为时有违法行为的；

（4）其他法律规定不予行政处罚的。

知识点 4：应当依法从轻或者减轻行政处罚的情形

当事人有下列情形之一的，应当依法从轻或者减轻行政处罚：

（1）主动消除或者减轻违法行为危害后果的；

（2）受他人胁迫有违法行为的；

（3）配合税务机关查处违法行为有立功表现的；

（4）其他依法应当从轻或者减轻行政处罚的。

知识点 5：税务行政处罚的时效

时效，是指依照《行政处罚法》的规定对行政违法实施者进行行政处罚的有效期限。

超过了法律所规定的期限，就不能再对当事人实施行政处罚。

时效期限的计算，依照《行政处罚法》的规定，应从税务违法行为发生之日起计算；税务违法行为有连续或继续状态的，从行为终了之日起计算。

根据《行政处罚法》的规定，行政违法行为的处罚时效为两年。违法行为在两年内未被发现的，不再给予行政处罚。法律另有规定的除外。

根据《税收征管法》第86条，违反税收法律、行政法规应当给予行政处罚的行为，在五年内未被发现的，不再给予行政处罚。据此，税务行政处罚的时效为5年。

任务8.3 税务行政处罚的程序

学习目标

> **知识目标：**
> 掌握税务行政处罚的简易程序。
> 掌握税务行政处罚的一般程序。
> 掌握税务行政处罚的听证程序。
> **能力目标：**
> 能运用简易程序进行税务行政处罚。
> 能运用一般程序进行税务行政处罚。
> **素质目标：**
> 形成遵纪守法、诚实守信的意识。
> 遵循公平公正、廉洁从业的原则。

学习情境

学习情境1

叶某因未按期申报税费缴纳而被税务机关认定为非正常户。在以往，类似情况若需解除非正常户状态并完成整个处罚程序，至少需要耗时3~5天，并需缴纳200元罚款。为了提高效率，减轻纳税人负担，某区税务局采用了简易处罚程序。在该程序中，税务机关对叶某的违规行为进行了快速处理。

学习情境2

在20×0年、20×2年、20×5年至20×6年经营期间，某科技股份有限公司编造虚假的员工奖金发放清单，将管理人员、业务人员应发年终奖金4 621 081.48元分摊到其他员工的工资中，并通过法定代表人王某某、总经理胡某某及出纳李某某等开户在农商行个人账户

发放。该公司未按规定代扣代缴工资薪金所得个人所得税共计558 238.80元,具体分年度情况如下:

20×0年发放奖金1 482 037.00元,应扣未扣个人所得税262 841.33元。

20×2年发放奖金1 423 595.58元,应扣未扣个人所得税239 352.93元。

20×5年发放奖金873 027.60元,应扣未扣个人所得税33 645.23元。

20×6年发放奖金842 421.30元,应扣未扣个人所得税22 399.31元。

此外,20×0年发放的奖金未计入成本费用,未在税前扣除;而20×2年、20×5—20×6年奖金支出已分别计入管理费用、制造费用,且已在税前扣除。

税务机关对该公司的税务违法行为进行了全面调查,收集了相关证据,包括虚假的员工奖金发放清单、银行账户交易记录等。在发现税务违法行为后,税务机关责令该公司限期补扣补缴应缴未缴的个人所得税。

由于该公司未在规定期限内补扣补缴税款,税务机关依据《中华人民共和国税收征收管理法》第69条和《中华人民共和国行政处罚法》第32条第1项的规定,对其处以应扣未扣个人所得税558 238.80元的50%罚款,共计279 119.40元。

学习情境3

D县某餐饮公司属承包经营,该县税务局接到群众反映,该餐饮公司利用收入不入账的方法偷逃税款。20×4年5月24日,税务局派两名税务干部(李某和赵某)对其实施检查,税务人员在出示税务检查证后,对相关人员进行了询问,但没有线索,于是李某和赵某对餐饮公司经理宿舍进行了搜查,发现了流水账,经与实际申报纳税情况核对,查出了该餐饮公司利用收入不入账的方法,偷逃税款50 000元的事实。5月25日,该县税务局依法下达了"税务行政处罚事项告知书",拟作出追缴税款、加收滞纳金并处30 000元罚款的决定。5月26日,该县税务局下达了"税务行政处罚决定书"。5月30日,该餐饮公司提出税务行政处罚听证要求。6月5日,由李某、赵某两人和其他一名干部共同主持了听证会,经听取意见后,当场作出税务行政处罚决定,要求听证会所花费用由餐饮公司承担,并将"税务行政处罚决定书"当场交给该餐饮公司代表。在履行了纳税义务的情况下,该餐饮公司于7月5日就30 000元罚款一事向市税务局提出了行政复议申请。

任务要求

(1)明确税务行政处罚简易程序的适用范围,判断学习情境1中,某区税务局是否可对当事人使用简易程序。

(2)判断学习情境2中运用税务行政处罚程序的类型。

(3)查阅资料,总结税务行政处罚的一般程序。

(4)查阅资料,总结税务行政处罚听证程序的适用条件。

(5)结合学习情境3,指出税务部门在此案处理过程中的不妥之处,总结税务行政处罚听证程序的相关规定。

 获取信息

观察学习情境,阅读任务要求,根据课程网站学习资料和国家税务总局网站相关信息,

智能化税务管理

思考问题。

引导问题1：税务行政处罚的简易程序适用于哪些情况？

_____

> 💡 **小提示** 两种罚则。

引导问题2：税务行政处罚的一般程序有哪些？

_____

> 💡 **小提示** 立案、调查与取证、审查、决定、执行。

引导问题3：我国对税务行政处罚听证程序有什么规定？

_____

> 💡 **小提示** 关注《行政处罚法》的规定。

📅 工作实施

步骤1：明确税务行政处罚简易程序的适用范围，判断学习情境1中，某区税务局是否可对当事人使用简易程序。

_____

步骤2：判断学习情境2中税务行政处罚程序的类型。

_____

步骤3：查阅资料，总结税务行政处罚的一般程序。

_____

步骤4：查阅资料，总结税务行政处罚听证程序的适用条件。

_____

步骤5：结合学习情境3，指出税务部门在此案处理过程中的不妥之处，总结税务行政处罚听证程序的相关规定。

_____

☆≡ 评价反馈

税务行政处罚的程序评价表如表8-3所示。

项目 8 税务行政处罚

表 8-3 税务行政处罚的程序评价表

班级：		姓名：		学号：		
任务 8.3		税务行政处罚的程序				
评价项目	评价标准	分值/分	自评	互评	师评	总评
税务行政处罚的简易程序	能正确描述税务行政处罚简易程序的适用范围	20				
税务行政处罚的一般程序	能明确税务行政处罚的一般程序	30				
税务行政处罚的听证程序	能明确税务行政处罚听证程序的规定	20				
工作态度	严谨认真、无缺勤、无迟到早退	10				
工作质量	按计划完成工作任务	10				
职业素质	遵纪守法、公平公正、廉洁从业	10				
	合计	100				

学习情境的相关知识点

视频：税务行政处罚的简易程序

知识点1：税务行政处罚的简易程序

1）税务行政处罚的简易程序概述

税务行政处罚的简易程序（以下简称简易程序）是指税务机关执法人员当场作出税务行政处罚决定、实施处罚的一种简便程序。简易程序的适用条件有两个：一是违法事实清楚，证据确凿，情节简单、轻微，社会危害性不大的税务违法行为，且有法定依据应当给予处罚；二是给予的处罚轻微。

简易程序只适用于两种罚则：警告和一定数额范围内的罚款。违法事实确凿并有法定依据，对公民处以 200 元以下、对法人或者其他组织处以 3 000 元以下罚款或者警告的行政处罚的，可以适用简易程序，当场作出税务行政处罚决定。

2）简易处罚的具体程序

（1）出示证件，说明处罚理由。税务机关执法人员当场作出行政处罚时，应当向当事人出示税务检查证，同时，税务机关执法人员在作出当场处罚决定前，还须向被处罚者指出其违反税务行政义务行为的事实和给予处罚的法律、法规依据。

（2）告知税务管理相对人（当事人）有陈述和申辩的权利，并认真听取税务管理相对人的陈述和申辩。税务管理相对人陈述和申辩可以采取口头形式，税务机关执法人员要认真仔细地听取，并要答辩。整个过程应当扼要地制作笔录备查。

当事人有权进行陈述和申辩。税务机关执法人员必须充分听取当事人的意见，对当事人提出的事实、理由和证据，应当进行复核；当事人提出的事实、理由或者证据成立的，税务行政机关应当采纳。

税务行政机关不得因当事人陈述、申辩而给予更重的处罚。

（3）出具处罚证明。税务机关执法人员当场作出行政处罚时，应当向当事人出示执法证件，填写有预定格式、编有号码的"税务行政处罚决定书"（以下简称决定书），并当场交付当事人。当事人拒绝签收的，应当在"税务行政处罚决定书"上注明。

（4）税务机关执法人员当场作出的"税务行政处罚决定书"，必须及时报所属税务机关备案。

知识点2：税务行政处罚的一般程序

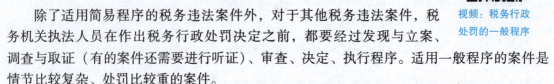

视频：税务行政处罚的一般程序

除了适用简易程序的税务违法案件外，对于其他税务违法案件，税务机关执法人员在作出税务行政处罚决定之前，都要经过发现与立案、调查与取证（有的案件还需要进行听证）、审查、决定、执行程序。适用一般程序的案件是情节比较复杂、处罚比较重的案件。

1）发现与立案

（1）税务行政违法行为的发现。发现税务行政违法行为，是税务行政处罚中必经的第一个程序。只有当税务机关执法人员知道其违法行为的发生和存在时，才有可能对其进行处罚。如果未发现税务违法行为，也就不可能对其进行行政处罚。

（2）立案。税务机关执法人员发现违反税务行政法定义务的案件后，应根据情况进行审查处理。

2）调查与取证

（1）调查。

调查的方法包括税务机关派员调查和委托有关机关调查。

①税务机关派员调查。

税务机关派员调查一般包括询问有关知情人（如在场人、同单位人、邻居、家人）及当事人，让其陈述事实和意见；查阅有关账册、档案；勘察违法行为发生现场。税务机关在调查或者检查时，执法人员不得少于两人，并应当向当事人或者有关人员出示证件。当事人或者有关人员应根据事实回答咨询，并协助调查或者检查，不得阻挠。询问或者检查应当制作笔录。

②委托有关机关调查。税务机关除自己派员调查外，还可以根据情况需要，委托其他行政机关、单位、组织调查或者请求有关机关协助调查。

（2）取证。

①税务行政处罚证据的种类。

第一，书证，即与税务违法行为有关的文字、图表、图画材料。书证一般要求提取原件，如果提取原件有困难，应复制并提取复制品。

第二，物证，是指与税务行政违法行为相关的一切物品。

第三，视听资料，是指与税务行政违法行为有关的反映为图像、音响的录像带、录音磁带或以电子计算机存储的资料等。

第四，电子数据，是指在税务行政处罚调查中以数字化信息编码形式出现的、能准确储存有关案件情况的数据，是对案件具有较强证明力的独立证据。

第五，证人证言，是指了解税务违法行为事件有关情况，并能正确表达决定书（简易）意思的人向税务机关执法人员所作的陈述。证人证言既可表现为以口头形式向税务机关执法人员的陈述，也可由证人提供书面证言。对口头陈述的证言，调查人员应做好笔录。

第六，当事人的陈述，在税务行政处罚调查中，税务机关执法人员为了全面了解税务违法行为，查明违法事实真相，通常都要询问当事人，让其陈述并发表意见。

第七，鉴定意见，是指税务机关执法人员对违反税务法定义务事件中的有关物品、材料，请求其他部门运用专门知识对其鉴别真假，形成结论。

第八，勘验笔录、现场笔录，是指税务机关执法人员对税务违法行为发生现场或物品进行勘察、检查所做的记录（包括记载、测量、绘图、拍照、摄像等）。

证据必须经查证属实，方可作为认定案件事实的根据。以非法手段取得的证据，不得作为认定案件事实的根据。

②税务行政处罚证据的搜集。

搜集证据，是对违反税务法定义务行为的事实认定，寻找真实有力的事实依据，以证明其认定是否正确。因此，只能搜集那些与税务违法行为有关并能对事实真相起证明作用的材料。搜集证据的方法较多，一般是运用调查、复印、复制、摘抄、鉴定有关材料、勘验现场、提取物品等方法收取。在调查笔录中，应让证明人在笔录上签名，或由单位或组织盖章；摘抄材料应由提供材料的单位或个人对所抄材料核对后，注明摘抄出处并加盖印章；现场勘验笔录的制作人，应认真仔细，全面记录，有关勘验人员及证人应在勘验笔录上签名或盖章。搜集证据时不得损害他人合法权益。行政机关在搜集证据时，可以采取抽样取证的方法；在证据可能灭失或者以后难以取得的情况下，经行政机关负责人批准，可以先行登记保存，并在 7 日内及时作出处理决定，在此期间，当事人或者有关人员不得销毁或者转移证据。

③税务行政处罚证据的认定与运用。

证据搜集后，税务机关执法人员应对所搜集的证据全面分析。如果各方面证据都反映某一事实，则可作为该事实的认定依据。如果所收集证据材料就某一事实的反映相互矛盾，则应认真分析、审查、鉴别、判断，找出反映事实真相的证据。如现有证据难以判断，则应设法搜集新的证据。在认定事实作出处罚决定时，不得同时使用互相矛盾的证据。对书证、证人证言、勘验笔录、鉴定结论等证据应装入案件卷宗，对视听资料，需要保存的应妥善保存。

（3）调查报告的制作。

对各类税务案件的调查取证由税务机关有关调查机构负责。税务机关调查机构对税务案件进行调查取证后，对依法应当给予税务行政处罚的，应及时提出处罚建议，制作税务稽查报告。调查终结，调查机构应当制作调查报告，并及时将调查报告连同所有案卷材料移交审查机构。

3）审查

对案件调查结果的审查由税务机关负责人指定的比较超脱的机构（以下简称"审查机构"）负责。审查机构收到调查机构移交的案卷后，应对案卷材料登记，填写税务案件审查登记簿。

审查机构应自收到调查机构移交案卷之日起 10 日内审查终止，对案卷材料不全的，可以通知调查机构增补，待调查机构增补完毕后重新计算审查期限。在审查期限内，审查机构应及时制作审查报告，并连同案卷材料报送本级税务机关负责人审批。

审查报告主要包括下列内容：基本案情，调查机构调查认定的事实、证据和处理意见，陈述、申辩情况，听证情况，审查机构认定的事实、证据、处理建议。

其他审查机构审查完结后，认为当事人确实存在涉税违法行为，应予以税务行政处罚的，制作税务行政处罚事项告知书，交由执行机构送达当事人，告知当事人已经查明的违法事实、证据，拟作出处罚的依据、种类及幅度范围，以及依法享有的陈述、申辩或要求听证权利。审查机构应当充分听取当事人的陈述,并对陈述、申辩情况进行记录或制作陈述申辩记录。

如进行听证的,听证期间不计算在审查期限内。经听证的,审查机构需对当事人听证申辩的事实、证据是否成立进行审查,并根据审查情况作出相应处罚或者不予处罚的决定。

4)决定

税务机关根据不同情况,分别作出如下决定:

(1)确有应受税务行政处罚的违法行为,根据情节轻重及具体情况,作出处罚决定;

(2)违法行为轻微,依法可以不予行政处罚的,不予处罚;

(3)违法事实不能成立的,不得给予处罚;

(4)违法行为已构成犯罪的,移送司法机关。

依照上述规定给予税务行政处罚,应制作"税务行政处罚决定书"。

"税务行政处罚决定书"应当在宣告后当场交付当事人;当事人不在场的,行政机关应当在 7 日内依照《民事诉讼法》的有关规定,送达当事人。

税务机关及其执法人员在作出税务行政处罚决定之前,不向当事人告知给予税务行政处罚的事实、理由或者拒绝听取当事人陈述、申辩的,税务行政处罚决定不能成立,当事人放弃陈述或者申辩权利的除外。

5)执行

视频:税务行政处罚的听证程序

知识点 3:税务行政处罚的听证程序

1)税务行政处罚听证程序的适用条件

税务机关对公民作出 2 000 元以上(含本数)罚款或者对法人或其他组织作出 1 万元以上(含本数)罚款的税务行政处罚之前,应当向当事人送达"税务行政处罚事项告知书",告知当事人已经查明的违法事实、依据、行政处罚的法律依据和拟将给予的行政处罚,并告知其有要求举行听证的权利。

2)税务行政处罚听证程序实施办法的具体内容

要求听证的当事人,应当在"税务行政处罚事项告知书"送达后 5 日内向税务机关书面提出听证;逾期不提出的,视为放弃听证权利。税务机关应当组织听证。税务机关应当在收到当事人听证要求后 15 日内举行听证,并在举行听证的 7 日前将"税务行政处罚听证通知书"送达当事人,通知当事人举行听证的时间、地点、听证主持人的姓名及有关事项。听证费用由组织听证的税务机关支付,不得由要求听证的当事人承担或者变相承担。

知识拓展:税务行政处罚听证的组织

任务 8.4　税务行政处罚的执行

学习目标

知识目标:

掌握税务行政处罚的自觉履行。

理解税务行政处罚的罚收分离制度。
掌握税务行政处罚的强制执行。

能力目标：
能自觉履行税务行政处罚。
能申请人民法院强制执行。

素质目标：
具备诚实守信、遵纪守法的意识。
遵循公平公正、廉洁自律的原则。

学习情境

学习情境1

某市税务执法人员在进行日常巡查时，发现一家小型超市存在未按规定申报纳税的情况。经过现场核查，税务执法人员确认该超市存在偷逃税款的违法行为，并决定对其进行罚款处理。由于该超市的违法行为较轻，且罚款金额较小，符合当场收缴的条件。因此，税务执法人员当场向该超市负责人出具了"税务行政处罚决定书"，并告知其违法事实、处罚依据及罚款金额。超市负责人对处罚决定无异议，并当场缴纳了罚款。

学习情境2

四川税务部门根据精准分析线索，发现四川省成都市某餐饮管理有限公司高管姚某未办理20××年度个人所得税综合所得汇算清缴补税。经过税务部门多次提醒督促，姚某仍拒不办理申报，并有拒不签收甚至撕毁相关法律文书等行为，税务部门遂对其立案检查。

经查，纳税人姚某未在法定期限内办理20××年度个人所得税综合所得汇算清缴，少缴个人所得税。依据相关税收法律法规，成都市税务局第一稽查局依法对其送达"税务处理决定书"和"税务行政处罚决定书"，但姚某仍拒不缴纳。

随后，税务部门将该案件移交成都市锦江区人民法院执行局强制执行，冻结了姚某的全部银行账号、微信和支付宝账号等资金账号，并发出限制消费令。经过税务部门和法院的联合约谈，姚某在法律的震慑下，最终缴清了全部税款、滞纳金、罚款和加处罚款共计35万元。

[节选自国家税务总局北京税务局《以案说税——
2起涉税典型案例曝光》（chinatax.gov.cn）]

任务要求

（1）判定学习情境1中税务执法人员是否有权当场收缴罚款，并说出理由。
（2）明确学习情境1中税务执法人员当场收缴罚款后应遵循的规定。
（3）查阅资料，分析学习情境2中的税务行政处罚强制执行措施。

智能化税务管理

获取信息

观察学习情境,阅读任务要求,根据课程网站学习资料和国家税务总局网站相关信息,思考问题。

引导问题1:罚收分离的具体规定是什么?

小提示 作出罚款决定的税务机关与收缴罚款的机构分离,即税务机关不能自罚自收,要由当事人自收到"税务行政处罚决定书"之日起15日内到指定的银行缴纳罚款。银行应当收受罚款,并及时划缴国库,不得以任何理由返还给任何机关或个人。

引导问题2:税务执法人员在作出税务行政处罚决定后,可以当场收缴罚款的情形有哪些?

小提示
(1)对当场作出税务行政罚款决定的,依法给予罚款额在100元以下的罚款和不当场收缴事后难以执行两种情况之一者,税务执法人员可当场收缴罚款。
(2)对于边远、水上、交通不便地区,税务机关及其执法人员依法作出税务行政罚款决定后,当事人向指定的银行缴纳罚款有困难,并经当事人提出,税务机关及其执法人员也可以当场收缴罚款。

引导问题3:当场收缴后,税务执法人员对收缴的税款应当如何处理?

小提示 税务机关执法人员实施税务行政处罚,当场收缴罚款后,必须给被处罚人出具国务院财政部门或者省、自治区、直辖市人民政府财政部门统一制发的专用票据;不出具财政部门统一制发的专用票据的,当事人有权拒绝缴纳罚款。所收缴的罚款,应当自收缴罚款之日起2日内交至所属税务机关;在水上当场收缴的罚款,应当自抵岸之日起2日内将罚款缴付指定的银行,由银行划入国库。

引导问题4:税务行政处罚强制执行可采取哪些措施?

小提示
(1)加处罚款;
(2)根据法律规定,将查封、扣押的财物拍卖、依法处理或者将冻结的存款、汇款划拨抵缴罚款;
(3)根据法律规定,采取其他行政强制执行方式。

项目 **8** | 税务行政处罚

工作实施

步骤1： 判定学习情境1中税务执法人员是否有权当场收缴罚款，并说出理由。

_____

步骤2： 明确学习情境1中税务执法人员当场收缴罚款后应遵循的规定。

_____

步骤3： 查阅资料，分析学习情境2中的税务行政处罚强制执行措施。

_____

评价反馈

税务行政处罚的执行评价表如表8-4所示。

表8-4 税务行政处罚的执行评价表

班级：		姓名：			学号：	
任务8.4		税务行政处罚的执行				
评价项目	评价标准	分值/分	自评	互评	师评	总评
自觉履行	能理解自觉履行的含义	20				
罚收分离	能理解罚收分离的具体要求	20				
强制执行	能掌握强制执行的具体措施	30				
工作态度	严谨认真、无缺勤、无迟到早退	10				
工作质量	按计划完成工作任务	10				
职业素质	遵纪守法、诚实守信、公平公正、廉洁自律	10				
	合计	100				

学习情境的相关知识点

视频：税务行政处罚的执行

知识点1：自觉履行

（1）税务行政处罚决定依法作出后，当事人必须予以履行。当事人应当自收到"税务行政处罚决定书"之日起15日内，到指定的银行或者通过电子支付系统缴纳罚款。银行应当收受罚款，并将罚款直接上缴国库。当时收缴罚款的，当事人应当将款项交予税务人员，由税务人员开具当场处罚罚款收据。

（2）当事人对税务行政处罚不服的，根据《行政诉讼法》和《行政复议法》的有关规定，可以申请税务行政复议或者提起行政诉讼。当事人对行政处罚决定不服，申请行政复议

245

或者提起行政诉讼的，行政处罚不停止执行，法律另有规定的除外。

（3）当事人确有经济困难，需要延期或者分期缴纳罚款的，经当事人申请和税务机关批准，可以暂缓或者分期缴纳。

知识点2：罚收分离制度

1）罚收分离制度的定义

罚收分离制度，是指作出罚款决定与收缴罚款相分离的制度，即由不同的行政主体来实施，有利于减少乱罚款现象，制约截留、挪用、私分罚款收入等违反财经纪律的行为，可有效地实施罚款制度。

2）罚收分离制度的具体做法

作出罚款决定的税务机关与收缴罚款的机构分离，即税务机关不能自罚自收，要由当事人自收到"税务行政处罚决定书"之日起15日内到指定的银行缴纳罚款。银行应当收受罚款，并及时划缴国库，不得以任何理由返还给任何机关或个人。

罚收分离也是一种原则规定，在下列情况下，税务执法人员在作出税务行政处罚决定后，可以当场收缴罚款：

（1）对当场作出税务罚款决定的，依法给予罚款额在100元以下的罚款和不当场收缴事后难以执行两种情况之一者，税务执法人员可当场收缴罚款。

（2）对于边远、水上、交通不便地区，税务机关及其执法人员依法作出罚款决定后，当事人向指定的银行缴纳罚款有困难，并经当事人提出，税务机关及其执法人员也可以当场收缴罚款。

税务机关执法人员实施税务行政处罚，当场收缴罚款，必须给被处罚人出具国务院财政部门或者省、自治区、直辖市人民政府财政部门统一制发的专用票据；不出具财政部门统一制发的专用票据的，当事人有权拒绝缴纳罚款。所收缴的罚款，应当自收缴罚款之日起2日内交至所属税务机关；在水上当场收缴的罚款，应当自抵岸之日起2日内将罚款缴付指定的银行，由银行划入国库。

知识点3：税务行政处罚强制执行

1）税务行政处罚强制执行的定义

税务行政处罚的强制执行，是指当事人逾期不履行税务行政处罚决定，有关执行机关依法采取强制措施，迫使其履行税务行政处罚决定的活动。

税务行政处罚决定作出后，当事人应当自觉履行，这是执行的前提和基础，强制执行则是约束和保障。如果当事人及时、全面地履行处罚决定，则该处罚即告结束；如果当事人在法定期限内不履行税务行政处罚决定，则该处罚即进入强制执行阶段。

2）税务行政处罚强制执行措施

具体可以采取以下强制执行措施：

（1）到期不缴纳罚款的，每日按罚款数额的百分之三加处罚款，加处罚款的数额不得超出罚款的数额；

（2）根据法律规定，将查封、扣押的财物拍卖、依法处理或者将冻结的存款、汇款划拨抵缴罚款；

（3）根据法律规定，采取其他行政强制执行方式；

（4）依照《中华人民共和国行政强制法》的规定，申请人民法院强制执行。行政机关批准延期、分期缴纳罚款的，申请人民法院强制执行的期限，自暂缓或者分期缴纳罚款期限结束之日起计算。

项目8 同步训练与测试

一、单选题

1. 税务所可以实施罚款额在（　　）元以下的税务行政处罚。
   A. 200　　　　　B. 2 000　　　　C. 500　　　　D. 1 000

2. 税务行政处罚的种类中，不包括（　　）。
   A. 罚款　　　　B. 没收违法所得　　C. 责令停产停业　　D. 责令限期改正

3. 税务机关在调查税务违法案件时，对与案件有关的情况和资料，可以记录、录音、录像、照相和复制。但下列（　　）不属于税务机关可以采取的措施。
   A. 询问当事人　　B. 强制搜查　　C. 询问证人　　D. 检查相关账簿

4. 下列（　　）情形不适用税务行政处罚简易程序。
   A. 对公民（包括个体工商户）处以200元以下罚款
   B. 对法人或者其他组织处以3 000元以下罚款
   C. 对相对人处以警告的行政处罚
   D. 违法情节轻微，但执法人员与行政处罚相对人对违法的事实存在争议

5. 下列关于税务行政处罚证据的说法，错误的是（　　）。
   A. 提取书证原件有困难，应复制并提取复制品
   B. 物证是指与税务行政违法行为相关的一切物品
   C. 证人证言既可表现为以口头形式向税务机关及调查人员的陈述，也可由证人提供书面证言
   D. 当事人在陈述中若故意说假话，则无益于帮助税务机关分析违法事件

6. 在税务行政处罚中，负责实施行政处罚的主体是（　　）。
   A. 国家税务总局　　B. 各级人民政府　　C. 税务机关　　D. 人民法院

7. 关于申请人民法院强制执行，下列说法错误的是（　　）。
   A. 当事人在法定期限内不申请行政复议或者提起行政诉讼，又不履行行政决定的，没有行政强制执行权的行政机关可以自期限届满之日起3个月内，依照规定申请人民法院强制执行
   B. 税务行政机关申请人民法院强制执行前，应当催告当事人履行义务
   C. 人民法院接到税务行政机关强制执行的申请，应当在5日内受理。税务行政机关对人民法院不予受理的裁定有异议的，可以在15日内向上一级人民法院申请复议，上一级人民法院应当自收到复议申请之日起15日内作出是否受理的裁定
   D. 人民法院对税务行政机关强制执行的申请进行实质审查

8. 税务行政处罚的简易程序中，如果违法事实确凿并有法定依据，对公民处以（　　）元以下、对法人或者其他组织处以（　　）元以下罚款或者警告的行政处罚，可以当场作出行政处罚决定。
   A. 50　1 000　　B. 200　3 000　　C. 50　1 000　　D. 200　5 000

9. 税务行政法规可以设定除（　　）以外的行政处罚。
A. 限制人身自由　　B. 吊销营业执照　　C. 责令停产停业　　D. 罚款

二、多选题

1. 有权设定没收违法所得处罚的规范性文件是（　　）。
A. 法律　　　　　　B. 行政法规　　　　C. 地方性法规　　　D. 规章
2. 根据我国《行政处罚法》的规定，下列不属于行政处罚的有（　　）。
A. 限期整改　　　　B. 暂扣许可证件　　C. 限制从业　　　　D. 不予抵扣税款
3. 根据规定和实践做法，下列税务机关应当不予听证的有（　　）。
A. 申请人不是本案当事人
B. 申请人不是一般纳税人
C. 申请人未在法定期限内提出听证申请的
D. 不属于税务行政处罚听证范围的
4. （　　）属于听证程序中的法定事项。
A. 听证告知
B. 相对人收到听证告知后3日内提出申请
C. 举行听证会7日前通知当事人参加听证
D. 制作听证笔录

三、简答题

1. 税务行政处罚的主体是什么？
2. 税务行政处罚的类型有哪些？
3. 税务人员行使检查权有何权限？

四、案例分析

1. A县税务局接到群众举报，辖区内某服装厂隐匿收入没有纳税。经查，该服装厂共生产销售服装200套，销售额为50 000元，没有申报纳税。根据检查情况，税务机关拟作出如下处理建议：
（1）责令服装厂限期补缴税款；
（2）加收滞纳金，并对未缴税款在《税收征管法》规定的处罚范围内处以罚款。
试分析A县税务局的行为是否正确。
2. 某税务稽查局在查处一煤炭企业税收违法行为中，欲对其作出税务行政处罚的决定。按照《行政处罚法》的规定，在作出税务行政处罚决定前，税务机关应当告知当事人作出税务行政处罚决定的事实、理由和依据。但由于该煤炭企业离市区较远（近150公里的路程），且天气多雨雪，送达"税务行政处罚事项告知书"有一定困难，故税务稽查局采取在本市报刊上公告送达"税务行政处罚事项告知书"的办法。一个多月过去后，税务稽查局便向该煤炭企业下达了"税务行政处罚决定书"，决定对其处以50 000元的罚款。该煤炭企业以未收到"税务行政处罚事项告知书"为由，拒绝执行税务稽查局的处理决定，并向税务稽查局的上一级税务机关——市税务局提出了税务行政复议，要求撤销税务稽查局的处罚决定。
试分析该煤炭企业拒绝执行税务稽查局的处理决定是否正确，为什么？

项目 9

税务行政救济

任务 9.1 税务行政复议

知识目标：
理解税务行政复议的概念。
掌握税务行政复议的机关及受案范围。
掌握税务行政复议的管辖。
掌握税务行政复议的申请人与被申请人。
掌握税务行政复议的申请、受理和证据。
掌握税务行政复议的审查、听证、决定。
能力目标：
能辨别税务行政复议的受案范围。
能辨别税务行政复议的申请人与被申请人。
能收集税务行政复议的证据。
能申请税务行政复议。
素质目标：
形成经世济民的观念。
具备法律意识。
遵循公平公正、廉洁从业的原则。

学习情境

奈普科技公司是江海市大型股份制企业。市税务局稽查局对奈普科技公司的纳税情况依法实施检查，发现奈普科技公司20××年6—12月存在未按规定申报纳税的情况。市税务

智能化税务管理

局稽查局根据税收法律、法规和有关规定，作出"税务处理决定书"，责令奈普科技公司补缴税款3 260.90万元并缴纳相应的滞纳金。该决定书依法送达奈普科技公司。奈普科技公司认为，税务处理决定认定事实不准确，适用依据错误，遂在履行法律规定的有关程序后，依法向江海市税务局申请复议，请求撤销税务处理决定。市税务局作出复议决定，维持被申请人市税务局稽查局作出的税务处理决定。奈普科技公司对复议决定不服，遂向法院提起诉讼。法院依法进行审理。

（节选自税务师考试真题《涉税服务相关法律》）

 任务要求

（1）根据法律和有关规定，判定该学习情境是否符合税务行政复议的受理范畴。

（2）查找有关规定，判断奈普科技公司作出行政复议申请的时限。

（3）查找有关规定，判断奈普科技公司应当向哪个机关提起行政复议？

（4）查找有关规定，判断学习情境中税务行政复议的申请人和被申请人。

（5）根据法律和有关规定，若奈普科技公司申请复议前拟提供相应的担保，则该公司可采用的担保方式有哪些？

（6）根据《行政复议法实施条例》的规定，若上述复议案件属于重大、复杂的案件，则在哪些情形下可以采取听证的方式审理？

（7）判断在本案的复议阶段，相关税务行政复议机构可能作出哪些税务行政复议决定？

 获取信息

观察学习情境，阅读任务要求，根据课程网站学习资料和国家税务总局网站相关信息，思考问题。

引导问题1：什么是税务行政复议？

💡 **小提示** 阅读我国行政复议制度。

引导问题2：我国对税务行政复议管辖是如何规定的？

💡 **小提示** 税务行政复议管辖是指税务行政复议机关受理税务行政复议的分工和权限。一般情况下，税务机关的行政行为由其上一级税务机关管辖。

引导问题3：我国对税务行政复议的期限有何规定？

💡 **小提示** 申请人可以在知道税务机关作出具体行政行为之日起60日内提出行政复议申请。因不可抗力或者被申请人设置障碍等原因耽误法定申请期限的，申请期限从障碍消除之日起继续计算。

项目 ❾ | 税务行政救济

引导问题 4：税务行政复议中申请人可以采用哪些方式提供担保？

⚡ **小提示** 申请人提供担保的方式包括保证、抵押和质押。作出具体税务行政行为的税务机关应当对保证人的资格、资信进行审查，对不具备法律规定资格或者没有能力保证的，有权拒绝。作出具体税务行政行为的税务机关应当对抵押人、出质人提供的抵押担保、质押担保进行审查，对不符合法律规定的抵押担保、质押担保，不予确认。

引导问题 5：税务行政复议决定包括哪些内容？

⚡ **小提示** 税务行政复议决定包括维持决定、履行决定、撤销、变更或确认违法决定、责令被申请人赔偿的决定等。

🗓 工作实施

步骤 1：根据法律和有关规定，判定该学习情境是否符合税务行政复议的管辖范畴。

步骤 2：查找有关规定，判断奈普科技公司作出行政复议申请的时限。

步骤 3：查找有关规定，判断该科技公司应当向哪个机关提出行政复议？

步骤 4：查找有关规定，判断学习情境中税务行政复议的申请人和被申请人。

步骤 5：根据法律和有关规定，若奈普科技公司申请复议前拟提供相应的担保，则该公司可采用的担保方式有哪些？

步骤 6：根据《行政复议法实施条例》的规定，若上述复议案件属于重大、复杂的案件，则在哪些情形下可以采取听证的方式审理？

步骤 7：判断在本案的复议阶段，相关行政复议机构可能作出哪些行政复议决定？

评价反馈

税务行政复议评价表如表9-1所示。

表9-1 税务行政复议评价表

班级：		姓名：			学号：	
任务9.1	税务行政复议					
评价项目	评价标准	分值/分	自评	互评	师评	总评
税务行政复议的受案范围	能明确判断税务行政复议的受案范围	15				
税务行政复议的申请人及被申请人	能准确判断税务行政复议的申请人及被申请人	15				
税务行政复议听证	能准确描述税务行政复议听证的条件	15				
税务行政复议时限	能准确描述税务行政复议申请的时间限制	10				
税务行政复议的决定	能准确判断税务行政复议的决定	15				
工作态度	严谨认真、无缺勤、无迟到早退	10				
工作质量	按计划完成工作任务	10				
职业素质	遵纪守法、公平公正	10				
合计		100				

学习情境的相关知识点

知识点1：税务行政复议的概念

税务行政复议（以下简称行政复议）是我国行政复议制度的重要组成部分，具体是指纳税人、扣缴义务人、纳税担保人等税务当事人或者其他行政相对人认为税务机关及其工作人员作出的税务行政行为侵犯其合法权益，依法向上一级税务机关提出复查该税务行政行为的申请，由复议机关对该税务行政行为的合法性和适当性进行审查并作出裁决的制度和活动。

知识点2：税务行政复议的机关

税务行政复议的机关一般为主管税务机关的上级机关，也可以向所在地的人民政府申请。税务行政复议机关主要履行以下职责：

（1）受理行政复议申请。

（2）向有关组织和人员调查取证，查阅文件和资料。

（3）审查申请行政复议的具体行政行为是否合法和适当，起草行政复议决定。

（4）处理或者转送对《税务行政复议规则》（以下简称本规则）第15条所列有关规定

的审查申请。

（5）对被申请人违反《中华人民共和国行政复议法》（以下简称《行政复议法》）及其实施条例和本规则规定的行为，依照规定的权限和程序向相关部门提出处理建议。

（6）研究行政复议工作中发现的问题，及时向有关机关或者部门提出改进建议，重大问题及时向行政复议机关报告。

（7）指导和监督下级税务机关的行政复议工作。

（8）办理或者组织办理行政诉讼案件应诉事项。

（9）办理行政复议案件的赔偿事项。

（10）办理行政复议、诉讼、赔偿等案件的统计、报告、归档工作和重大税务行政复议决定备案事项。

（11）其他与行政复议工作有关的事项。

知识点3：税务行政复议的受案范围

税务行政复议的受案范围是税务机关及其工作人员所作出的具体税务行政行为，包括以下几项：

（1）征税行为，包括确认纳税主体、征税对象、征税范围、减税、免税、退税、抵扣税款、适用税率、计税依据、纳税环节、纳税期限、纳税地点和税款征收方式等具体税务行政行为，以及征收税款、加收滞纳金，扣缴义务人、受税务机关委托的单位和个人作出的代扣代缴、代收代缴、代征行为等。

（2）行政许可、行政审批行为。

（3）发票管理行为，包括发售、收缴、代开发票等。

（4）税收保全措施、强制执行措施。

（5）税务行政处罚行为，包括以下几项：

①罚款；

②没收财物和违法所得；

③停止出口退税权。

（6）不依法履行下列职责的行为：

①开具、出具完税凭证、外出经营活动税收管理证明；

②行政赔偿；

③行政奖励；

④其他不依法履行职责的行为。

（7）资格认定行为。

（8）不依法确认纳税担保行为。

（9）政府信息公开工作中的具体行政行为。

（10）纳税信用等级评定行为。

（11）通知出入境管理机关阻止出境行为。

（12）其他具体行政行为。

申请人认为税务机关作出的行政行为所依据的下列规范性文件不合法，对行政行为申请行政复议时，可以一并向行政复议机关提出对该规范性文件的审查申请；申请人对行政行为提出行政复议申请时不知道该行政行为所依据的规范性文件的，可以在行政复议机关作出行政复议决定以前提出对该规范性文件的审查申请：

①国家税务总局和国务院其他部门的规范性文件；

②其他各级税务机关的规范性文件；

③县级以上地方各级人民政府的规范性文件；

④县级以上地方人民政府工作部门的规范性文件。

值得注意的是，这里的规范性文件不包括税务部门的规章和其他规章。规章的审查依照法律、行政法规办理。

知识点4：税务行政复议的管辖

税务行政复议的管辖，是指税务行政复议机关之间受理税务行政复议案件的职权划分。税务行政复议机构是税务机关内部的一个职能部门。

（1）对各级税务局的行政行为不服的，向其上一级税务局申请行政复议。对计划单列市税务局的行政行为不服的，向国家税务总局申请行政复议。

（2）对税务所（分局）、各级税务局的稽查局的行政行为不服的，向其所属税务局申请行政复议。

（3）对国家税务总局的行政行为不服的，向国家税务总局申请行政复议。对行政复议决定不服，申请人可以向人民法院提起行政诉讼，也可以向国务院申请裁决。国务院的裁决为最终裁决。

（4）对下列税务机关的行政行为不服的，按照下列规定申请行政复议：

①对两个以上税务机关以共同的名义作出的行政行为不服的，向共同上一级税务机关申请行政复议；对税务机关与其他行政机关以共同的名义作出的行政行为不服的，向其共同上一级行政机关申请行政复议。

②对被撤销的税务机关在撤销以前所作出的行政行为不服的，向继续行使其职权的税务机关的上一级税务机关申请行政复议。

③对税务机关作出逾期不缴纳罚款加处罚款的决定不服的，向作出行政处罚决定的税务机关申请行政复议。但是对已处罚款和加处罚款都不服的，一并向作出行政处罚决定的税务机关的上一级税务机关申请行政复议。

知识点5：税务行政复议的申请人与被申请人

1）税务行政复议的申请人

税务行政复议的申请人，是指认为税务机关的行政行为侵犯其合法权益，向税务行政复议机关申请行政复议的公民、法人和其他组织，也包括在中华人民共和国境内向税务机关申请行政复议的外国人、无国籍人和外国组织。通常，税务行政复议的申请人是纳税人、扣缴义务人、纳税担保人以及其他税务当事人。

知识拓展：税务行政复议申请人的其他情况

2）税务行政复议的被申请人

税务行政复议的被申请人，是指对税务行政复议申请人具体作出行政行为的税务机关。申请人可以在得知税务机关具体行政行为之日起60日内提出税务行政复议申请。

申请人对具体行政行为不服，申请行政复议的，作出该具体行政行为的税务机关为被申请人。

申请人对扣缴义务人的扣缴税款行为不服的，主管该扣缴义务人的税务机关为被申请人；对税务机关委托的单位和个人的代征行为不服的，委托税务机关为被申请人。

税务机关与法律、法规授权的组织以共同的名义作出具体行政行为的，税务机关和法律、法规授权的组织为共同被申请人。

税务机关与其他组织以共同名义作出具体行政行为的，税务机关为被申请人。

税务机关依照法律、法规和规章规定，经上级税务机关批准作出具体行政行为的，批准机关为被申请人。

申请人对经重大税务案件审理程序作出的决定不服的，审理委员会所在税务机关为被申请人。

税务机关设立的派出机构、内设机构或者其他组织，未经法律、法规授权，以自己名义对外作出具体行政行为的，税务机关为被申请人。

3）税务行政复议的第三人

税务行政复议的第三人，是指与行政复议的具体行政行为有利害关系，为维护自己的合法权益，经复议机关同意参加复议的公民、法人或者其他组织。

知识拓展：税务行政复议第三人的具体解释

知识点6：税务行政复议的申请、受理和证据

1）税务行政复议的申请

（1）申请人可以在知道税务机关作出具体行政行为之日起60日内提出行政复议申请。因不可抗力或者被申请人设置障碍等原因耽误法定申请期限的，申请期限从障碍消除之日起继续计算。

视频：申请税务行政复议

（2）申请人对征税行为不服的，应当先向行政复议机关申请行政复议；对行政复议决定不服的，可以向人民法院提起行政诉讼。

申请人按照规定申请行政复议的，必须依照税务机关根据法律、法规确定的税额、期限，先行缴纳或者解缴税款和滞纳金，或者提供相应的担保，才可以在缴清税款和滞纳金以后或者所提供的担保得到作出具体行政行为的税务机关确认之日起60日内提出行政复议申请。

申请人提供担保的方式包括保证、抵押和质押。作出具体行政行为的税务机关应当对保证人的资格、资信进行审查，对不具备法律规定资格或者没有能力保证的，有权拒绝。作出具体行政行为的税务机关应当对抵押人、出质人提供的抵押担保、质押担保进行审查，对不符合法律规定的抵押担保、质押担保，不予确认。

（3）申请人对征税行为以外的其他具体行政行为不服，可以申请行政复议，也可以直接向人民法院提起行政诉讼。

申请人对税务机关作出逾期不缴纳罚款加处罚款的决定不服的，应当先缴纳罚款和加处罚款，再申请行政复议。

（4）申请人可以在知道税务机关作出具体行政行为之日起60日内提出行政复议申请。申请期限的计算，依照下列规定办理：

①当场作出具体行政行为的，自具体行政行为作出之日起计算。

②载明具体行政行为的法律文书直接送达的，自受送达人签收之日起计算。

③载明具体行政行为的法律文书邮寄送达的，自受送达人在邮件签收单上签收之日起计算；没有邮件签收单的，自受送达人在送达回执上签名之日起计算。具体行政行为依法通过公告形式告知受送达人的，自公告规定的期限届满之日起计算。

④税务机关作出具体行政行为时未告知申请人，事后补充告知的，自该申请人收到税务机关补充告知的通知之日起计算。

⑤被申请人能够证明申请人知道具体行政行为的，自证据材料证明其知道具体行政行为之日起计算。

⑥税务机关作出具体行政行为，依法应当向申请人送达法律文书而未送达的，视为该申请人不知道该具体行政行为。

知识拓展：税务行政复议申请人的书面申请和口头申请注意事项

视频：判断行政复议的受理条件并搜集证据

2）税务行政复议的受理

（1）行政复议申请符合下列规定的，行政复议机关必须受理：

①属于《税务行政复议规则》规定的行政复议范围；

②在法定申请期限内提出；

③有明确的申请人和符合规定的被申请人；

④申请人与具体行政行为有法律上的利害关系；

⑤有具体的行政复议请求和理由；

⑥符合《税务行政复议规则》第33条和第34条规定的条件；

⑦属于收到行政复议申请的行政复议机关的职责范围；

⑧其他行政复议机关尚未受理同一行政复议申请，人民法院尚未受理同一主体就同一事实提起的行政诉讼。

（2）行政复议机关收到行政复议申请以后，应当在5日内审查，决定是否受理。对不符合规定的行政复议申请，行政复议机关应当在审查期限内决定不予受理并说明理由；不属于本机关管辖的，还应当在不予受理决定中告知申请人有管辖权的行政复议机关。

行政复议申请的审查期限届满，行政复议机关未作出不予受理决定的，审查期限届满之日起视为受理。

（3）对符合规定的行政复议申请，自行政复议机关收到之日起即为受理；受理行政复议申请，应当书面告知申请人。

（4）行政复议申请材料不齐全或者表述不清楚，无法判断行政复议申请是否符合前款规定的，行政复议机关应当自收到申请之日起5日内书面通知申请人补正。补正通知应当一次性载明需要补正的事项。

申请人应当自收到补正通知之日起10日内提交补正材料。有正当理由不能按期补正的，行政复议机关可以延长合理的补正期限。无正当理由逾期不补正的，视为申请人放弃行政复议申请,并记录在案。

(5) 申请人依法提出行政复议申请,行政复议机关无正当理由不予受理、驳回申请或者受理后超过行政复议期限不作答复的,申请人有权向上级行政机关反映,上级行政机关应当责令其纠正;必要时,上级行政复议机关可以直接受理。

(6) 对应当先向行政复议机关申请行政复议,对行政复议决定不服再向人民法院提起行政诉讼的行政行为,行政复议机关决定不予受理、驳回申请或者受理以后超过行政复议期限不作答复的,申请人可以自收到不予受理决定书之日起或者行政复议期满之日起15日内,依法向人民法院提起行政诉讼。

依照规定延长行政复议期限的,以延长以后的时间为行政复议期满时间。

(7) 行政复议期间具体行政行为不停止执行。但是有下列情形之一的,可以停止执行:
①被申请人认为需要停止执行的;
②行政复议机关认为需要停止执行的;
③申请人、第三人申请停止执行,行政复议机关认为其要求合理,决定停止执行的;
④法律、法规、规章规定停止执行的其他情形。

3) 税务行政复议的证据

(1) 行政复议的证据包括以下几种:
①书证;
②物证;
③视听资料;
④电子数据;
⑤证人证言;
⑥当事人陈述;
⑦鉴定意见;
⑧勘验笔录、现场笔录。

(2) 在行政复议中,被申请人对其作出的税务行政行为负有举证责任。

(3) 行政复议机关应当依法全面审查相关证据。行政复议机关审查行政复议案件,应当以证据证明的案件事实为依据。定案证据应当具有合法性、真实性和关联性。

(4) 在行政复议过程中,被申请人不得自行向申请人和其他有关组织或者个人收集证据。

(5) 行政复议机关有权向有关单位和个人调查取证,查阅、复制、调取有关文件和资料,向有关人员询问。调查取证时,行政复议人员不得少于2人,并应当出示行政复议工作证件。被调查取证的单位和个人应当积极配合行政复议人员的工作,不得拒绝或者阻挠。

(6) 行政复议期间,申请人、第三人及其委托代理人可以按照规定查阅、复制被申请人提出的书面答复、作出行政行为的证据、依据和其他有关材料,除涉及国家秘密、商业秘密、个人隐私或者可能危及国家安全、公共安全、社会稳定的情形外,行政复议机构应当同意。

知识点7:税务行政复议的审查、听证、决定、执行

1) 税务行政复议的审查

行政复议机关审理行政复议案件,应当由2名以上行政复议工作人员参加。

行政复议原则上采用书面审查的办法，但是申请人提出要求或者行政复议机关认为有必要时，应当听取申请人、被申请人和第三人的意见，并可以向有关组织和人员调查了解情况。

行政复议机关应当全面审查被申请人的具体行政行为所依据的事实证据、法律程序、法律依据和设定的权利义务内容的合法性、适当性。

申请人在行政复议决定作出以前撤回行政复议申请的，经行政复议机关同意，可以撤回。

申请人撤回行政复议申请的，不得再以同一事实和理由提出行政复议申请。但是，申请人能够证明撤回行政复议申请违背其真实意思表示的除外。

2）税务行政复议的听证

审理重大、疑难、复杂的行政复议案件，行政复议机构应当组织听证。

行政复议机构认为有必要听证，或者申请人请求听证的，行政复议机构可以组织听证。

知识链接：税务行政复议审查的具体规定

行政复议机构组织听证的，应当于举行听证的 5 日前将听证的时间、地点和拟听证事项书面通知申请人、被申请人和第三人。听证由 1 名行政复议人员任主持人，2 名以上行政复议人员任听证员，1 名记录员制作听证笔录。

申请人无正当理由拒不参加听证的，视为放弃听证权利。被申请人的负责人应当参加听证。不能参加的，应当说明理由并委托相应的工作人员参加听证。第三人不参加听证的，不影响听证的举行。

听证应当公开举行，但是涉及国家秘密、商业秘密或者个人隐私的除外。行政复议听证人员不得少于 2 人，听证主持人由行政复议机关指定。听证应当制作笔录，申请人、被申请人和第三人应当确认听证笔录内容。行政复议听证笔录应当附卷，作为行政复议机关审理案件的依据之一。

3）税务行政复议的决定

税务行政复议机关应当在受理税务行政复议申请的 60 日内作出行政复议决定。行政复议机关应当对被申请人的具体行政行为提出审查意见，经行政复议机关负责人批准，按照下列规定作出行政复议决定：

（1）行政行为有下列情形之一的，行政复议机关决定变更该行政行为：

①事实清楚，证据确凿，适用依据正确，程序合法，但是内容不适当；

②事实清楚，证据确凿，程序合法，但是未正确适用依据；

③事实不清，证据不足，经行政复议机关查清事实和证据。

行政复议机关不得作出对申请人更为不利的变更决定，但是第三人提出相反请求的除外。

（2）行政行为有下列情形之一的，行政复议机关决定撤销或者部分撤销该行政行为，并可以责令被申请人在一定期限内重新作出行政行为：

①主要事实不清，证据不足；

②违反法定程序；

③适用的依据不合法；

④超越职权或者滥用职权。

行政复议机关责令被申请人重新作出行政行为的,被申请人不得以同一事实和理由作出与被申请行政复议的行政行为相同或者基本相同的行政行为,但是行政复议机关以违反法定程序为由决定撤销或者部分撤销的除外。

(3) 行政行为有下列情形之一的,行政复议机关不撤销该行政行为,但是确认该行政行为违法:

①依法应予撤销,但是撤销会给国家利益、社会公共利益造成重大损害;

②程序轻微违法,但是对申请人权利不产生实际影响。

(4) 行政行为有下列情形之一,不需要撤销或者责令履行的,行政复议机关确认该行政行为违法:

①行政行为违法,但是不具有可撤销内容;

②被申请人改变原违法行政行为,申请人仍要求撤销或者确认该行政行为违法;

③被申请人不履行或者拖延履行法定职责,责令履行没有意义。

(5) 被申请人不履行法定职责的,行政复议机关决定被申请人在一定期限内履行。

(6) 行政行为的实施主体不具有行政主体资格或者没有依据等重大且明显违法情形,申请人申请确认行政行为无效的,行政复议机关确认该行政行为无效。

(7) 行政行为认定事实清楚,证据确凿,适用依据正确,程序合法,内容适当的,行政复议机关决定维持该行政行为。

(8) 行政复议机关受理申请人认为被申请人不履行法定职责的行政复议申请后,发现被申请人没有相应法定职责或者在受理前已经履行法定职责的,决定驳回申请人的行政复议请求。

知识拓展:税务行政复议决定的其他规定

知识拓展:税务行政复议的中止和终止

4)税务行政复议的执行

行政复议机关应当自受理申请之日起 60 日内作出行政复议决定。情况复杂,不能在规定期限内作出行政复议决定的,经行政复议机关负责人批准,可以适当延期,并告知申请人和被申请人,但是延期不得超过 30 日。

行政复议机关作出行政复议决定,应当制作行政复议决定书,并加盖行政复议机关印章。

行政复议决定书一经送达,即发生法律效力。

税务行政复议的被申请人应当履行行政复议决定,被申请人不履行、无正当理由拖延履行行政复议决定的,行政复议机关或者有关上级税务机关应当责令其限期履行。

申请人、第三人逾期不起诉又不履行行政复议决定书、调解书的,或者不履行最终裁决的行政复议决定的,按照下列规定分别处理:

(1) 维持行政行为的行政复议决定书,由作出行政行为的行政机关依法强制执行,或者申请人民法院强制执行;

（2）变更行政行为的行政复议决定书，由行政复议机关依法强制执行，或者申请人民法院强制执行；

（3）行政复议调解书，由行政复议机关依法强制执行，或者申请人民法院强制执行。

知识拓展：税务行政复议的和解和调解

任务9.2　税务行政诉讼

学习目标

> **知识目标：**
> 理解税务行政诉讼的概念。
> 理解税务行政诉讼的管辖。
> 掌握税务行政诉讼的程序。
> **能力目标：**
> 能够判断税务行政诉讼的范围。
> 能够判断税务行政诉讼的管辖。
> 能够按照正常程序进行税务行政诉讼。
> **素质目标：**
> 具有法律意识、自我保护意识。
> 形成经世济民的观念。

学习情境

某县F百货公司主营日用百货零售业务。20×4年7月9日，该县税务局在对其纳税情况进行检查时发现，其法人代表徐某指使有关人员采取开"大头小尾"发票的手段偷税，偷税数额共计5 850元。该县税务局于7月15日依法作出补缴税款、加收滞纳金及处以所偷税款4倍罚款的决定。F百货公司不服，于7月20日向市税务局申请行政复议。行政复议机关经审理，作出维持原处罚的行政复议决定。F百货公司对行政复议决定不服，以该市税务局为被告向管辖法院提起行政诉讼。

任务要求

（1）请说明税务机关实施检查时应遵循的相关规定。

（2）请说明税务机关实施行政处罚的程序。

（3）查找有关规定，判断F百货公司对税务局的处理决定不服，是否可无条件地向税务局申请行政复议。

（4）查找有关规定，判断若F百货公司对市税务局的行政复议决定不服，应以谁为被告提起行政诉讼?

📖 获取信息

观察学习情境,阅读任务要求,根据课程网站学习资料和国家税务总局网站相关信息,思考问题。

引导问题1:什么是税务行政诉讼?

💡 **小提示** 税务行政诉讼是指纳税人或其他税务当事人不服税务机关作出的具体税务行政行为,认为侵犯了其合法权益,根据《行政诉讼法》和《税收征管法》的有关规定,依法向人民法院提起诉讼,由人民法院对税收具体行政行为进行审理并作出裁决的司法活动。

引导问题2:我国对税务行政诉讼的管辖有哪些规定?

💡 **小提示** 级别管辖、地域管辖、裁定管辖。

引导问题3:税务行政诉讼的程序有哪些?

💡 **小提示** 起诉、受理、审理、判决(二审再审)、执行。

📅 工作实施

步骤1:说明税务机关实施检查时应遵循的相关规定。

步骤2:说明税务机关实施行政处罚的程序。

步骤3:查找有关规定,判断F百货公司对税务局的处理决定不服,是否可无条件地向税务局申请行政复议。

步骤4:查找有关规定,判断若F百货公司对市税务局的行政复议决定不服,应以谁为被告提起行政诉讼?

⭐ 评价反馈

税务行政诉讼评价表如表9-2所示。

表9-2 税务行政诉讼评价表

班级：		姓名：		学号：		
任务9.2			税务行政诉讼			
评价项目	评价标准	分值/分	自评	互评	师评	总评
税务行政诉讼的概念	能正确判断税务行政诉讼的受案范围	20				
税务行政诉讼	能正确判断税务行政诉讼的管辖权归属	20				
税务行政诉讼的程序	掌握税务行政诉讼的程序	30				
工作态度	严谨认真、无缺勤、无迟到早退	10				
工作质量	按计划完成工作任务	10				
职业素质	遵纪守法、自我保护、经世济民	10				
合计		100				

学习情境的相关知识点

知识点1：税务行政诉讼的概念

1）税务行政诉讼的定义

税务行政诉讼是指纳税人或其他税务当事人不服税务机关作出的具体税务行政行为，认为侵犯了其合法权益，根据《行政诉讼法》和《税收征管法》的有关规定，依法向人民法院提起诉讼，由人民法院对税收具体行政行为进行审理并作出裁决的司法活动。

2）税务行政诉讼的受案范围

税务行政诉讼的受案范围，是指人民法院受理税务行政案件的范围，即法律规定的人民法院受理审判一定范围内税务行政争议案件的权限。税务行政诉讼的受案范围是税务行政诉讼制度中必不可少的核心内容之一。根据我国《行政诉讼法》确立的基本受案范围，结合我国税法的相关规定，税务行政诉讼的受案范围可以划分为以下类型：

（1）对税务机关作出的征税行为不服的案件。
（2）对税务机关作出的责令纳税人提供纳税担保行为不服的案件。
（3）对税务机关作出的税收保全措施不服的案件。
（4）对税务机关通知出境管理机关阻止纳税人出境行为不服的案件。
（5）对税务机关税收强制执行措施不服的案件。
（6）对税务机关税务行政处罚不服的案件。
（7）认为税务机关对要求颁发有关证件的申请予以拒绝或者不予答复的案件。
（8）认为税务机关有不予依法办理或答复的案件。
（9）认为税务机关侵犯法定经营自主权的案件。
（10）认为税务机关违法要求履行义务的案件。
（11）对税务机关复议行为不服的案件。
（12）法律、法规规定可以提起诉讼的其他税务行政案件。

知识点 2：税务行政诉讼的管辖

税务行政诉讼的管辖是指人民法院受理第一审税务行政诉讼案件的职责分工和权限划分，分为法定管辖和裁定管辖。《行政诉讼法》第 14~24 条详细、具体地规定了税务行政诉讼管辖的种类和内容，这对税务行政诉讼也是适用的。

知识拓展：税务行政诉讼的
法定管辖和裁定管辖

知识点 3：税务行政诉讼的程序

1）起诉

视频：按程序进行
税务行政诉讼

起诉是指公民、法人和其他组织认为自己的合法权益受到税务机关具体税务行政行为的侵害，依法向人民法院提起诉讼请求，要求人民法院通过审理，行使审判权来依法保护自己合法权益的诉讼行为。

公民、法人或其他组织等税务管理相对人在提起税务行政诉讼时，应符合下列条件：

（1）原告是认为具体税务行政行为侵犯其合法权益的公民、法人或其他经济组织；

（2）有明确的被告，即被诉的税务机关明确；

（3）有具体的诉讼请求和事实、法律根据；

（4）属于人民法院的受案范围和受诉人民法院管辖；

（5）纳税争议案件已经过行政复议程序（但复议机关不受理复议申请或在法定期限内不作出复议决定的不在此限）；

（6）原告在诉讼时效内提起税务行政诉讼。公民、法人或者其他组织直接向人民法院提起诉讼的，应当自知道或者应当知道作出行政行为之日起 6 个月内提出。法律另有规定的除外。

2）受理

受理是指人民法院对公民、法人和其他组织的起诉申请进行审查，对符合法定条件的起诉申请进行立案审理的过程。对当事人的起诉，人民法院一般从以下几方面审查是否受理：

（1）审查是否属于法定的诉讼受案范围；

（2）审查是否具备法定的起诉条件；

（3）审查是否已经受理或者正在受理；

（4）审查是否有管辖权；

（5）审查是否符合法定的期限；

（6）审查是否经过必经的复议程序。

接到原告的起诉状后，经过审查，人民法院应当在 7 日内作出立案或者裁定不予受理的决定。原告对不予受理的裁定不服的，可以在 10 日内向上一级法院提起上诉。

3）审理

（1）审理应遵循的原则。

①起诉不停止执行的原则。即一般情况下，诉讼期间税务具体行政行为不停止执行，除

非有特殊情况才停止执行，如被告认为需要停止执行的；原告申请停止执行，人民法院认为该行政行为的执行会造成难以弥补的损失，并且停止执行不损害社会公共利益，裁定停止执行的；法律、法规规定停止执行的。

②被告负举证责任的原则。即人民法院审理行政案件，应由作为被告的税务机关对其作出的税务具体行政行为负举证责任，即提供证据证明被诉税务行政行为的合法性，如果不能提供，该税务机关就要承担败诉的后果。

（2）审理的范围。

①对税务机关法定职权的审查。行政机关是否依法定职权实施具体行政行为，是判断具体行政行为合法与否的重要标准。

②对事实和证据的审查。事实和证据是认定具体税务行政行为是否合法的另一个重要方面。

③对适用法律、法规的审查。根据依法行政的原则，行政机关作出具体行政行为必须有特定的法律依据，没有法律依据或适用法律、法规错误的具体行政行为是不合法的。

④对作出具体税务行政行为的程序的审查。行政机关的具体行政行为，必须依法定程序作出。

⑤对税务行政处罚决定的合理性或适当性的审查。《行政诉讼法》第77条规定，法院在审理行政案件的过程中，发现"行政处罚明显不当，或者其他行政行为涉及对款额的确定、认定确有错误的，人民法院可以判决变更"。

人民法院经过法庭调查和法庭辩论等，由合议庭评议，并在评议的基础上依法作出判决。

4）判决

人民法院应当在立案之日起6个月内作出第一审判决。有特殊情况需要延长的，由高级人民法院批准，高级人民法院审理第一审案件需要延长的，由最高人民法院批准。税务行政诉讼的判决有以下几种：

（1）维持判决。

适用于税务机关的具体行政行为证据确凿，适用法律、法规正确，符合法定程序的案件。

（2）撤销判决。

适用于被诉的具体行政行为主要证据不足，适用法律、法规错误，违反法定程序，或者超越职权，滥用职权，人民法院应判决撤销或部分撤销，同时可判决税务机关重新作出具体行政行为。

（3）履行判决。

适用于税务机关不履行或拖延履行法定职责的，判决其在一定期限内履行。

（4）变更判决。

税务行政处罚明显不当，或者其他行政行为涉及对款额的确定、认定确有错误的，人民法院可以判决变更。

知识拓展：税务行政诉讼的二审和再审

5）执行

执行是指人民法院作出的裁定、判决发生法律效力后，一方当事人拒不履行人民法院的裁定、判决，而由人民法院根据另一方当事人的申请实行强制执行的活动。

知识拓展：税务行政诉讼的执行的具体规定

项目 9 税务行政救济

任务9.3 税务行政赔偿

学习目标

知识目标：
掌握税务行政赔偿的请求人和赔偿义务机关。
掌握税务行政赔偿的请求时效和途径。
掌握税务行政赔偿的程序。
掌握税务行政赔偿的方式和赔偿标准。

能力目标：
能够判断税务行政赔偿的请求人和赔偿义务机关。
能够判断税务行政赔偿的请求时效。
能够区分税务行政赔偿的方式和赔偿标准。

素质目标：
具备法律意识、执法公平公正意识。
形成经世济民的观念。
具有以人民为中心、实事求是、有错必纠、依法纠错的态度。

学习情境

某县税务局202×年4月在对某饭店进行执法检查时取走了该饭店的部分凭证账册、发票登记簿等资料及该饭店的营业执照正副本和卫生经营许可证。双方经清点造册后，税务局出具了收据。事后，该饭店多次要求税务机关返还取走的营业执照、卫生经营许可证及相关资料以便饭店经营。但税务局均以种种借口推托未予返还。8月该市市场监督管理部门对全市企业进行营业执照年检。该饭店因没有营业执照参加年检导致其营业执照被作吊销处理。

10月，该饭店向人民法院提起税务行政诉讼，要求法院判令该县税务局立即返还非法扣押的营业执照、卫生经营许可证及凭证、账册等经营资料，赔偿因税务机关非法扣押账册等侵权行为造成的损失数万元。

任务要求

（1）查找有关资料，分析此学习情境是否具备税务行政赔偿的要件。
（2）根据有关规定，分析学习情境中税务行政赔偿的请求人和赔偿义务机关。
（3）分析学习情境中该饭店有哪些税务行政赔偿途径。
（4）为该饭店提出可行的税务行政赔偿程序。

智能化税务管理

(5) 判断税务局是否应当就调取账册的行为而向该饭店赔偿。
(6) 判断税务局是否应当就吊销营业执照的损失向该饭店赔偿。

获取信息

观察学习情境，阅读任务要求，根据课程网站学习资料和国家税务总局网站相关信息，思考问题。

引导问题1：税务行政赔偿的概念。

小提示 税务行政赔偿是指税务机关及其工作人员违法行使职权，侵犯公民、法人或其他组织的合法权益并造成损害的，由税务机关代表国家承担赔偿责任的制度。

引导问题2：税务行政赔偿的时效为几年？

小提示 2年。

引导问题3：税务行政赔偿的构成要件有哪些？

小提示 4个。

引导问题4：请求税务行政赔偿的途径有哪些？

小提示 一是向有关税务机关提出损害赔偿请求；二是对税务行政机关的处理不服，向人民法院提起行政诉讼。

工作实施

步骤1：查找有关资料，分析此学习情境是否具备税务行政赔偿的要件。

步骤2：根据有关规定，分析学习情境中税务行政赔偿的请求人和赔偿义务机关。

步骤3：分析学习情境中该饭店有哪些税务行政赔偿途径。

步骤4：为该饭店提出可行的税务行政赔偿程序。

步骤 5：判断税务局是否应当就调取账册的行为而向该饭店赔偿。

_____

步骤 6：判断税务局是否应当就吊销营业执照的损失向该饭店赔偿。

_____

评价反馈

税务行政赔偿评价表如表 9-3 所示。

表 9-3 税务行政赔偿评价表

班级：		姓名：			学号：	
任务 9.3	税务行政赔偿					
评价项目	评价标准	分值/分	自评	互评	师评	总评
税务行政赔偿的概念及构成要件	能正确描述税务行政赔偿的构成要件	20				
税务行政赔偿的请求人和赔偿义务机关	能正确判断税务行政赔偿的请求人和赔偿义务机关	15				
税务行政赔偿的请求时效和途径	能正确判断税务行政赔偿的请求时效和途径	15				
税务行政赔偿的程序	能明确税务行政赔偿的程序	20				
工作态度	严谨认真、无缺勤、无迟到早退	10				
工作质量	按计划完成工作任务	10				
职业素质	遵纪守法、经世济民、实事求是、公正司法、有错必纠、依法纠错	10				
	合计	100				

学习情境的相关知识点

视频：税务行政赔偿基本认知

知识点 1：税务行政赔偿的概念

1）税务行政赔偿的概念

税务行政赔偿是指税务机关及其工作人员违法行使职权，侵犯公民、法人或其他组织的合法权益并造成损害的，由税务机关代表国家承担赔偿责任的制度。

2）税务行政赔偿的构成要件

（1）侵权行为主体，指税务机关及其工作人员或法律、法规授权的组织。

（2）行为须为职务违法行为，这是构成税务行政赔偿责任的核心要件。首先，必须是税务机关及其工作人员或法律、法规授权组织执行职务的行为。其次，该执行的职务行为违法。

(3) 有具体的损害事实。
(4) 侵权行为与损害事实之间存在因果关系

知识点2：税务行政赔偿的请求人和赔偿义务机关

1）税务行政赔偿的请求人

（1）受害的纳税人和其他税务当事人。
（2）受害公民的继承人，其他具有抚养关系的亲属。当受害公民死亡后，其权利由其继承人、亲属继承。
（3）承受原法人或其他组织权利义务的法人或其他组织。

2）税务行政赔偿的赔偿义务机关

（1）一般情况下，哪个税务机关及其工作人员在行使职权过程中侵害了公民、法人和其他组织的合法权益，该税务机关就是履行赔偿义务机关。如果两个以上税务机关或其工作人员共同违法行使职权，侵害了纳税人和其他税务管理当事人的合法权益，则共同行使职权的税务机关均为赔偿义务机关，赔偿请求人有权对其中任何一个提出赔偿要求。
（2）经过上级税务机关行政复议的，最初造成侵权的税务机关是赔偿义务机关，但上级税务机关的复议决定加重损害的，则上级税务机关对加重损害部分履行赔偿义务。
（3）应当履行赔偿义务的税务机关被撤销的，继续行使其职权的税务机关是赔偿义务机关；没有继续行使其职权的，撤销该赔偿义务机关的行政机关为赔偿义务机关。

知识点3：税务行政赔偿的请求时效和途径

1）税务行政赔偿的请求时效

请求税务行政赔偿的时效为2年，自税务机关及其工作人员行使职权时的行为被依法确认为违法之日起计算。如果在赔偿请求时效的最后6个月内，因不可抗力或者其他障碍不能行使请求权，则时效中止；从中止时效的原因消除之日起，赔偿请求时效期间继续计算。

2）请求税务行政赔偿的途径

请求行政赔偿是每个公民的合法权益。我国《宪法》第41条规定：由于国家机关和国家工作人员侵犯公民权利而受到损失的人，有依照法律规定取得赔偿的权利。《行政诉讼法》规定的行政赔偿责任，使《宪法》规定的公民权利得到有效的落实。行政损害的受害人请求行政赔偿有两个途径：一是向有关税务机关提出损害赔偿请求；二是对税务行政机关的处理不服，可以向人民法院提起行政诉讼。

知识点4：税务行政赔偿的程序

1）税务行政赔偿非诉讼程序

税务行政赔偿非诉讼程序，即税务行政赔偿先行处理程序，是指不通过司法程序而由税务机关自行处理行政赔偿问题的程序。税务行政赔偿非诉讼程序包括提出请求、受理、审理决定和执行几个步骤。

知识拓展：税务行政赔偿非诉讼程序

2）税务行政赔偿诉讼程序

当税务机关逾期不予赔偿或者税务行政赔偿请求人对赔偿数额有异议时，税务行政赔偿请求人可以向人民法院提起诉讼，这时就进入了税务行政赔偿诉讼程序。税务行政赔偿诉讼程序与税务行政赔偿非诉讼程序中规定的可以在提起税务行政诉讼的同时，一并提起税务行政赔偿请求的具体做法有所不同。

（1）在提起税务行政诉讼时一并提出赔偿请求无须经过先行处理，而税务行政赔偿诉讼的提起必须以税务机关的先行处理为条件。

（2）依据《行政诉讼法》的规定，税务行政诉讼不适用调解，但税务行政赔偿诉讼可以进行调解。因为税务行政赔偿诉讼的核心是税务行政赔偿请求人的人身权、财产权受到的损害是否应当赔偿，应当赔偿多少，权利具有自由处分的性质，存在调解的基础。

（3）依据《行政诉讼法》的规定，在税务行政诉讼中，被告即税务机关承担举证责任，而在税务行政赔偿诉讼中，损害事实部分的举证责任不可能由税务机关承担，也不应由税务机关承担。

知识点5：税务行政赔偿的方式和赔偿标准

1）税务行政赔偿的方式

税务行政赔偿的方式是指税务机关承担行政赔偿责任的具体形式，主要有以下几种：

（1）支付赔偿金，这是税务行政赔偿的主要方式。

（2）返还财产，一般是指原物，这是一种辅助性的赔偿方式，只适用于财产权损害。

（3）恢复原状，只要税务机关认为恢复原状既有可能，又有必要，就可以采取这种方式进行赔偿。

知识拓展：税务行政追偿制度

2）税务行政赔偿的标准

税务行政赔偿的标准包括侵害人身权的赔偿标准和侵害财产权的赔偿标准。

知识链接：税务行政赔偿的标准

项目9　同步训练与测试

一、单选题

1. 下列（　　）属于税务行政复议中被申请人的范围。
   A. 作出具体行政行为的税务机关
   B. 税务机关的上一级机关
   C. 作出具体行政行为的税务机关的工作人员
   D. 税务机关委托的组织或个人

2. 一般情况下，行政复议机关应当自受理申请之日起（　　）日内作出行政复议决定。
   A. 7　　　　　　　B. 15　　　　　　　C. 30　　　　　　　D. 60

3. 纳税人不服税务机关作出的行政处罚决定，可以采取的救济手段不包括（　　）。
   A. 可以直接提起行政诉讼
   B. 提起行政诉讼，不服判决结果再申请行政复议
   C. 必须先申请行政复议，对行政复议决定不服，再向人民法院提起行政诉讼（仅适用于特定情形）
   D. 申请行政复议，不服行政复议决定，再提起行政诉讼

4. 以下可以作为行政复议证据的是（　　）。
   A. 偷拍的视频　　　　　　　　　　　B. 强迫他人录取的口供
   C. 合法的证人证言　　　　　　　　　D. 无法辨明真伪的证据材料

5. 行政复议机关审理行政复议案件，应当由（　　）名以上行政复议工作人员参加。
   A. 1　　　　　　B. 2　　　　　　C. 3　　　　　　D. 4
6. 税务行政诉讼的管辖分类不包括（　　）。
   A. 级别管辖　　　B. 同类管辖　　　C. 地域管辖　　　D. 裁定管辖
7. 税务行政赔偿的时效为（　　）年。
   A. 1　　　　　　B. 2　　　　　　C. 3　　　　　　D. 4
8. 税务行政赔偿的主要方式是（　　）。
   A. 道歉　　　　　B. 支付赔偿金　　C. 恢复名誉　　　D. 行政处罚撤销

二、多选题

1. 以下属于税务行政复议机关承担的责任是（　　）。
   A. 受理行政复议申请
   B. 向有关组织和人员调查取证，查阅文件和资料
   C. 指导和监督下级税务机关的行政复议工作
   D. 其他与行政复议工作有关的事项
2. 以下属于税务行政复议机关所应接受的案件有（　　）。
   A. 税收保全　　　B. 税收滞纳金　　C. 税收罚款　　　D. 吊销企业营业执照
3. 以下符合税务行政复议申请人描述的是（　　）。
   A. 股份制企业的股东大会、股东代表大会、董事会认为税务机关作出的具体行政行为侵犯企业合法权益的，可以以企业的名义申请行政复议
   B. 有权申请行政复议的公民死亡的，其近亲属可以申请行政复议；有权申请行政复议的公民为无行为能力人或者限制行为能力人，其法定代理人可以代理申请行政复议
   C. 合伙企业申请行政复议的，应当以市场监督管理部门核准登记的企业为申请人，由执行合伙事务的合伙人代表该企业参加行政复议；其他合伙组织申请行政复议的，由合伙人共同申请行政复议
   D. 同一行政复议案件申请人超过5人的，应当推选1~5名代表参加行政复议
4. 行政复议进行时期，可以停止执行的情况有（　　）。
   A. 被申请人认为需要停止执行的
   B. 行政复议机关认为需要停止执行的
   C. 申请人想要停止执行的
   D. 法律规定停止执行的

三、简答题

1. 什么是税务行政诉讼？
2. 我国对税务行政诉讼管辖有哪些规定？
3. 税务行政诉讼的程序有哪些？

四、案例分析

1. 某市某区税务局对所管辖的A企业因拖延税款而处以2万元罚金。A企业不服，应当向什么单位提出税务行政复议请求？
2. A公司对其主管税务机关作出令其补缴5万元税款决定不服，在没有其他行动的情况下，于第二天就向上级税务机关申请行政复议，上级税务机关是否应当受理？

参考文献

[1] 梁俊娇. 税务管理 [M]. 4版. 北京：中国人民大学出版社，2022.

[2] 冯秀娟，吴迪. 企业数字化税务管理 [M]. 北京：中国人民大学出版社，2023.

[3] 中华人民共和国档案局. DA/T 94—2022 电子会计档案管理规范，2022.

[4] 中华人民共和国档案局. 电子发票全流程电子化管理指南，2023.

[5] 贾瑞敏，耿红玉，肖炳峰. 智慧化税费申报与管理 [M]. 上海：立信会计出版社，2023.

[6] 全国注册会计师职业资格考试教材编写组. 涉税服务相关法律 [M]. 北京：中国税务出版社，2024.

[7] 全国注册会计师职业资格考试教材编写组. 涉税服务实务 [M]. 北京：中国税务出版社，2024.

[8] 李晓曼. 大数据税收风险管理及应用案例 [M]. 北京：金城出版社，2021.

[9] 李晓曼. 大数据税收风险分析识别方法与模型应用 [M]. 北京：金城出版社，2024.